RECUEIL

DE PLANCHES,

SUR

LES SCIENCES,

LES ARTS LIBÉRAUX,

ET

LES ARTS MÉCHANIQUES,

AVEC LEUR EXPLICATION.

ART DE LA SOIE

A PARIS,

AVEC APPROBATION ET PRIVILEGE DU ROY.

SOIERIE,

Contenant cent trente-cinq Planches, équivalentes à cent cinquante-huit à cause de vingt-trois Planches doubles.

LEs Planches de cet Art font divisées en cinq Sections. La premiere contient les apprêts de la foie ou les différentes préparations que reçoit cette matiere avant d'être employée à former une étoffe. La feconde Section renferme les Planches relatives à la fabrication des étoffes en plein ou étoffes unies. La troifieme contient celles qui font relatives aux étoffes brochées & figurées. La quatrieme concerne la fabrication des différentes fortes de velours. La cinquieme Section contient la matiere de chiner certaines étoffes, les différentes fortes de calandres & la fabrication des liffes. Nous devons à un habile Deffinateur, très-verfé dans la fabrique, les différentes armures de la feconde & troifieme Section. Toutes les Planches qui font chiffrées de fuite depuis le numéro I jufqu'au numéro CXXXV, font marquées au bas de chacune par une lettre ou fignature compofée des lettres de l'alphabet, répétées autant de fois qu'il a été néceffaire. Cette marque ou fignature fe trouve répétée au commencement de l'explication de chaque Planche.

PREMIERE SECTION.

Apprêts de la Soie.

SECONDE SECTION.

Fabrication des étoffes en plein ou étoffes unies.

Num.	Signatures.	
33	K K	Elévation géométrale de la partie antérieure du métier pour fabriquer les étoffes unies, comme taffetas, ferge & fatin.
34	L L	Développement du battant du métier pour fabriquer les étoffes.
35	M M	Développement de la carette & du porte-liffe.
36	N N	Développement des enfouples du métier pour fabriquer les étoffes, & conftruction du banc de l'ouvrier.
37	O O	Remettage ou paffage des fils de la chaîne dans les liffes.
38	P P	Armure du taffetas à deux liffes ou armofin ; autre armure générale pour toutes fortes de taffetas & gros de Tours ; armure de l'étoffe nommée *Peau de Poule* ; armure pour la fiamoife.
39	Q Q	Etoffes en plein, taffetas & raz-de-Saint-Cyr.
40	R R	1°. Raz-de-Saint-Maur. 2°. Gros de Naples d'un côté & raz de l'autre. 3°. Carelé à poil.
41	S S	Taffetas façonné, fimpleté à ligature.
42	T T	Serges à trois, à quatre & à fix liffes.
43	V V	Serge fatinée & ferge à fix liffes.
44	X X	Satins à cinq & fix liffes.
45	Y Y	Etoffes en plein. Satins à cinq & à fix liffes vus du côté de l'envers & du côté de l'endroit.
46	Z Z	Satins à fept & à huit liffes.
47	a	Etoffes en plein. Satins à fept & à huit liffes vus du côté de l'envers & de l'endroit.
48	b	Satin à neuf liffes.
49	c	Satin à neuf liffes vu du côté de l'envers & du côté de l'endroit.
50	d	Satin à dix liffes.
51	e	Satin à dix liffes vu du côté de l'envers.
52	f	Satin à dix liffes vu du côté de l'endroit.
53	g	Satin à deux faces, blanc d'un côté & noir de l'autre.
54	h	Chaînette fans poil qui conduit à plufieurs petites façons dans le fond des étoffes.
55	i	Etoffes à petite chaînette dans laquelle on peut faire plufieurs petites façons de la groffeur d'un pois.
56	k	Etoffe appellée *Maubois*.
57	l	Carelé en deux couleurs.
58	m	Carelé à poil.
59	n	Chagrin ou fiamoife pour faire la paillete plus large.

T R O I S I E M E   S E C T I O N.

Fabrication des étoffes brochées.

60	o	Etoffes brochées. Elévation perfpective du métier pour fabriquer les étoffes brochées, garni de tous fes cordages & agrèts.
61	p	Etoffes brochées. Elévation latérale du métier pour fabriquer les étoffes brochées.
62	q	Etoffes brochées. Elévation géométrale du devant du métier, & exemple d'un deffein en cinq couleurs différentes.
63	r	Etoffes brochées. Elévation & développement du caffin.
64	ſ	Développement des cordes de rame & de fample, & leur action fur les fils de la chaîne des étoffes brochées.
65	t	Lacs. Lac à l'Angloife ; lac du fample, gavaffine & formation d'un lac.
66	u	Conftruction de la machine pour la tire.
67	x	Nouvelle machine pour la tire.
68	y	Etoffes brochées. Développement des liffes de fond.
69	z	Etoffes brochées. Développement des liffes de liage.
70	a a	Taffetas façonné, fimpleté, & taffetas façonné doubleté.
71	b b	Taffetas broché & liferé, avec un liage de 3 le 4.
72	c c	Gros de Tours liferé & broché, avec un liage de 4 le 5.
73	d d	Gros de Tours broché avec un liage de 4 le 5.
74	e e	Droguet fatiné.
75	f f	Droguet luftriné double corps.
76	g g	Droguet Lucoife ; autre droguet lucoife, l'endroit deffus.
77	h h	Efpece de Perfienne liferée.
78	i i	Luftrine courante ; fi on veut du liferé, mettez un liage de 5 le 6 ou de 9 le 10.
79	k k	Luftrine gros grain & Perfienne petit grain.
80	l l	Tiffu argent, l'endroit fe fait deffus.
81	m m	Luftrine & Perfienne liferée & brochée.
82	n n	Raz de Sicile courant.
83	o o	Raz de Sicile liferé de quarante portées. Double chaîne pour la piece, vingt portées fimples pour le poil, le liage eft pris fur le poil.
84	p p	Damas courant ; toute la chaîne eft paffée dans le corps. Damas gros grains de luftrine.
85	q q	Damas liferé pour meubles.
86	r r	Damas broché gros grains & liferé avec un liage de 5 le 6.
87	ſ ſ	Florentine damaffée avec un liferé.
88	t t	Florentine damaffée avec un liferé & un liage.
89	u u	Satin à 1, 2, 3 & 4 lacs courans ou brochés avec un liage de 5 le 6.
90	x x	Satin à fleurs à deux faces.

SOIERIE.

QUATRIEME SECTION.

Fabrication des velours.

CINQUIEME SECTION.

PREMIERE SECTION.

PLANCHE Iere. *Signée* A.

LA vignette repréfente l'action de tirer la foie des cocons, & deux filles occupées, l'une à la manivelle du tour, & l'autre à la chaudiere.

Cette opération fe fait ordinairement dans le courant du mois de Juin ou Juillet, tems où il fait affez chaud pour qu'il ne foit pas befoin d'un lieu clos pour attelier.

Fig. 1. ou A. Ouvriere qui tire la foie, & fournit de nouveaux brins de cocons à mefure que par le devidage il y en a d'épuifées, auprès d'elle en *a* eft un vafe rempli d'eau froide, dans lequel elle plonge les doigts pour les rafraîchir. A, le tabouret fur lequel elle eft affife.

2. La tourneufe. CC, deux des quatre piés du tour qui portent les jumelles. EE, les montans; les deux plus longs montans portent les tourillons de l'axe de l'afple ou devidoir GHF, & les deux plus courts foutiennent le va-&-vient, fur lequel font plantés en *a* les deux guides de fil de fer qui conduifent la foie fur l'afple, toutes les pieces de ce tour font affemblées les unes aux autres par des traverfes & des clés.

Bas de la Planche.

2. Plan géométral du tour de Piémont, de la baffine qui eft au-devant pofée fur un fourneau. G, la manivelle. H, l'axe de l'afple. FF, les lames fur lefquelles fe forment les écheveaux. I, pignon ou étoile. K, roue dentée. L, tige ou axe, commun aux deux roues dentées KM. M, feconde roue dentée qui engraine avec l'étoile N. Cette étoile porte une cheville excentrique O qui entre dans un trou du va-&-vient O P : le va-&-vient paffe du côté de P dans une mortaife pratiquée vers le haut d'un des montans E, en forte que les guides (*a* dans la vignette) qui font indiqués par des points ronds au milieu de la tringle O P changent de place à chaque révolution de la roue N d'une quantité égale au diametre du cercle, que la cheville O décrit au-deffous du va-&-vient, on voit la chaudiere pleine d'eau chaude dans laquelle font les cocons.

PLANCHE II, *fignée* B.

Fig. 2. *bis.* Profil du tour de Piémont, vu du côté de la tourneufe ou du côté de la manivelle. ZZZZ, profil d'un des écheveaux qui entourent l'afple. I, étoile fur l'axe de l'afple. K, roue qui eft conduite par l'étoile. L, tige de communication à la roue M qui conduit l'étoile N de l'excentrique. Plus bas, on voit le profil de la chaudiere & celui du fourneau fur lequel elle eft montée.

3. Elévation du côté de l'afple ou devidoir. EE, les montans qui foutiennent les tourillons de l'axe. G, la manivelle. I, roue ou étoile qui communique le mouvement au va-&-vient. FF, FF, les lames de l'afple. ZZ, ZZ, les deux écheveaux.

4. Elévation du même tour par le devant ou du côté du va-&-vient. T, le fourneau. S, la chaudiere. RR, tringle de fer percée de plufieurs trous nommée *filiere.* YY, encroix des fils. Q, les deux guides fixés fur le va-&-vient O P. N, la roue ou étoile qui porte la cheville excentrique O.

5. Roue de trente-cinq dents avec l'excentrique qui conduit le va-&-vient.

6. Cotée 5, manne ou corbeille remplie de cocons.

PLANCHE III, *fignée* C.

Fig. 1. Repréfentation perfpective du tour de M. de Vaucanfon pour tirer la foie, vue du côté auquel doit être placée la chaudiere. Ce tour eft comme le précédent, compofé de quatre piés qui portent les jumelles, les piés & les jumelles font entretenus enfemble par plufieurs traverfes affujetties avec des clés. G, manivelle de l'afple. *h*H, axe de l'afple. *f*, *f*, FF, les lames fur lefquelles fe forment les écheveaux. I, étoile ou roue dentée fixée fur l'axe ou arbre du devidoir. Cette roue engraine dans la roue K, derriere laquelle du côté de M eft un pignon ou lanterne qui conduit la roue N. Cette derniere roue a une cheville excentrique, qui, par le moyen d'une tringle, communique fon mouvement à l'extrêmité *d* du bras *d*D du va-&-vient C. D E, axe vertical du va-&-vient. D C, bras qui porte le va-&-vient C fur les extrêmités duquel font plantées les deux guides de fil de fer.

Sur le devant on voit la lunette B B placée au milieu d'un chaffis quarré dans lequel elle peut tourner circulairement entre trois roulettes *c c c.* Ce mouvement lui eft communiqué par la poulie *b* qu'une manivelle *a* fait tourner, & cela au moyen d'une corde fans fin qui embraffe la poulie & la lunette. A A, les deux filieres.

2. Plan géométral du même tour. G, la manivelle. *h*H, axe de l'afple. *ff*, les lames. O L, tringle qui tranfmet le mouvement au va-&-vient. *d*D, bras inférieur. D C, bras fupérieur qui porte le va-&-vient aux extrêmités duquel font fixés les deux guides. B B, montans du chaffis ou porte-lunette. A A, les filieres. *b*, poulie. *a*, manivelle.

PLANCHE IV, *fignée* D.

Fig. 3. Coupe longitudinale ou profil du tour de M. de Vaucanfon. G, manivelle. H, axe du devidoir. On voit les quatre roues qui font mouvoir le va-&-vient, la plus élevée eft la roue I de la *fig.* 1. de la Planche précédente. Cette roue engraine avec celle de deffous qui eft la plus grande, elle eft défignée par la lettre K dans la *fig.* 1. Celle qui lui eft concentrique & qu'il faut fuppofer derriere conduit la roue inférieure : c'eft fur cette derniere qu'eft fixée la cheville excentrique qui, au moyen d'une tringle, communique le mouvement au va-&-vient. F, *f*, F, *f*, les lames de l'afple fur lefquelles fe forment les écheveaux. D E, arbre vertical du va-&-vient. D C, bras qui porte le va-&-vient. On voit par cette figure comment les brins de foie font paffés dans le guide après être fortis des filieres A, & avoir traverfé la lunette B. T, fourneau fous la chaudiere.

4. Elévation du même tour du côté de l'afple ou devidoir. G, manivelle. *h*H, axe de l'afple. I, K, roues. M, autre roue qui conduit la roue de l'excentrique. DE, poupée qui fixe le pivot fupérieur de l'arbre vertical du va-&-vient.

5. Elévation du devant du même tour. 1, 2, 3, les trois roulettes entre lefquelles tourne la lunette B B, garnie en B, B, d'un fil de fer, dont une des extrêmités eft tournée en anneau comme celle des guides. A A, la filiere.

6. Maniere dont les fils font croifés pour former deux écheveaux fur l'afple. A A, les trous des filieres par lefquelles paffent les deux brins de foie. B B, les deux anneaux en-dedans de la lunette ; entre ces quatre lettres on voit la premiere croifure. C C, les guides du va-&-vient; entre ces quatre dernieres lettres on voit la feconde croifure faite en fens contraire de la premiere. Z, Z, les deux écheveaux fuppofés fur l'afple.

PLANCHE

PLANCHE V, *signée* E.

Devidage de la soie sur le tour d'Espagne & doublage avec l'escaladou.

La vignette repréfente l'intérieur d'une chambre dans laquelle font deux ouvrieres occupées à ces opérations.

Fig. 1. Ouvriere qui devide un écheveau de foie, l'écheveau eft étendu au moyen de deux pieces de bois verticales fixées dans des billots de bois ; on nomme ces pieces de bois qui doivent être arrondies & polies extérieurement, des pelles ; c'eft fur ces deux pieces que l'on étale l'écheveau. Près d'une des pelles & fur le même billot eft un montant , au haut duquel eft affemblée à charniere une regle de bois ; cette regle chargée par une de fes extrêmités d'un poids fuffifant pour la tenir élevée, eft terminée par l'autre extrêmité par un crochet de verre fur lequel paffe le fil de foie qui de-là redefcend au rochet du rouet fur lequel il s'enroule , & fur lequel la main gauche de l'ouvriere le conduit contre un va-&-vient, tandis que de la main droite elle imprime au rouet le mouvement de rotation.

La regle à laquelle le crochet de verre eft attaché eft garnie d'une ficelle, par laquelle l'ouvriere l'abaiffe pour pouvoir placer le bout de la foie fur le crochet. On a donné à cette piece le nom de *cicogne*.

2. Ouvriere qui double plufieurs brins de foie enfemble en fe fervant de l'escaladou qu'elle tient fur fes genoux ; elle a devant elle le tracanoir ou une banque , par lequel les rochets qui contiennent la foie fimple font portés, ou font enfilés par des broches qui traverfent les montans de cet inftrument ; de la main droite l'ouvriere imprime le mouvement de rotation à l'escaladou, & de la gauche elle guide les fils fur le rochet dont il eft garni. Elles ont l'une & l'autre auprès d'elles un panier ou corbeille qui contient les rochets & les marchandifes qu'elles doivent employer.

On fe fert auffi de l'escaladou pour devider la foie de deffus le tour d'Espagne ; dans ce cas l'ouvriere , *fig.* 1. au-lieu d'avoir le tour d'Espagne à fa gauche comme la figure la repréfente, elle eft tournée en face de l'écheveau & a l'escaladou fur fes genoux ; de même auffi le doublage de la *fig.* 2. fe fait avec le rouet de la figure 1. dans ce cas la longueur du rouet eft. dirigée au tracanoir qui fe trouve placé à la gauche de l'ouvriere , *fig.* 2.

Bas de la Planche.

Fig. 1. Plan de l'escaladou.

2. Elévation perfpective de l'escaladou garni d'un rochet.

3. Un des deux montans ou poupées de l'escaladou deffiné fur une échelle double ; le trou qui reçoit la pointe eft garni de cuivre , & au-deffous on voit l'écrou qui fert à fixer ce montant fur la Planche.

4. Second montant ou feconde poupée de l'escaladou ; elle differe de la précédente en ce que le trou qui reçoit la pointe de l'arbre tournant eft ouvert à fa partie fupérieure, pour laiffer paffer cette pointe lorfqu'on met l'arbre en place ; au-deffous eft fon écrou.

5. Elévation géométrale de l'arbre AB de l'escaladou, la partie A C eft arrondie ; c'eft celle fur laquelle l'ouvriere applique la main droite. C, eft le volant fixé fur l'arbre par une clavette. CB, partie quarrée de l'arbre fur laquelle on enfile les rochets pour les garnir de foie.

6. Le volant de l'escaladou vu en plan.

7. Rochet repréfenté géométralement. Toutes ces pieces font de fer , excepté la Planche *fig.* 1. & le rochet *fig.* 7. qui font de bois.

PLANCHE VI, *signée* F.

Devidage de la soie.

Fig. 1. Tour d'Espagne & fa cicogne. A & B, blocs de bois fur lefquels les pelles A *a* , B *b* , font affemblées ; on approche ou on éloigne ces deux blocs ou l'un de l'autre autant qu'il convient , pour que l'écheveau foit fuffifamment tendu ; fi l'écheveau contient trop de foie, on le fend en plufieurs écheveaux minces que l'on devide les uns après les autres. B C, pié de la cicogne. D E , la cicogne. D , poids qui la fait relever. E, crochet de verre fur lequel la foie paffe. F G , corde par le moyen de laquelle l'ouvriere abaiffe la cicogne pour accrocher le fil de foie. H, extrêmité du fil de foie qui va fe rendre au rochet du rouet ou à celui de l'escaladou, felon que l'on fe fert de l'une ou de l'autre de ces machines pour le devidage.

2. Elévation de l'une des pelles du tour d'Espagne , vue en face & du côté qui eft arrondi. Comme il faut que ces pieces foient bien polies, il convient d'y employer du bois dur.

3. Autre tour d'Espagne pour devider les foies de grand guindrage ; on nomme ainfi des foies du levant dont les écheveaux ont environ douze aunes de tour ; il eft de même compofé de deux blocs de bois : fur le bloc A font plantées perpendiculairement quatre pelles femblables à celles de la *fig.* 2. fur le bloc B , il y en a trois femblables , & le pié C de la cicogne ; on place l'écheveau ou portion d'écheveau que l'on veut devider fur le tour de la maniere que la figure repréfente ; le fil que l'on devide étant fufpendu par le crochet de verre de la cicogne parcourt fucceffivement tous les retours de l'écheveau qui eft plat , & qu'on a eu foin de retourner en paffant d'une pelle intérieure à une autre pelle intérieure pour que le fil qui vient par le devidage fuive toujours le dehors de l'écheveau.

4. Campanes & arbalêtres pour le devidage des mêmes écheveaux. A & B, blocs fur lefquels font établis les campagnes. C , D , les campanes. E *e* , F *f* , les arbalêtres qui fervent à guider l'écheveau fur les campanes , & à l'empêcher de fortir haut ou bas ; la devideufe eft placée au milieu de la longueur de l'écheveau.

PLANCHE VII, *signée.* G.

Doublage des soies. Construction du rouet.

Fig. 1. Le haut de la Planche repréfente l'appareil du doublage dont il a été parlé dans l'explication de la Planche V. A , le tracanoir. B, le rouet, au lieu du doublage comme la figure le repréfente ; on peut placer les rochets ou les volans chargés de la foie que l'on veut doubler , comme on le voit en *c d* , appuyés par leurs bafes ; le fil de foie levé de chacun d'eux eft conduit par-deffus la tringle de verre *e f* , & de-là fur le rochet qui eft au-deffus de la boîte du rouet où la main gauche de l'ouvriere le guide comme un va-&-vient.

Bas de la Planche. Développement du rouet.

Fig. 2. Plan du rouet. *a* , la manivelle du rouet. *b c* , axe de la roue implanté dans le montant qui eft unique. *e f* , axe du rochet ; l'extrêmité *e* paffe à travers un trou, & l'extrêmité *f* terminée en pointe, porte contre la face intérieure de la jumelle *f.* On voit par cette figure que l'axe *b c* de la roue n'eft pas parallele à celui du rochet ; en forte que la corde *g h d* fait avec l'axe *e f* un angle aigu *h d f.* C'eft cette difpofition qui affure la pointe du fufeau dans un des trous de la Planche *f.*

3. Elévation géométrale du rouet. *a* , la manivelle. On voit auffi par cette figure que la roue eft oblique à la longueur du rouet.

4. Elévation antérieure de la tête du rouet. *a* , la manivelle. *e f* , l'axe du rochet. On voit comment la corde paffe obliquement fur la petite poulie de buis de l'axe *e f.*

Fig. 1. Coupe de la roue *g h*, & repréſentation de ſon axe. *b*, tenon qui traverſe le montant du rouet. *i*, portée ou embâſe. *i c*, axe de la roue qui en traverſe le moyeu *c d*.

PLANCHE VIII, *ſignée* H.

Moulin de Piémont en perſpective, & plan de la méchanique qui eſt au-deſſous du rez-de-chauſſée.

La vignette repréſente l'intérieur d'une ſalle au rez-de-chauſſée, dans laquelle on voit deux moulins; il y en a quelquefois un bien plus grand nombre rangés ſur une ſeule ligne droite, auxquels la roue à eau, qu'un courant fait tourner, communique le mouvement au moyen d'un arbre horiſontal caché au-deſſous du ſol de l'attelier, comme on le voit par le plan au bas de la Planche & en A dans la vignette. La lettre A indique la roue dont on ne voit qu'une portion, & l'empellement au moyen duquel on lui donne ou ſupprime l'eau.

Fig. 1. Moulin à trois vagues ou trois étages, dans chacun deſquels on a ſupprimé les fuſeaux & les aſples ou devidoirs pour laiſſer voir la cage ou partie tournante intérieure qui porte les ſtrafins. Le corps du moulin eſt compoſé de ſeize montans, *a b*, *g h*, & aſſemblés haut & bas dans des cerces circulaires concentriques; à l'axe de la cage intérieure, la hauteur de chaque montant eſt diviſée en trois parties par d'autres cerces *c d*, *e f*, qui, avec les inférieures *a b* & la ſupérieure *g h*, forment les trois étages ou vargues du moulin.

La lanterne intérieure eſt de même diviſée en trois étages par les ſerpes placées obliquement; l'axe *i k* de cette lanterne traverſe en *k* le plancher pour communiquer le mouvement au devidage placé dans l'étage ſupérieur. Près de ce moulin, on voit l'eſcalier R S par lequel on monte au devidage repréſenté par la Planche ſuivante.

2. Second moulin garni de tous ſes fuſeaux, aſples, ponſonelles, & les mêmes lettres qu'à la figure précédente indiquent les trois étages ou vargues du moulin. On a ſupprimé dans l'intérieur les différentes pieces de bois qui compoſent la lanterne ou cage qui porte les ſerpes & les ſtrafins, pour éviter la confuſion; on a ſeulement conſervé l'axe *i k* de cette lanterne.

Bas de la Planche.

Plan de la Méchanique au-deſſous du rez-de-chauſſée. A A, B B, empellement & courſier de décharge pour évacuer l'eau ſuperflue. A, empellement de la roue. A B, la roue à aubes. C D, arbre de la roue. E F, rouet qui engrene dans la laterne K fixée à la partie inférieure de l'arbre du moulin, *fig.* 2. de la vignette. I, plan de l'arbre vertical de la cage des ſtrafins, ſon pivot inférieur repoſe ſur une crapaudine ſoutenue par la traverſe G, H, ſous laquelle paſſe le tourillon de l'arbre de la grande roue à aubes. Ce tourillon prolongé ſous la forme d'une ⌶ le raccorde avec le ſecond arbre L N, qui, au moyen d'un autre rouet O P, communique le mouvement à l'arbre central du ſecond moulin par le moyen de la lanterne Q fixée ſus ce même arbre, la foſſe qui renferme ces deux arbres eſt recouverte par des Planches, comme on le voit dans la vignette.

PLANCHE IX, *ſignée* I.

La vignette repréſente en perſpective l'intérieur de la ſalle placée au-deſſus du moulin de la Planche précédente, & le grand devidage qui y eſt contenu.

Les axes des lanternes ou cages intérieures des moulins, après avoir traverſé le plancher, ſont prolongés ou accordés; ſavoir, celui du moulin, *fig.* 1. Planche précédente, avec l'arbre Q R, & celui du ſecond moulin avec l'arbre I K. Ces arbres portent chacun à leur partie ſupérieure un rouet, chaque rouet engrene dans deux lanternes, fixées chacune à un arbre horiſontal, & parallelement au plafond; chacun des quatre arbres

horiſontaux porte auſſi un rouet qui engrene dans les lanternes G, L : O, S, fixées au haut des quatre arbres G H, L M : O P, S T dont les pivots inférieurs repoſent ſur le milieu des banques, C D, E F : V X, Y Z devant & derriere leſquelles ſont les bobines, roues & tavelles, au nombre de cent vingt de chaque ſorte. Chaque rang de trente tavelles eſt diviſé en deux parties égales, comme on le voit en A & en B, & reçoit le mouvement par les roues H, M : P, T, comme il ſera dit ci-après.

Bas de la Planche.

Plan d'un quart de devidage repréſenté dans la vignette; c'eſt le quart où eſt la lettre B, il eſt ſemblable en tout aux trois autres quarts, & eſt deſſiné ſur une échelle double.

T, roue ou rouet fixée à la partie inférieure d'un des quatre arbres verticaux. *y* Y, *z* Z, banques garnies de rebords, ſur leſquelles on poſe les bobines & autres pieces de rechange. C D, *c d* : E F, *e f*, les quatre rangs de quinze tavelles chacun, ſur leſquelles ſont les écheveaux de ſoie qui doivent être devidés ſur les bobines. G X, *g* V : *u* H, *x h*, les quatre rangs de quinze bobines : chaque bobine tire la ſoie de l'écheveau placé ſur la tavelle correſpondante; au-deſſous de ces bobines, ſont les roues non-dentées qui leur communiquent le mouvement; ces roues ou roulettes le reçoivent par les roues X & *x* fixées ſur leur axe commun *g h*, & G H; les roues X & *x* engrenent avec les roues V & *u* que la roue T fait mouvoir.

Les roues X & *x* engrenent encore avec les roues Æ & *æ*. Ces dernieres portent un excentrique qui conduit les va-&-vient A B, *a b*, ſur leſquels ſont fixés les guides qui conduiſent la ſoie ſur les bobines, & la diſtribuent également ſur toute leur longueur.

PLANCHE X, *ſignée* K.

Cette Planche & les ſuivantes, juſques & compris la XVIIIᵉ, contiennent les développemens néceſſaires du moulin & du devidage repréſenté dans les deux Planches précédentes.

Plan du moulin de Piémont à ſtrafins propre à organſiner les ſoies. Le plan de ce moulin eſt ſeulement compoſé de douze travées, tandis que ceux repréſentés dans la vignette de la Planche VIII. en ont ſeize; le nombre des travées étant variable & dépendant de la grandeur du moulin. De ces douzes travées, il y en a ſeulement dix repréſentées dans la figure; les deux autres, qu'il eſt facile de ſuppléer (le moulin étant rond) n'ont pu être renfermées dans la Planche.

Les douze piliers A, A, A¹, A², A³, A⁴, A⁵, A⁶, A⁷, A. qui ſéparent les travées les unes des autres, ſont aſſemblés ſur la ſemelle repréſentée par la bande extérieure, & ils ſont ſuppoſés coupés à différentes hauteurs pour faire voir le plan de chaque travée à différens niveaux.

Le pilier A près du cadre eſt garni des deux jumelles A L, entre leſquelles doit être placée une ponſonelle; entre ce pilier & le ſuivant, on voit en B B une partie du porte-bouton ou porte-crapaudines des fuſeaux; le porte-bouton eſt ſuſpendu aux gouſſets attachés à la face intérieure de chacun des piliers, & forme auſſi, comme la ſemelle, une circonférence entiere. Le ſecond pilier A eſt garni de la tablette A *a b*, ſoutenue par une conſole ou gouſſet; ſur cette tablette ſont deux taſſeaux *a* & *b*, dont les entailles reçoivent les tourillons des aſples dans le vargue inférieur, & les tourillons des broches des bobines dans les deux vargues ſupérieurs, car les pieces dont nous faiſons la deſcription, ſont répétées trois fois dans la hauteur du moulin. Entre ce pilier & le ſuivant A¹, on apperçoit une partie *t*, *u*, *x*, du porte-coquette, qui forme auſſi une circonférence entiere. Entre les deux jumelles de ce pilier, on voit une ponſonelle D, dont l'axe *c d* terminé quarrément par chaque bout reçoit une roue dentée qui communique le mouvement aux pieces dont on parlera dans la ſuite; entre ce pilier & le ſuivant, on voit le porte-coquette garni de ſix coquettes, qui ſont recouvertes par une bande circulaire *y z* qui affujettit les coquettes dans les entailles du porte-coquette de la travée précédente ; le pilier fuivant A² eft garni de fa tablette A² *e f*, qui l'eft elle-même des deux taffeaux *e, f*. La travée fuivante contient de plus fix fufeaux garnis chacun de leur coronaire.

Le pilier A³ eft dans le cas du pilier A¹ ; le vuide entre fes deux jumelles eft occupé par la ponfonelle D, l'axe *g h* de cette ponfonelle eft garni d'une roue *h*, & du côté de *g* on voit le quarré deftiné à recevoir une femblable roue.

Les piliers A⁴ & A⁶ font garnis de leurs tablettes *k* & *l* : *o* & *p*, les taffeaux ; la travée de A⁴ à A⁵ appartient à un des vargues fupérieurs, & les trois autres A⁵ à A⁶ : A⁶ à A⁷ : A⁷ à A, appartiennent au vargue inférieur ; la ponfonelle D du pilier A⁵ fait mouvoir au moyen d'une des roues dont fon axe eft garni, la roue M fixée fur une broche de fer M *l* ; fur cette broche font enfilées autant de bobines G G G qu'il y a de fufeaux dans chaque travée ; la ponfonelle inférieure conduit de l'autre côté l'afple *n* N, dont l'axe repofe d'un bout fur le taffeau *o* de la tablette du pilier A⁶ ; la ponfonelle D du pilier A⁷ conduit de même les deux afples *n* N, *n* N au moyen des roues *q* & *r* qui engrenent avec celles qui font fixées fur l'axe de la ponfonelle : ces deux roues *q* & *r* font fixées fur les axes des afples ; leurs pivots *p* & *f* repofent fur les taffeaux des tablettes des piliers voifins de celui qui porte la ponfonelle ; ces mêmes roues *q* & *r*, au moyen de quatre autres roues, conduifent le va-&-vient qui diftribue la foie fur les bobines ou fur les afples.

L'intérieur du moulin eft occupé par le plan de la lanterne ou cage qui porte les ferpes & les ftrafins ; 1, 2, 3, 4, 5, 6, 7, 8, les huits montans ou chandelles de la cage tournante. B, l'arbre central & fon tourillon fupérieur. C 2 : 2, 3 : C 4 : 4 C : 5, 6 : 6 C : C 8 : 8 C, les huit ferpes ou cerces pofées obliquement. Ces ferpes, en paffant fous les rodes des ponfonelles, font tourner ces dernieres, & par conféquent toutes les pieces auxquelles elles communiquent ; les quatre rayons B 1, B 3, B 5, B 7 prolongés autant qu'il eft néceffaire, portent à leurs extrémités les ftrafins qui frottent fur le ventre de la tige des fufeaux du côté extérieur du moulin dans le vargue inférieur, & du côté du dedans du moulin dans les vargues fupérieurs.

P L A N C H E XI, *fignée* L.

Elévation géometrale du moulin pour organfiner les foies.

Les fix piliers que l'on voit dans cette figure font cotés au-deffous de la femelle des mêmes lettres A¹, A², A³, A⁴, A⁵, A⁶, que dans le plan de la Planche précédente A¹, *a*, *a* A⁶. Le vargue inférieur pour le premier apprêt que l'on donne à la foie *a*, R, R, *a*, un des deux vargues fupérieurs ; le troifieme eft entierement femblable, la hauteur de la Planche n'a pas permis de le repréfenter : dans le vargue inférieur ; les ftrafins paffent en-devant, c'eft-à-dire en-dehors des fufeaux ; & dans les deux vargues ou étages fupérieurs, ils paffent derriere ou en-dedans des fufeaux.

B B porte-boutons ou porte-crapaudine des fufeaux. C C porte-coquettes. Ces deux courbes font fufpendues dans l'intérieur du moulin par des gouffets ; au-deffus des porte-coquettes, on voit les bobines montées fur les fufeaux, & garnies en *b b* de leurs coronaires & fil de fer ; plus haut en E E eft le va-&-vient, au-deffus duquel font les afples N *n*, N *n*, &c. auxquels les ponfonelles D, D, D, impriment le mouvement de rotation au moyen des roues M, dont leurs pivots font garnis.

Dans le vargue fupérieur, on voit en *a*, *a*, le porte-boutons ; en *d*, *d*, le porte-coquettes, en *ff* les fufeaux. *e e e*, le va-&-vient, au-deffus duquel font les bobines G G G mifes en mouvement par les roues *m* des ponfonelles.

Plus haut, en R R, eft le porte-bouton du troifieme vargue : cette parte R R, femblable à la partie *a a*, eft affemblée dans les faces latérales des piliers 1, 2, 3, 4, 5, 6, de même que les porte-coquettes.

P L A N C H E XII, *fignée* M.

Coupe diamétrale du moulin de Piémont, & élévation de la lanterne ou cage qui eft dans l'intérieur.

Il faut concevoir que cette lanterne eft placée dans l'intérieur du moulin, Planche précédente, dont on l'a féparée pour éviter la confufion, & qu'il y a au-deffus une répétition qui répond au troifieme vargue. A, A, coupe de la femelle fur laquelle les piliers font affemblés. V, pivot inférieur lorfqu'un homme placé dans l'intérieur de la cage la fait tourner ; au-lieu de ce pivot, il faut imaginer l'arbre vertical & central prolongé en en-bas pour recevoir une des deux lanternes Q ou K au plan général, Pl. VIII. fi c'eft un courant d'eau qui met le moulin en mouvement. B B, porte-boutons dans lefquels entrent les pivots des fufeaux. C C, porte-coquettes, tous deux attachés à des gouffets dans le vargue inférieur. *e e*, coupe du va-&-vient au-deffus duquel du côté du pilier A⁶ eft la tablette, & du côté A les jumelles qui portent les ponfonelles D. M, roue dentée ou étoile fixée quarrément fur l'axe de la ponfonelle : cette roue conduit la roue *n*, celle-ci la roue *o* dentée de deux façons fur le champ & fur le plat ; cette derniere denture engrene dans la roue *p*, qui porte l'excentrique qui conduit le va-&-vient.

Dans le vargue fupérieur ou fecond vargue, les lettres *a a* indiquent le porte-bouton, les lettres *d*, *d* le porte-coquette ; il en eft de même du troifieme vargue, où les lettres R, R, indiquent le porte-bouton. D D, une des ponfonelles du fecond vargue.

La lanterne intérieure compofée de huit montans ou chandelles, dont on voit feulement cinq, 3, 3 : 4, 4 : 5, 5 : 6, 6 : 7, 7, porte les ferpes C C *c c*, C C *c c*, &c. dans le vargue inférieur ; les ferpes *c d*, *c d*, &c. dans le vargue fupérieur. Ces différentes ferpes fe fuccedent & prennent les rodes ou dents des ponfonelles par-deffous, ce qui les fait tourner ; la lanterne porte auffi dans chaque vargue par quatre de fes bras prolongés quatre ftrafins. E *e*, dans le premier vargue. *e*² E 2, dans le fecond. *e*³ E 3, dans le troifieme, qui en appuyant fur le ventre des fufeaux extérieurement dans le vargue inférieur, & intérieurement dans les deux vargues fupérieurs font tourner les fufeaux d'un fens différent dans ces deux derniers vargues.

P L A N C H E XIII, *fignée* N.

Conftruction & développement des ponfonelles, deffinée fur une échelle double de celle des Planches X. XI. XII.

Fig. 1. Ponfonelle vue en plan. D D, corps de la ponfonelle. *c c*, portée ou épaiffeur réfervée ou ajoutée de chaque côté de la ponfonelle pour que fes faces ne touchent point à celles des jumelles. *b b*, tourillon un peu plus long que la jumelle n'eft épaiffe. *a*, quarré de fer au centre du tourillon pour recevoir une étoile ou roue dentée. *f*, *g*, *h*, *i*, *k*, rodes ou rouleaux cylindriques. *l*, *m*, *n*, *o*, *p*, rodes ou rouleaux que nous propofons pour que l'engrenage avec les ferpes foit plus parfait ; leur profil eft une épicicloïde, comme dans les dentures des machines d'Horlogerie ; en forte que chaque rode formé par la révolution de l'épicicloïde fur fon axe eft un folide auquel on peut donner le nom d'*épicicloëdre*.

2. Rode cylindrique. M, noyure pour recevoir la tête du clou qui fixe le rode fur la ponfonelle. *m o*, le clou. *m*, la tête. *m n*, partie cylindrique qui fert d'axe, & fur laquelle le rode doit tourner. *n o*, partie taraudée en vis.

3. Rode épicicloïdal. M, cavité pour recevoir la tête du clou. *m n o*, le clou femblable à celui de la *fig.* 2.

4. Ponfonelle. O, le gouffet attaché à la face interne du pilier. N, taffeau à bois de fil fur lequel appuie la partie inférieure de la jumelle. M, partie fupérieure de la jumelle attachée par quatre vis fur la face latérale du montant. L, mâchoire inférieure de la jumelle. *d*, boulon ou centre de mouvement

de la mâchoire supérieure : K *a* & *a a*, cavités, semi-circulaires pour recevoir un des tourillons de la ponsonelle. *b*, trou circulaire de la seconde jumelie pour recevoir l'autre tourillon de la ponsonelle. Cette jumelle est fermée, sa mâchoire supérieure est assujettie auprès de l'inférieure par un crochet & un piton semblables au crochet *l* & au piton L de la jumelle antérieure.

Fig. 5. Ponsonelle, vue de champ. D D, la ponsonelle. *c*, *c*, embâses. *b*, *b*, tourillons. *a*, *a*, quarrés de fer qui reçoivent les étoiles dont on a déja parlé.

PLANCHE XIV, *signée* O.

Construction & développement des bobines pour le second apprêt, & des asples du premier apprêt.

Fig. 1. Broche quarrée sur laquelle on enfile les bobines qui reçoivent la soie du second apprêt. *a*, tourillon de la broche du côté de son étoile *b* ; ce tourillon est reçu dans une entaille pratiquée à la partie supérieure de la mâchoire mobile des jumelles, *fig.* 4. de la Planche précédente. (Ces entailles pratiquées à-plomb du centre de l'ouverture circulaire *a a* vis-à-vis la lettre K.) *b e*, partie quarrée de la broche. *d*, tourillon qui est reçu par un des taffeaux des tablettes.

2. La broche en géométral & garnie de ses six bobines. A, D, les tourillons. B B, l'étoile ou roue dentée qui reçoit son mouvement de l'étoile de la ponsonelle. 1, 2, 3, 4, 5, 6, les six bobines.

3. La même broche garnie de ses bobines, vue en perspective.

4. Un des asples servant au premier apprêt, vu en géométral. A, B, pivots de l'axe de l'asple. C D, roue qui reçoit le mouvement par l'étoile de la ponsonelle. B, pivot qui porte sur le taffeau des tablettes. E F, G H, lames mobiles. *l o*, lame ou verouil qui éloigne la lame E F de l'axe. L O, autre verouil dans la position où il doit être pour permettre à la lame mobile G H de s'approcher de l'axe ; c'est à quoi servent les plans inclinés *l m*, *n o* : L M, N O. I K, une des deux lames fixes, sa semblable & opposée étant cachée par l'axe. *x u* : *y ʒ*, deux des quatre bras qui portent les lames.

Au-dessus de cette figure, on voit séparément une des deux lames mobiles *e f*, & les mortaises transversales *x*, *y*, qui laissent aux chevilles de même nom le jeu nécessaire ; au-dessous est un verouil. *l m*, *n o*, les plans inclinés du verouil.

5. L'asple vu par l'extrêmité & du côté du tourillon B. K *k* : H, F, les deux bras qui sont assemblés l'un à l'autre à entaille. K & *k*, extrêmités des lames fixes. H & F, extrêmités des lames mobiles.

6. L'asple vu en perspective. A & B, les tourillons de l'arbre. E F, G H, les lames mobiles écartées de l'axe par leurs verouils. I K, *i k*, les deux lames fixes.

PLANCHE XV, *signée* P.

Construction & développement des fuseaux.

Fig. 1. Fuseau de fer. *a*, écrou. *e*, vis. *e i*, partie cylindrique qui entre dans la bobine, & se termine inférieurement par une partie quarrée pyramidale. *o*, le collet. *u*, le ventre du fuseau. S, sa pointe acérée qui entre dans le bouton ou crapaudine de verre.

2. Le même fuseau garni de sa bobine *f*.

3. Le même fuseau sur la bobine duquel on a ajouté le coronaire ou coronelle garnie du fil de fer qui sert de guide à la soie. *o p q r*, le fil de fer. *r*, anneau dans lequel passe la soie qui vient de dessus la bobine. *o*, autre anneau dans lequel passe ensuite la soie pour de-là se rendre sur les asples du premier apprêt, ou sur les bobines du second.

4. Développement d'une coronelle. O R, le fil de fer.

Q, la coronelle. *a a*, les deux pointes de fer qui assujettissent le fil de fer dans la rainure circulaire de la coronelle. P, plan du dessous de la coronelle. *p p*, anneau de plomb qui est enchâssé dans la rainure du dessous de la coronelle ; plus bas le même anneau est représenté en perspective, & au-dessous de la lettre P est la coupe verticale de la coronelle. 1 & 2. rainure circulaire qui reçoit le fil de fer ou guide de la soie. 3, 4, cavité annullaire, dans laquelle on coule le plomb fondu qui forme l'anneau *p p*.

Bas de la Planche.

B B, B B, portion du porte-bouton qui, dans chaque vargue, occupe la partie inférieure, & fait le tour du moulin. T, T, V, X, boutons de verre incrustés dans le bois. C C, C C, portion du porte-coquette qui entoure également le moulin. *t u x*, portion du chaperon des coquettes.

Fig. 5. Fuseau garni de toutes ses dépendances. *o r*, le guide attaché à la coronelle. O, la bobine. A B, la coquette recouverte par le chaperon.

6. Semblable fuseau, mais dont la coronelle est tournée de maniere à laisser voir près de P l'anneau inférieur du guide ; on voit que la coquette *a b*, qui n'est point recouverte par le chaperon, affleure le porte-coquette. *y ʒ*, entaille pour recevoir une coquette, qui est représentée en plan au-dessus en *a a*, *b b* : 1, 2, broche de fil de fer que l'on met pour renfermer le collet du fuseau.

7. Bouton de verre ou crapaudine des fuseaux. T, le bouton en perspective. *t*, coupe verticale du même bouton.

PLANCHE XVI, *signée* Q.

Développement du va-&-vient & des strafins.

Fig. 1. E, E *e*, Portion du va-&-vient du moulin. I, I, I, les guides dans lesquels passe la soie après être sortie de l'anneau supérieur des coronelles représentées dans la Planche précédente. P, roue qui est mise en mouvement par les ponsonelles au moyen de plusieurs roues intermédiaires, comme on voit dans les Planches X. & XI. N, excentrique. *k m l*, arc de fil de fer qui embrasse l'excentrique qui est représenté dans sa plus grande excursion à droite.

2. Les mêmes objets, mais l'excentrique est dans sa plus grande excursion à gauche.

3. L'excentrique en profil & attaché à un des piliers du moulin. *p p*, la roue qui conduit l'excentrique N. E, le va-&-vient. E M, le fil de fer qui embrasse l'excentrique. O, tête de la vis ou clou sur lequel la roue & l'excentrique tournent.

4. Les mêmes objets représentés en perspective. E *e*, portion du va-&-vient. P, la roue appliquée à une portion d'un des piliers du moulin. N, l'excentrique dans sa plus grande excursion à gauche. K M L, le fil de fer. O, cheville qui sert d'axe à la roue & à l'excentrique.

5. La cheville de l'excentrique. *a*, la tête fendue pour recevoir un tourne-vis *c*.

6. Un des strafins du premier apprêt. C D, portion d'un des bras. E *e*, le strafin doublé intérieurement de peau.

7. Le ressort qui fait appliquer le strafin sur le ventre des fuseaux. *c*, pié du ressort. *d*, les différens tours qui environnent le pivot. *e*, sommet du ressort qui s'applique au strafin.

8. Strafin du second apprêt ou des deux vargues supérieurs du moulin. Ceux-ci marchent en-dedans, & c'est leur convexité qui s'applique au ventre des fuseaux. C D, portion d'un des bras de la lanterne intérieure. E *e*, le strafin garni de peau sur le côté convexe. B, poulie attachée au bras sur laquelle passe la corde *e* B, chargée d'un poids A, pour faire appliquer la partie E du strafin aux fuseaux.

PLANCHE XVII, *signée* R.

Profils du devidage qui est au-dessus des moulins à organsiner les soies, représenté en perspective dans la Planche IX.

Fig. 1. XY, arbre vertical ou prolongation de l'axe de la lanterne qui occupe l'intérieur du moulin. *a, aa,* rouet qui engrene dans les deux lanternes. *b, bb,* la lanterne *b* est portée par l'arbre horisontal *ζ c* qui porte le rouet *c.* Ce rouet engrene dans la lanterne *d* de l'arbre vertical *de.* Ce dernier arbre porte à sa partie inférieure un rouet ou roue dentée 1, qui, au moyen des roues 2 & 3, met en mouvement la roue 4 qui porte l'excentrique conducteur du va-&-vient représenté au-dessous de la poulie 4 par un petit quarré. L'excentrique 5 est conduit par de semblables roues, comme on le voit au bas de la Planche IX. où ces roues sont indiquées par les lettres *u x* ou V X, & la roue 1 de la figure dont nous faisons l'explication l'est par la lettre T. *g* & *g,* sont les tavelles sur lesquelles sont les écheveaux qui doivent être devidés.

2. Profil du devidage coupé par le milieu d'une des banques. A E, la table du devidage supportée par les piés A C, B D. A E, B F, support des tavelles. *g,* tavelle. *e, ee* les vas-&-vients dans les guides desquels passe la soie qui vient des tavelles. *f d a,* le brin de soie qui ayant passé dans le guide *d,* va s'enrouler sur la bobine *a,* mise en mouvement par la roue *b.* K, banque entourée de rebords.

3. Poupée qui porte l'excentrique. A, tête de la poupée. B, trou qui reçoit la vis sur laquelle tourne l'excentrique. C, partie élégie pour laisser passer la denture de la roue de l'excentrique. E, queue de la poupée. D, mortaise qui reçoit la clavette, au moyen de laquelle la poupée est affermie sur la table, comme on le voit *fig.* 1.

PLANCHE XVIII, *signée* S.

Fig. 1. Développement du va-&-vient du devidage représenté en perspective. A E, portion inférieure d'un des quatre arbres G H, L M, O P, R S de la Planche IX. B, le rouet fixé à la partie inférieure de l'arbre dont le pivot inférieur repose sur le tasseau F. Ce rouet engrene dans la roue C, la roue C dans la roue D, celle-ci conduit la roue D qui porte l'excentrique N. O, cheville ou clou qui fixe l'excentrique sur sa poupée. X, queue de la poupée. K M L, fil de fer qui embrasse l'excentrique N, & fait mouvoir le va-&-vient K L *b a.* *b, a,* guides plantés dans le va-&-vient. S, T, V, séparations des cellules qui renferment les roues H & *h,* dont les canons sont tous enfilés par la tringle G de la roue D. Ces cellules contiennent aussi les bobines R portées par l'axe des noix I. Derriere le rouet B on apperçoit une partie *p* de la roue de l'excentrique qui est de l'autre côté, & une portion *x* de la poupée. *l* & *k k,* parties de la banque qui occupe toute la longueur du devidage.

Bas de la Planche.

La figure du milieu représente une tavelle en perspective. G G, pivots de la tavelle sur le milieu de l'arbre de laquelle est enfilé un anneau E F auquel un poids H est suspendu pour procurer un frottement suffisant & une tension convenable à la soie. A *a,* B *b,* C *c,* D *d,* les quatre coulans de la tavelle sur lesquels l'écheveau de soie est placé.

2. Noix dont l'axe reçoit la bobine. *b* & *c,* pivots qui sont arrondis. *a,* noix à laquelle la roue, *fig.* 4. communique le mouvement de rotation par le seul frottement. La partie *a c* de la broche de la noix est quarrée pour mieux fixer les bobines que cette partie doit recevoir.

3. La même noix *a* garnie de sa bobine R. *e f,* les pi-

vots qui entrent dans les fentes des cloisons S & T, *fig.* 1.

Fig. 4. Roue & son canon. A B C, la roue qui tourne dans l'ordre des lettres pour faire tourner la noix en sens contraire, & faire que la soie s'enroule sur la bobine par le dessus. D E, canon de la roue; il est percé intérieurement d'un trou quarré traversé par la tringle quarrée de la roue D de la *fig.* 1. Cette tringle conduit & fait tourner avec elle trente roues, & par conséquent trente bobines qui tirent la soie de trente tavelles, ce qui fait soixante écheveaux qui sont devidés à-la-fois dans chaque quart du devidage que la vignette de la Planche IX représente, c'est-à-dire deux cent quarante en tout.

PLANCHE XIX, *signée* T.

Cette Planche représente l'ovale en plan & en élévation.

Fig. 1. Plan de l'ovale dont on a supprimé le chapeau & le guindre. A A, le bâtis ou établi de l'ovale. B B B B, grande assiette. G G G G, petite assiette, au milieu de laquelle on a réservé un vuide. F F F, les trois poulies qui soutiennent la courroie. *g h i k,* les quatre montans. D, grande roue ou poulie sur laquelle passe la courroie. C, la manivelle de cette roue.

2. Elévation géométrale de l'ovale. A A, le bâtis ou établi. *c d,* les piés. *a b,* le chapeau assemblé sur les montans *g h i k* qui divisent la totalité en trois parties, la premiere entre les deux montans *k i* renferme le rouage qui sert à compter les tours de l'asple ou devidoir P. 2, pignon qui mene la roue 3. *e,* pignon qui mene la roue 4. *f,* pignon qui mene la roue 5.

La seconde partie comprise entre les poteaux ou montans *i* & *h* contient la roue motrice D, la manivelle C, le pignon Q & la roue R, qu'il conduit; l'excentrique placé sur cette roue, conduit le va-&-vient; les deux roues V & X servent à communiquer le mouvement aux pieces que les deux parties *k i* & *g h* renferment.

La troisieme partie contient l'ovale B G G B; le va-&-vient N O O N & l'asple ou devidoir P suffisamment décrits à l'article *Soie.*

PLANCHE XX, *signée* V.

Coupes transversales & développemens de plusieurs parties de l'ovale.

Fig. 3. Plan du va-&-vient qui est de forme ovale. S S, regle par laquelle le va-&-vient est porté. N O N O, le va-&-vient garni d'autant d'anneaux de fil de fer qu'il y a de bobines tournantes sur l'ovale.

4. Elévation latérale de la troisieme partie qui contient l'ovale. On a supprimé, pour le laisser voir, le montant *g* de la *fig.* 2. A A, établi. *d d,* les piés. B B, grande assiette. C C, petite assiette. E E, courroie. O O, va-&-vient. Y, pignon qui conduit la roue Z de l'asple ou devidoir P. *a a,* chapeau.

5. Elévation latérale de la premiere partie. On a supprimé le montant *k* de la *fig.* 2. pour laisser voir toutes les roues & pignons qui servent à compter les révolutions de l'asple. 2, pignon qui conduit la roue 3. *e,* pignon fixé sur la roue 3; il conduit la roue 4, sur la tige de laquelle est fixé un autre pignon *f* qui conduit la roue de compte 5, sur laquelle est une cheville 6 qui leve la queue du marteau attaché au montant que l'on a supprimé.

6. Situation respective de la sonnette 8 du marteau 9, dont la queue 7 est élevée par la cheville dont on a parlé dans l'explication de la figure précédente. 10, ressort qui abaisse la queue du marteau & le fait frapper sur le timbre ou sonnette 8.

7. Une des broches ou fuseaux dessinée sur une proportion double. *t,* pointe du fuseau qui entre dans

la crapaudine de verre. *t*, *u*, fuſeau ſur le ventre duquel s'applique la courroie. *uy*, partie quarrée de la tige ; cette partie reçoit la bobine chargée de la ſoie que l'on veut ovaler.

Fig. 8. Fuſeau garni de ſa bobine K. & de ſon coronai-re L. *x* & *z*, anneaux du coronaire.

9. Le coronaire L ſéparé de la bobine , & ſeulement garni de ſon fil de fer.

P L A N C H E XXI , *ſignée* X.

Cette Planche repréſente le rouet de Lyon , vu en perſpective & des deux côtés.

Fig. 1. Le rouet en perſpective , vu du côté oppoſé à l'ouvriere qui en fait uſage.

2. Le même rouet en perſpective , vu du côté où ſe place l'ouvriere.

Fig. 3. Machine nommée *chambriere*, qui ſert à l'ouvriere pour démêler les écheveaux qu'elle veut devider avant de les mettre ſur les guindres.

P L A N C H E XXII , *ſignée* Y.

Développemens du rouet de Lyon.

Fig. 4. Elévation géométrale du rouet du côté oppoſé à l'ouvriere.

5. Plan géométral du rouet.

6. Coupe tranſverſale du rouet.

7. Développemens du va &-vient.

7. n°. 2. Coupe tranſverſale du va-&-vient ſur une échelle quadruple.

8. Développemens d'une des boîtes à reſſorts.

S E C O N D E S E C T I O N,

Contenant la fabrication des Etoffes en plein ou Etoffes unies.

P L A N C H E XXIII , *ſignée* Z.

LA vignette repréſente l'opération d'ourdir la chaîne des étoffes.

Fig. 1. Ourdiſſeuſe qui de la main gauche fait tourner la manivelle de la poulie du banc ſur lequel elle eſt aſſiſe. Cette poulie, au moyen d'une corde ſans fin, communique à celle qui eſt au-deſſous de l'our-diſſoir & lui imprime le mouvement de rotation.

2. L'ourdiſſoir de trois aunes & demie de tour , ſur le plot duquel paſſent les fils qui viennent des rochets de la cantre.

3. La cantre garnie de rochets.

Bas de la Planche.

Plan du deſſus de l'ourdiſſoir, du deſſus du banc de l'ouvriere & de la cantre. A, manivelle de la poulie du banc G H que l'on éloigne ou qu'on approche de l'our-diſſoir pour tendre la corde ſans fin qui paſſe auſſi ſur la poulie O de l'ourdiſſoir. I K, le deſſus de la banque ou ſellette de la cantre. C D E F, les deux croiſées du deſſus du bâtis de l'ourdiſſoir. B, pivot ſupérieur de l'ourdiſſoir formé par huit montans *a*, *b*, *c*, *d*, *e*, *f*, *g* ; c'eſt autour du tourillon ou pivot ſupérieur B que s'en-roule la corde B 2, à laquelle le plot P*p* eſt ſuſpendu. *i k*, chevilles fixées à une traverſe ſur leſquelles les fils de la portée ſont encroiſés un à un. *m*, cheville ſur laquelle les portées ſont renvoyées.

P L A N C H E XXIV , *ſignée* AA.

Développemens & élévation de l'ourdiſſoir.

Fig. 1. Traverſe ſur la cheville de laquelle les portées ſont renvoyées. M, la cheville.

2. Autre traverſe ſur laquelle les fils de chaque portée ſont encroiſés un à un. Ces deux figures ſont deſ-finées ſur une échelle double.

3. Elévation géométrale de l'ourdiſſoir. A, manivelle au-deſſus du banc de l'ouvriere. Æ, poulie ſur laquelle paſſe la corde ſans fin. Æ O, qui paſſe auſſi ſur la poulie O de l'ourdiſſoir.

E, EE, Un des quatre montans du bâtis qui renferme la lanterne, il y a trois piliers ſemblables viſibles dans la vignette de la Planche précédente. F, FF, quatrieme pilier ou pilier du plot ; il dif-fere des autres en ce qu'il eſt fendu du haut en-bas, chaque partie entre dans une des mortaiſes du plot. *aa*, *bb*, *dd*, *ee*, *ff*, *hh*, fix des huit mon-tans ou chandelles de la cage tournante de l'our-diſſoir ; elles ſont ſupportées par trois étages de traverſes qui paſſent de part en part à-travers l'ar-bre central B, BB autour du pivot ſupérieur du-quel s'enroule la corde à laquelle le plot P*p* eſt ſuſpendu. Entre quelques-uns des montans ſont placées les trois traverſes mobiles *i k*, *l*, vers le

haut, & la traverſe *ii*, *kk* vers le bas. Ces tra-verſes peuvent s'élever & s'abaiſſer à volonté n'é-tant aſſujetties que par le frottement des fourchons de leurs extrêmités ſur les arêtes internes des chan-delles entre leſquelles elles ſont placées ; leur diſ-tance détermine la longueur de l'ourdiſſage ou de la chaîne de l'étoffe.

Fig. 4. Le plot dégarni des pieces qui en dépendent. P*p*, le plot. P , la partie qui embraſſe le pilier fendu. 6, eſt le trou où entre le piton de la crémaillere. *p*, partie ſur laquelle paſſe la ſoie. 1 & 2, chevilles ſur leſquelles ſont enfilées les bobines *h* & *k* qui ſont au-deſſus. *efg*, tringle inférieure dont le crochet *g* entre dans un trou auprès de la lettre *p*. L'autre extrêmité *e* terminée en piton , reçoit la partie inférieure *b c* de la ſeconde tringle *a b c*. *d*, eſt l'écrou qui ſert à fixer cette piece après qu'elle a traverſé l'épaiſſeur du plot, comme on le voit dans la figure ſuivante , mais de maniere ce-pendant que la partie *b a* puiſſe tourner horiſon-talement.

5. Le plot garni de toutes les pieces qui en dépen-dent, & entre les deux tringles duquel paſſe une portée A B. A, partie de la portée qui vient de la cantre. B, partie qui va ſur l'ourdiſſoir. *f*, trin-gle inférieure. *a*, tringle ſupérieure. 1 & 2, les deux chevilles entre leſquelles paſſe la portée. 1, 2, 3, 4, 5, 6, la crémaillere, au moyen de laquelle on peut élever ou abaiſſer le plot pour ranger de nouvelles portées ſur l'ourdiſſoir entre celles qui y ſont déja placées.

P L A N C H E XXV , *ſignée* BB.

Développemens de la cantre ou banque, & des encroix par fils & par portées.

Fig. 1. Les trois traverſes mobiles de l'ourdiſſoir. A B, premiere traverſe ſupérieure ſur la cheville *l* L, de laquelle les fils de la portée ſont arrêtés. C D, ſeconde traverſe ſupérieure ſur les deux chevilles *iI*, *kK* de laquelle les fils ſont encroiſés un à un. *b c d e f*, la portée d'environ trente aunes de long qui, après avoir fait pluſieurs fois le tour de l'our-diſſoir en forme de pas de vis, arrive à la traverſe inférieure E F, garnie de deux chevilles *ii*, *kk*, ſur leſquelles les portées ſont encroiſées.

2. Cantre à trois rangs de rochets. A B C D, les piés de la cantre. *a b c d*, la tablette ou ſellette ſur la-quelle ſont élevés les montans , entre leſquels ſont placés les rochets garnis de la ſoie qui doit for-mer la chaîne de l'étoffe. F G, chapeau ou traverſe ſupérieure de la cantre.

3. Autre cantre pour ourdir avec un plus grand nom-bre de rochets ; la tablette *a b c d* de celle-ci eſt gar-nie d'un rebord ; le deſſous de l'une & de l'autre eſt en partie fermé par des planches, ce qui forme

SOIERIE.

11

une caiffe dans laquelle on met les rochets ou autres uftenfiles dépendant de l'opération, à laquelle les trois dernieres planches & les deux fuivantes font relatives.

PLANCHE XXVI, *fignée* C C.

Cantre à la Lyonnoife ou cantre horifontale, vue en perfpective.

Fig. 1. La cantre vue en perfpective par une de fes extrêmités. A *a*, B *b*, C *c*, trois des quatre montans de la cantre; ils font joints haut & bas par des traverfes entre les deux longues traverfes fupérieures *b c* & *a d*. Il y en a une troifieme *e f*, qui fert auffi de point d'appui aux broches dont les rochets font traverfés; plus haut font deux autres longues traverfes *g h*, *k l*, auxquelles des anneaux de verre font fufpendus; les fils des rochets, après avoir traverfé ces anneaux de verre, fe réunissent en deux faifceaux, & vont paffer entre les trois tringles du plot P, & de-là vont s'enrouler fur l'ourdiffoir placé vis-à-vis de la cantre. O O, partie du pilier fendu de la cage ou bâtis qui renferme l'ourdiffoir.

2. La cantre vue en perfpective par le devant ou du côté de l'ourdiffoir. A *a*, B *b*, C *c*, D *d*, les quatre piliers ou montans. A B, B C, C D, D A, les quatre traverfes inférieures. *a b*, *b c*, *c d*, *d a* & *e f*, les cinq traverfes fupérieures. G H, K L, les deux traverfes auxquelles les anneaux font fufpendus au nombre de trente à chacune. 1, 2, planchette qui retombe à charniere fur le devant des traverfes *a d*, *b c*, pour fermer les trous par lefquels les trente broches font entrées.

PLANCHE XXVII, *fignée* DD.

Développement du plot à trois tringles & de quelques parties de la cantre contenue dans la Planche précédente.

Fig. 1. Le plot à trois tringles en perfpective vu du côté P des bobines. O O, partie du pilier de l'ourdiffoir le long duquel le plot monte & defcend. *a b*, les deux bobines. 1 & 2, les fils qui viennent du rang fupérieur des anneaux de la cantre. 3 & 4, les fils qui viennent du rang inférieur des anneaux, les premiers paffent entre la feconde & la troifieme tringle du plot, & les derniers entre la premiere & la feconde tringle, en forte que la portée eft divifée en deux demi-portées.

4. Le plot vu du côté du dedans de l'ourdiffoir. *a* & *b*, les deux bobines entre lefquelles paffe la portée. *c d*, les deux mortaifes traverfées par les jumelles du montant. *e f*, autre mortaife dans laquelle eft une poulie fous laquelle paffe la corde du pivot fupérieur de l'ourdiffoir. 1, 2, premiere tringle. 3, 4, feconde tringle. 5, 6, troifieme tringle.

5. Le plot à trois tringles vu du côté oppofé ou du côté qui fait face à la cantre, les mêmes lettres défignent les mêmes objets.

6. Partie de l'une des deux traverfes auxquelles les anneaux du verre font fufpendus. G, tenon en queue d'aronde qui eft reçu dans la mortaife pratiquée au haut des piliers fupérieurs. *b*, *d*, *f*, anneaux ronds de verre. *h*, *l*, anneaux en forme de porte. *a b c d e f g h k l m n m o p*, les différens plis de la corde qui retient les anneaux fufpendus à la partie inférieure de la traverfe.

7. Partie du plan du deffus de la cantre. A & B, le haut de deux des quatre montans inférieurs. A D, B C, partie des longues traverfes fupérieures. E *e*, partie de la traverfe du milieu. G *g*, K *k*, des barres auxquelles les anneaux font attachés. *a*, *a*, *a*, &, différens rochets enfilés par leurs broches. *b*, *b*, *b*, autres rochets dans la feconde divifion de la cantre. *d c*, broche tirée pour replacer un des rochets de la premiere divifion *e f*. *e f*, broches pouffées pour placer des rochets dans la feconde divifion de la cantre.

Fig. 8. Partie antérieure de la traverfe de devant avec une partie de la regle qui ferme les trous par lefquels les broches font entrées. 1, 2, 3, 4, 5, 6, 7, 8, quelques-uns des trous à découvert.

PLANCHE XXVIII, *fignée* E E.

Opération de relever les pieces ourdies de deffus l'ourdiffoir.

La vignette repréfente le même attelier que celle de la Planche XXIII. le même ourdiffoir; mais au-lieu de la cantre, on fubftitue la lanterne fur laquelle on devide la chaîne après avoir paffé une corde dans les boucles de toutes les portées formées fur la cheville de la premiere traverfe fupérieure de l'ourdiffoir.

Fig. 1. Ouvrier qui avec la main droite, fait tourner la manivelle de la lanterne; de la main gauche il conduit la chaîne dans la lanterne, de maniere que fes différens tours fe croifent, de même que le va-&-vient conduit les fils de foie fur les bobines dans les moulins.

2. Ourdiffeufe qui oppofe la main aux montans de l'ourdiffoir pour retarder fon mouvement, & procurer à la chaîne une tenfion convenable.

Bas de la Planche.

3, 4 & 5. Maniere de lier les portées entre les deux chevilles de la feconde traverfe fupérieure de l'ourdiffoir avant de relever la chaîne. On introduit par *b* un cordon de foie entre une des deux chevilles & la croifure; on ramene le cordon par *a* entre la même croifure & l'autre cheville, & on fait un nœud *c*. On ramene enfuite en devant & par-deffus la boucle *a* fig. 3. dans laquelle on paffe en-deffous le nœud *c*, comme on voit en *e d*, fig. 4. On fait enfuite plufieurs tours en-deffous avec le refte du cordon double, & on paffe le nœud *c* dans le dernier tour, comme on voit fig. 5.

6. La lanterne & fon fupport vus en élévation géométrale du côté de l'ourdiffoir. A & B, les patins. A C, B D, les montans. E F, entre-toife affermie avec des clés. *a a*, *b b*, les deux tourtes de la lanterne affemblées l'un à l'autre par l'axe *c d* & par plufieurs fufeaux. *e*, manivelle.

7. La même lanterne en perfpective, vue du côté de la manivelle. A A, B B, les patins. D, un des montans affermi avec le montant oppofé par l'entre-toife F E; chacun des deux montans eft encore affermi par une jambe ou lien affemblé inférieurement fur le patin. D, la lanterne, dans les tourtes de laquelle on a pratiqué une gorge ou poulie pour loger une corde chargée d'un poids: il y a de plus deux crochets de fer. *e n*, E *m*, dont on verra l'ufage dans l'explication de la Planche XXX.

PLANCHE XXIX, *fignée* F F.

Appareil pour l'opération de plier, & développement du rateau qui fert à cette opération, repréfentée dans la Planche fuivante.

Fig. 1. Le rateau ouvert. A B, premiere piece du rateau, celle dans laquelle les dents de cuivre font plantées & à laquelle font affemblées les deux traverfes E & F qui entrent dans les mortaifes de la feconde piece C D. Cette feconde piece a à fa face inférieure une rainure qui reçoit les pointes des dents du rateau.

2. Le rateau fermé. *a b*, premiere piece. *c d*, feconde piece. *e*, *f*, traverfes. La feconde piece eft arrêtée fur les traverfes par deux chevilles *n* & *n*, qui traverfent d'outre en outre.

3. Coupe tranfverfale du rateau repréfenté fermé. A, piece inférieure à laquelle tiennent les chevilles. C, piece fupérieure dans laquelle eft la rainure qui reçoit les pointes des dents.

4. Coupe du rateau repréfenté ouvert. A, piece inférieure. C, piece fupérieure. *a*, rainure.

Fig. 5. Bobine de bois A B fendue en-deſſous pour être placée ſur les dents du rateau & recevoir la chaîne , que l'on diſtribue enſuite par portées ou demi-portées entre les dents du rateau. C D , ficelle ou arbalêtre. E F , baguette que l'on paſſe dans les portées pour conſerver les encroix des portées. Cette baguette ſert auſſi à retenir la chaîne dans la rainure de l'enſouple. *a*, 1 : *b*, 2 : *c*, 3 : *d*, 4 : quatre portées encroiſées par l'arbalêtre & la baguette.

6. Le rateau poſé ſur les ſupports de l'enſouple. A B , C D , patins des ſupports. E F , G H , les montans. I K , L M , les deux cabres. *a b* , le rochet fendu de la *figure* 5. *e f* , baguette & corde qui encroiſent les portées. *c* , la chaîne en un ſeul paquet ſur le rochet. *d* , pluſieurs portées diſtribuées entre les dents du rateau.

PLANCHE XXX, *ſignée* GG.

La vignette repréſente l'opération de plier la chaîne des étoffes ſur l'enſouple.

Plier une chaîne , c'eſt la rouler réguliérement ſur l'enſouple de derriere du métier. A , lanterne ſur laquelle la chaîne a été relevée. B , ſupport de la lanterne. *e n* , crochet de fer qui arrête le ſupport à la muraille. Il y en a un ſemblable de l'autre côté. *a b* , *c d* , patins des ſupports. *h m* , *f k* , les cabres appuyées en *m* & en *k* contre des chevilles fixées dans le plancher. *h f* , l'enſouple dont les tourillons appuyent contre les tenons des ſupports.

Après que la chaîne eſt diſtribuée dans les dents du rateau, ainſi que la *figure* 6 de la Planche précédente le repréſente, & que la baguette *e f* & ſa ficelle ſont placées dans la rainure de l'enſouple , on place alors une ſeconde baguette par-deſſus celle-là & en-deſſous de la chaîne ; on fait enſuite tourner l'enſouple , la ſeconde baguette étant alors ſerrée par la chaîne , empêche la premiere qui paſſe dans les croiſures de reſſortir.

Fig. 1. Ouvrier qui , tenant le rateau à deux mains , conduit la chaîne ſur l'enſouple , de maniere que les premiers tours de la chaîne occupent une plus grande longueur ſur l'enſouple que les derniers ; il rétrécit inſenſiblement la largeur de la chaîne en faiſant quitter au rateau le paralléliſme de l'enſouple.

2. Ouvrier qui avec un bâton & une corde, dont il entoure un des bouts de l'enſouple , la fait tourner ſur elle-même ; pendant cette opération la chaîne eſt fortement tendue par la réſiſtance de la lanterne , occaſionnée par les cordes chargées d'un poids convenable qui paſſent dans les poulies de ſes deux tourtes.

Bas de la Planche.

3. Un des deux cabres vu en plan. H , mortaiſe par laquelle paſſe le tenon du ſupport. H L , partie ſur laquelle repoſe un des tourillons de l'enſouple. M , entaille pour recevoir une des chevilles qui entrent dans le plancher.

4. La même piece vue de profil. M *m*, la cheville de fer.

5. Elévation des ſupports & l'enſouple placée ſur les cabres. A B , C D , les patins. *a b* , *c d* , liens ou jambes qui affermiſſent les montans ſur les patins. I & L , extrêmité des cabres. F & H , tenons qui traverſent les cabres , & contre leſquels les tourillons Q & N de l'enſouple O P vont s'appuyer.

6. Coupe de l'enſouple deſſinée ſur une échelle double. *a* , rainure qui reçoit la baguette *e f* de la *figure* 6 de la Planche précédente.

PLANCHE XXXI, *ſignée* HH.

Vue perſpective du métier pour fabriquer les étoffes unies , comme taffetas , ſerge & ſatin. A B , *a b* , les piliers de devant du métier , entre leſquels eſt le banc de l'ouvrier. E F , *e f* , les piliers de derriere. C D , *c d* , les

eſtazes. G H , *g h* , les clés. K L , l'enſouple de devant ſur laquelle l'étoffe s'enroule à meſure qu'elle eſt fabriquée. S *ſ* , l'enſouple de derriere , près de laquelle on voit l'envergure *m n* , elle eſt portée par des gouſſets. R *r* , poids qui tendent les cordes R S , *r ſ* , *ſ ſ*. Ces cordes font pluſieurs tours. L'enſouple de devant eſt portée par les banques X Y , *x y*. T V , *t u* , les oreillons. Z *ʒ* , le chien qui engrene dans le rochet dont l'enſouple eſt armée. *x y* , le battant. *a a* , *b b* , *c c* , *d d* , la carette qui contient autant d'aîlerons qu'il y a de liſſes 1 1 1 , 2 2 , 3 3 3 , 4 4 ſuſpendues chacune par deux cordes aux aîlerons , comme on voit la premiere au point 5. De l'autre extrêmité 6 de chaque aîleron , deſcend une corde 6 , 7 , qui s'attache à la contremarche 7 , 10 , les contremarches & quarquerons ſont ſoutenus par un chaſſis *t i l* , & mobiles ſur une cheville de fer. N , boëte des marches. M , pierre dont elle eſt chargée. P Q , P *q* , les marches auxquelles les contremarches & les quarquerons ſont liés par les ficelles 8 , 9. O P , cheville qui ſert de centre de mouvement aux marches.

PLANCHE XXXII, *ſignée* II.

Elévation géométrale de la partie latérale du métier pour fabriquer les étoffes unies , comme taffetas , ſatin & ſerge. A B , un des piliers de devant. E F , pilier de derriere. C D , eſtaze. K , enſouple de devant. Z *ʒ* , le chien. S , enſouple de derriere. R *ʒ* S R , corde & poids pour tendre la chaîne. *n* , envergure. N , caiſſe des marches. M , pierre dont elle eſt chargée. O , charniere des marches. P Q , P *q* , les marches. *a a* , *b b* , patins de la carette. *c c* , *d d* , cheville ſur laquelle ſe meuvent les aîlerons 1 , 1 : 2 , 2 : 3 , 3 : 4 , 4 : les liſſes. *k l* , patin du chaſſis des contremarches & quarquerons. 10 , 10 , cheville ſur laquelle ils ſont mobiles. *x y* , le battant. *x x* , ſommet des lames du battant.

PLANCHE XXXIII, *ſignée* KK.

Elévation géométrale de la partie antérieure du métier pour fabriquer les étoffes unies , comme taffetas , ſerge , ſatin. A B , *a b* , les piliers de devant. *o o* , cheville ou broche des marches. Q , *q* , les marches. X , *x* , les banques. B B , *b b* , le banc de l'ouvrier. K L , enſouple de devant. Z , le chien. G H , clé de devant. *x y* , *x x* , *y y* , le battant. 12 , 13 , garot ſervant à bander les lames du battant. A A , *a a* , patin de la carette. *d d*, ſommet de la carette. 5 , 6 , aîleron. 6 , 7 , corde qui deſcend aux contremarches 7 , 10. 10 , 8 , quarquerons auxquels les marches ſont ſuſpendues par les cordes. 9 , les quarquerons le ſont aux liſſerons d'en-bas des liſſes par les cordes 8. 3 , 3 : 3 , 3 : 4 , 4 : 4 , les liſſes ſuſpendues à l'extrêmité 5 des aîlerons par des cordes.

PLANCHE XXXIV, *ſignée* LL.

Développement du battant du métier pour fabriquer les étoffes.

Fig. 1. Bâton auquel le battant eſt ſuſpendu. *p* , *q* , tourillons qui reçoivent les roulettes P & Q qui repoſent entre les dents des acocats des eſtazes pour pouvoir avancer ou reculer le battant.

2. Portion d'un des acocats , & la roulette P placée entre deux dents.

3. Portion du ſecond acocat avec l'autre roulette Q, & une portion S du bâton repréſentés en perſpective. Ces trois figures ſont deſſinées en une échelle double.

4. Le battant garni de ſon peigne & de toutes les pieces & cordages qui en dépendent. *y y* , la maſſe du battant qui eſt toujours au-deſſous de la chaîne pendant la fabrication. *x x* , la poignée qui eſt toujours au-deſſus. *r s* , le peigne. *a* , *x x* : *b* , *y y* , les lames. *p* , *q* , le bâton & les roulettes. *t* , *u* , les acocats des lames par leſquels le battant eſt ſuſpendu au bâton. 12 , 13 , bâton ou garot ſervant à tordre la corde qui ſerre les deux lames.

Fig. 5.

Fig. 5. Portion fupérieure d'une des lames vue en profil. XX, le haut de la lame. ST, acocat.

6. Portion inférieure de la lame, & coupe de la maffe & de la poignée du battant; ces deux figures étant jointes par les parties rompues V repréfentent le profil d'une lame entiere deffinée fur une échelle double, ainfi que les figures fuivantes. X, la poignée dans laquelle eft une rainure. Y, la maffe dans laquelle eft auffi une femblable rainure, qui fervent l'une & l'autre à recevoir le peigne.

7. La poignée XX du battant vue par-deffous & en perfpective. *a*, *b*, mortaifes que les lames doivent traverfer. *c d*, rainure pour recevoir le peigne. RS, le peigne. YY, la maffe du battant. A & B, portion des lames. CD, rainure.

PLANCHE XXXV, *fignée* MM.

Développement de la carette & du porte-liffe.

Fig. 1. Chaffis de la carette. A *a*, B *b*, les patins. GH, les traverfes. CD, les entailles qui reçoivent les aîlerons. DE, cheville ou broche qui fert de pivot aux aîlerons. 5, 6, aîleron féparé. F, trou qui eft traverfé par la broche.

2. Elévation du montant de la carette. A & B, emplacement des patins. DC, entailles pour recevoir les aîlerons; il y a des carettes plus larges pour recevoir un plus grand nombre d'aîlerons, qui font toujours en même nombre que les marches.

3. Autre forte de carette. A *a*, B *b*, les patins. GH, les traverfes. DC, chapeau des montans qui font traverfés par une broche qui enfile les aîlerons.

4. Elévation de la même carette. A & B, extrêmité des patins. CD, chapeau fur les montans; au-deffous on voit la broche de fer qui enfile tous les aîlerons.

5. Porte-liffes & chapes. AA *a a*, le porte-liffes. B & C, les chapes qui renferment des poulies. *b d*, *c e*, cordes qui fufpendent les chapes. 1, 2, 3, 4, liffe. 1, 2, lifferon d'en-haut. 3, 4, lifferon d'en-bas. 3, 5, 4, corde nommée *arbalêtre*, par laquelle les quarquerons tirent les liffes.

6. Profil du porte-liffe & de la chape. *a* & *b*, les deux poulies de la chape; fur la premiere paffe la corde qui fufpend la premiere & feconde liffes 1, 1: 2, 2, fur la feconde paffe la corde qui fufpend la troifieme & la quatrieme liffes 3, 3 : 4, 4.

7. Coupe de la chape. *a* & *b*, les deux poulies. 1, 1: 2, 2 : 3, 3 : 4, 4, les liffes.

PLANCHE XXXVI, *fignée* NN.

Développement des enfouples du métier pour fabriquer les étoffes, & conftruction du banc de l'ouvrier.

Fig. 1. Enfouple du derriere du métier deffinée, ainfi que toutes les figures de cette Planche, fur une échelle double de celle du métier; on a rompu les enfouples dans le milieu, leur longueur n'ayant pas pu tenir dans la largeur de la Planche. S *s*, les tourillons. PQ, *p q*, gorges ou poulies fur lefquelles appuient les valets, ou fur lefquelles paffent les cordes chargées d'un poids qui fervent à tendre la chaîne des étoffes. R *r*, rainure de huit lignes de profondeur fur fix de large, & deux piés neuf pouces de longueur, qui reçoit la baguette *e f*, Pl. XXIX. *fig.* 6. par laquelle les portées de la chaîne font enfilées.

2. L'enfouple du devant du métier. KL, les extrêmités de l'enfouple. MN, rochet. PQ, *p q*, collets qui s'appliquent aux oreillons du métier. O, trous pour recevoir l'extrêmité de la pince ou pié-de-biche, avec laquelle on fait tourner l'enfouple. R *r*, rainure de même longueur que celle de l'autre enfouple, dans laquelle entre la baguette qui retient les fils.

3. Une des extrêmités de l'enfouple de derriere. S, le tourillon.

N°. 6.

Fig. 4. Coupe des deux enfouples par le milieu de leur longueur. R, rainure où la chaîne eft arrêtée.

5. Rochet ou cric fixé à une des extrêmités de l'enfouple de devant. MN, le rochet denté. K, quarré de l'enfouple qui traverfe le canon quarré du rochet.

6. Banc de l'ouvrier. A *a*, côté du métier. BB, *b b*, côté oppofé.

7. Crémaillere & taffeau qui s'attache aux faces de dedans des piliers de devant du métier. CD, la crémaillere en queue d'aronde. *a b*, entaille qui reçoit une des extrêmités du banc.

8. Elévation géométrale de la feconde crémaillere & du fecond taffeau. CD, la crémaillere. AB, entaille du taffeau qui reçoit l'autre extrêmité du banc de l'ouvrier qui fixe la hauteur du banc à une hauteur convenable, en plaçant la cheville qui foutient le taffeau dans un des trous de la crémaillere.

9. Le taffeau vu par le deffus & en perfpective. *c d*, entaille en queue d'aronde dans laquelle coule la crémaillere. *a b*, entaille pour recevoir l'extrêmité du banc.

10. L'autre taffeau vu du côté qui s'applique au pilier du métier. *a b*, entaille qui reçoit l'extrêmité du banc. *c d*, entaille en queue d'aronde coupée obliquement; cette entaille reçoit la crémaillere.

PLANCHE XXXVII, *fignée* OO.

Remettage ou.paffage des fils de la chaîne dans les liffes.

Dans cette figure, dont l'intelligence eft néceffaire pour entendre celles qui fuivent, on n'a feulement repréfenté que deux mailles fur chacune des huit liffes, la premiere liffe eft celle qui eft derriere les autres par rapport à l'ouvrier, & la derniere eft celle qui eft de fon côté ou du côté de l'enfouple de devant, l'ordre alphabétique des lettres répond à l'ordre numérique des liffes, ainfi : A eft la premiere liffe, la plus éloignée de l'ouvrier; B, la feconde; C, la troifieme, ainfi de fuite, quel que foit le nombre des liffes : il faut auffi jetter les yeux fur le remettage du fatin à huit liffes dans la Planche XLVI. ce remettage contient le plan d'une des deux courfes que la Planche actuelle repréfente.

A, B, C, D, E, F, G, H, les huit lifferons d'en-haut. AA, BB, CC, DD, EE, FF, GG, HH, les huit lifferons d'en-bas. Le premier fil 1 de la chaîne paffe dans la premiere maille de la premiere liffe comme on en voit en *a*. Le fecond fil, 2, de la chaîne paffe dans la premiere maille de la feconde liffe, comme on voit en *b*. Le troifieme fil 3 de la chaîne paffe dans la premiere maille de la troifieme liffe, comme on voit en *c*. Le quatrieme fil 4 de la chaîne paffe dans la premiere maille de la quatrieme liffe, comme on voit en *d*. Le cinquieme fil 5 de la chaîne paffe dans la premiere maille de la cinquieme liffe, comme on voit en *e*. Le fixieme fil 6 de la chaîne paffe dans la premiere maille de la fixieme liffe, comme on voit en *f*. Le feptieme fil 7 de la chaîne paffe dans la premiere maille de la feptieme liffe, comme on voit en *g*. Enfin le huitieme fil, 8, de la chaîne paffe dans la premiere maille de la huitieme liffe, par laquelle fe termine la premiere courfe du remettage.

Le neuvieme fil 9 de la chaîne paffe dans la feconde maille de la premiere liffe, comme on voit en *i*. Le dixieme fil 10 de la chaîne paffe dans la feconde maille de la feconde liffe, comme on voit en *k*. Le onzieme fil 11 de la chaîne paffe dans la feconde maille de la troifieme liffe, comme on voit en *l*. Le douzieme fil 12 de la chaîne paffe dans la feconde maille de la quatrieme liffe, comme on voit en *m*. Le treizieme fil 13 de la chaîne paffe dans la feconde maille de la cinquieme liffe, comme on voit en *n*. Le quatorzieme fil 14 de la chaîne paffe dans la feconde maille de la fixieme liffe, comme on voit en *o*. Le quinzieme fil 15 de la chaîne paffe dans la feconde maille de la feptieme

D

liffe, comme on voit en *p*. Enfin le feizieme fil 16 de la chaîne paffe dans la feconde maille de la huitieme **liffe**, comme on voit en *q*; ce qui termine la feconde **courfe** : ainfi de fuite dans toute la largeur de la chaîne, prenant pour la courfe fuivante toutes les troifiemes mailles de chaque liffe; pour la quatrieme courfe toutes les quatriemes mailles; pour la cinquieme courfe toutes les cinquiemes mailles, & ainfi de fuite jufqu'à la fin de la piece, compofée d'autant de fois quarante fils qu'il y a de portées.

PLANCHE XXXVIII, *fignée* PP.

Fig. 1. Remettage & armure du taffetas à deux liffes, dit *armofin*.

Pour bien entendre cette Planche & les fuivantes, il faut connoître les caracteres qui fuivent. Un quarré ☐ fur l'interfection des lignes verticales, qui repréfentent les fils de la chaine avec les lignes horifontales qui indiquent les liffes, fait connoître que les fils de la chaine font paffés entre les deux maillons des mailles des liffes, comme font paffés les fils de la chaîne dans la Planche précédente. Le caractere ⌶, fait connoître que le fil eft feulement paffé dans le maillon fupérieur; & ce même caractere renverfé de cette maniere ⌶, fait connoître que le fil eft paffé dans le maillon inférieur ou deffous la maille. On trouvera dans les Pl. LXVIII & LXIX, *fignées y & z*, un exemple de chacun de ces paffages. Cette remarque s'étend à tous les remettages contenus dans les Planches fuivantes.

Dans les armures, un O placé fur l'interfection de la ligne verticale qui repréfente une marche, avec la ligne horifontale qui repréfente une liffe, fait connoître que cette liffe doit lever lorfque le pié de l'ouvrier enfonce cette marche. Une croix ✕, ou feulement ce caractere ⌇ placé fur une femblable interfection, fait connoître que la liffe à laquelle il répond doit baiffer lorfque l'ouvrier enfonce la marche.

Le taffetas dit *armofin*, a de largeur cinq huitiemes d'aune; on en fait auffi en largeur de fept douziemes. La chaîne eft compofée de quarante portées d'organfin à deux bouts; le remiffe ou les liffes font de vingt portées chacune, la portée eft de quatre-vingt fils; le peigne de quarante portées ou mille fix cent dents, ce qui donne quarante dents pour chaque portée; il y a deux fils entre chaque dent du peigne.

2. Armure générale pour toutes fortes de taffetas & gros de Tours.

On nomme *taffetas* quand la chaîne eft fimple, & *gros de Tours* quand la chaîne eft double. Les moindres taffetas doivent être de demi-aune de large, la chaine de foixante portées fimples pefant douze deniers l'aune, tramé de trame premiere forte, montée à deux bouts; la plus fine eft la meilleure pour qu'il n'en entre que dix-neuf à vingt deniers par aune, environ, c'eft-à-dire que la chaîne de foixante portées fimples pefe douze deniers l'aune, & la trame vingt deniers l'aune, en tout une once & huit deniers l'aune. Le remiffe eft de quatre liffes de quinze portées chacune; le peigne de trente portées ou douze cent dents à quatre fils par dent.

Taffetas. Largeur, cinq huitiemes; la moindre qualité eft celui que l'on nomme *Angleterre*. Il doit être de quatre-vingt portées fimples pour la chaine, laquelle doit pefer quinze à feize deniers l'aune, tramé de trame premiere forte, des plus nettes & brillantes; il doit en entrer vingt-fix deniers dans l'aune, la chaine pefe feize deniers l'aune, la trame vingt-fix deniers l'aune, en tout une once dix-huit deniers l'aune; le remiffe eft de quatre liffes de vingt portées chacune; le peigne de quarante portées ou mille fix cent dents à quatre fils par dent.

Taffetas Florence, largeur fept douziemes d'aune, n'eft autre chofe qu'un Angleterre renforcé, dont la chaine doit être d'organfin monté

à trois bouts, & de foixante-dix portées au-moins. Les remiffes font toujours de quatre liffes égales en nombre de maille, & l'on met ordinairement quatre fils pour chaque dent de peigne qui fait le courfe entier; l'on proportionne la trame à la chaine, c'eft-à-dire environ autant de l'un que de l'autre à un quart près environ.

3. Peau de Poule, propre pour habits d'homme. Elles fe font du poids depuis trois onces jufqu'à cinq; l'étoffe eft bonne dans les deux qualités, pourvu que l'on proportionne la chaine à la trame.

Largeur, onze vingt-quatriemes d'aune entre les deux lifieres.

La chaine, quarante-cinq portées triples pefant trois onces l'aune.

Trame, deux onces trois quarts, en tout l'aune pefe cinq onces trois quarts.

Remiffes de quatre liffes de onze portées un quart chacune.

Peigne de vingt-deux portées ou neuf cent dents, à quatre fils par dent.

4. Chagrin ou fiamoife. Les chagrins ou fiamoifes piqués fe font en largeur de demi-aune, & auffi en largeur de onze vingt-quatriemes d'aune. La chaine depuis cinquante portées fimples jufqu'à foixante portées fimples; & auffi depuis quarante portées doubles, jufqu'à foixante portées doubles. La trame, fuivant la chaine, plus ou moins de bouts. Le poids peut varier depuis une once l'aune jufqu'à cinq onces & plus. Les moindres peuvent fervir pour doublure, & les forts pour habits d'hommes. Remiffes de quatre liffes. Le peigne à raifon de quatre fils par dent pour les minces, & fix fils par dent pour les forts.

PLANCHE XXXIX, *fignée* QQ.

Etoffes en plein. Le taffetas & le raz-de-Saint-Cyr.

Fig. 1. Le taffetas vu au microfcope. M N, *m n*, envergures pour conferver l'encroix des fils de la chaine. R S, plufieurs dents du peigne. 1, 2, 3, 4 : 1, 2, 3, 4 : 1, 2, 3, 4 : 1, 2, 3, 4 : les quatre courfes à chacune defquelles la *figure* 2 de la Planche précédente eft relative. *a b*, trame paffée par le premier coup de navette. *b c*, trame paffée par le fecond coup de navette. *c d, &c.* autres coups de navette. Cette étoffe n'a point d'envers; car on voit que les fils de la chaine, après avoir levé pour un coup de navette, s'abaiffent au coup fuivant, ainfi alternativement.

2. Le raz-de-Saint-Cyr vu au microfcope. M N, *m n*, les envergures. R S, les dents du peigne. A, B, C, D, quatre courfes du remettage. *a b c d e f g h i k l m n o p q r f t u x y*, la trame lancée par la navette alternativement de droite à gauche & de gauche à droite. On voit qu'au premier coup *a b*, deux fils de la chaine qui font contigus, 1 & 2, font levés fur la trame, & que les deux autres, 3 & 4, font abaiffés au-deffous; au fecond coup de navette *b c*, que c'eft le deux & troifieme fils qui font levés; au troifieme coup de navette *c d*, que c'eft le trois & quatrieme fils qui font levés; au quatrieme coup de navette *d e*, que c'eft le quatrieme fil de la premiere courfe A du remettage & le premier fil de la feconde courfe B qui levent enfemble, ce qui termine la premiere courfe des marches. Le coup fuivant *e f*, eft en tout femblable au premier coup *a b*; le deffein contient trois courfes de marches, & finit en *n o p q r f t u x y*, par le premier coup de la cinquieme courfe des marches, qui font au nombre de quatre de même que les liffes. Cette étoffe, de même que toutes celles qui s'y rapportent, n'a point d'envers; car la chaine leve toujours moitié par moitié, & elle paroit rayée diagonalement.

PLANCHE XL, *signée* RR.

Raʒ-de-Saint-Maur.

Fig. 1. Même largeur, même chaîne, même trame que les serges, & on peut varier les qualités de même, c'eſt-à-dire du poids depuis une once & demie juſqu'à cinq à ſix onces. La plupart ſont tramés de galette. Remiſſe de quatre liſſes. Peigne à raiſon de quatre fils ou ſix fils par dent, ſuivant que la chaîne eſt garnie ; on met le peigne plus groſſier aux groſſes chaînes.

Etoffe. Gros de Naples d'un côté & Raʒ-de-Saint-Maur
de l'autre.

2. Le gros de Naples d'un côté & raz-de-Saint-Maur de l'autre, ſe peut faire en taffetas d'un côté & petit croiſé de l'autre ; c'eſt-à-dire qu'il s'en peut faire de tout prix , de tout poids , ſuivant l'intention de celui qui commet. Largeur de onze vingt-quatriemes d'aune entre les deux liſieres. La chaîne cinquante portées doubles , organſin à trois bouts peſant trois onces l'aune, trame trois onces, en tout ſix onces l'aune. Remiſſe de cinq liſſes de dix portées chacune. Peigne de vingt-cinq portées ou mille dents ; on met quatre fils par dent.

Canelé à poil.

3. Canelé à poil & de même que la maubois. Pour le faire beau il faut que le poil ſoit un peu plus garni que celui de la maubois ; c'eſt-à-dire que la ſoie ſoit un peu plus fermette pour former un canelé plus relevé. Même remiſſe pour la chaîne principale ; il ne faut que deux liſſes de dix portées chacune pour le canelé comme au carelé.

PLANCHE XLI, *signée* SS.

Taffetas façonnés , ſimpletés à ligatures.

Les taffetas façonnés , ſimpletés à ligatures , ſe font ordinairement pour des deſſeins à bande ou pour des deſſeins très-petits ; l'on peut mettre juſqu'à quatre-vingt ligatures ; & ſi au-lieu de quatre-vingt ligatures l'on n'en veut mettre que quarante , il faut prendre à ce remettage deux fois de ſuite ſur la même ligature. Largeur onze vingt-quatriemes d'aune. Les chaînes, remiſſes & peignes, comme aux taffetas façonnés , ſimpletés ordinaires.

PLANCHE XLII, *signée* TT.

Fig. 1. Serge à trois liſſes. Même largeur, même chaîne, même trame & même remiſſe que la ſerge à ſix liſſes.

2. Serge à quatre liſſes, de même que ci-deſſus.

3. Serge à ſix liſſes, double croiſé à deux faces. L'on en peut faire de tout poids & de tout prix. Les plus ordinaires ſont de demi-aune de large. La chaîne d'organſin à deux bouts, contient ſoixante portées ſimples de douze à quinze deniers l'aune ; trame à deux ou trois bouts une once l'aune ; en tout une once & demie environ. Remiſſe de ſix liſſes de dix portées chacune. Peigne de vingt portées ou huit cent dents à ſix fils par dent ; on les peut faire depuis quarante portées doubles juſqu'à ſoixante : à proportion la chaîne & la trame.

PLANCHE XLIII, *signée* VV.

Fig. 1. Serge ſatinée vue par l'envers 1, 2, 3, 4 : A, 1, 2, 3, 4 : B , quatre courſes du remettage. A B C D E F G H I K , neuf coups de trame formant deux courſes des marches. K L M N O P , trame qui n'eſt priſe à l'envers que par un fil ſur quatre , enſorte qu'il reſte toujours trois fils contigus de la chaîne du côté de l'endroit. R S, le peigne ; il a deux fils en dent.

2. La même ſerge ſatinée vue par l'endroit 1, 2, 3, 4 :

A : 1, 2, 3, 4 : B : quatre courſes du remettage. *a b c d e f g h i k*, neuf coups de navette formant deux courſes des marches. *k l m n o*, trame qui eſt priſe en deſſus par trois fils ſur les quatre ; en comparant ces deux figures , on voit que dans la premiere c'eſt le même fil de chaîne qui eſt recouvert par les trois coups de trame qui ſe ſuivent , & que dans la ſeconde au contraire le fil de chaîne recouvre trois trames.

Fig. 3. Serge à ſix liſſes, 1, 2, 3, 4, 5, 6 : A : 1, 2, 3, 4, 5, 6. B : 1, 2, 3, 4, 5, 6, cinq courſes du remettage pour deux courſes des marches, ou douze coups de navette. A B C D E F G H I K L M N , les douze coups de navette. Cette étoffe n'a point d'envers.

PLANCHE XLIV, *signée* XX.

Satin à cinq liſſes.

Fig. 1. Les ſatins à cinq liſſes ſont ordinairement tramés galette, parce que la galette eſt naturellement plus groſſe que la ſoie. Mais elle feroit trop alonger le ſatin à huit & à dix liſſes , & la huitieme ou dixieme partie de la chaîne que l'on prend pour lier la galette ſeroit trop dure & rude ; on trame auſſi le ſatin à cinq liſſes en ſoie.

Largeur , cinq huitiemes ou onze vingt-quatriemes d'aune.

La chaîne de largeur de cinq huitiemes eſt au-moins de quatre-vingt-ſeize portées ſimples , on peut monter juſqu'à cent cinquante portées ſimples ou doubles. Lorſque cette étoffe porte en largeur onze vingt-quatriemes d'aune , la chaîne eſt au-moins de ſoixante-quinze portées ſimples , on peut monter juſqu'à cent vingt portées ſimples ou doubles.

On n'obſerve pas pour ceux qui ſont tramés galette de choiſir les plus beaux organſins , mais bien pour ceux qui ſont tramés de ſoie ; on peut employer l'organſin depuis le plus fin juſqu'au plus gros , monté à deux ou à trois ou à quatre bouts , ſuivant la qualité dont on les demande , on doit proportionner la trame à la chaîne , c'eſt-à-dire qu'il faut environ autant de chaîne que de trames.

Remiſes de cinq liſſes égales ; ſi c'eſt pour un , ſoixante-quinze portées , chaque liſſe doit avoir quinze portées.

Peigne : le compte du peigne doit être proportionné à la quantité de la chaîne ; il faut obſerver que chaque dent doit être remplie d'un nombre de fils égaux, & que plus la chaîne eſt garnie, plus le peigne doit être groſſier.

2. Remettage & armure du ſatin à ſix liſſes.

PLANCHE XLV, *signée* YY.

Fig. 1. Satin à cinq liſſes vu par l'envers & au microſcope. 1, 2, 3, 4, 5 : 1, 2, 3, 4, 5 : 1, 2, 3, 4, 5, trois courſes du remettage pour deux courſes des marches. A B C D E F G H, les cinq coups de navette qui compoſent la premiere courſe des marches. H I, coup ſemblable au premier coup. A B , il eſt auſſi le premier de la ſeconde courſe des marches. H I K L M N O P, les cinq coups de la ſeconde courſe des marches ; on voit que la trame paſſe ſous le cinquieme fil.

2. Le même ſatin à cinq liſſes vu du côté de l'endroit ; on voit par cette figure que chaque fil de la chaîne recouvre quatre trames qui ſuivent immédiatement , & qu'il paſſe ſous la cinquieme , *a b c d e f g h i k l m n o p*, comme dans la figure précédente.

3. Satin à ſix liſſes vu au microſcope, 1, 2, 3, 4, 5, 6 : 1, 2, 3, 4, 5, 6 : 1, 2, 3, 4, 5, 6, trois courſes du remettage pour deux courſes des marches. A B C D E F G H I K L M N O P Q R S, les douze coups de navette qui compoſent les deux courſes des marches. On voit que le même fil de chaîne eſt couvert cinq fois par cinq trames conſécutives,

Fig. 4. Le même satin vu par l'endroit. A *b* C D *e* F G *h* I K *l* M N *o* P Q *r* S, les douze coups de navette qui composent les deux courses des marches, le même fil de chaîne recouvre cinq trames consécutives, & passe sous la sixieme.

PLANCHE XLVI, *signée* ZZ.

Fig. 1. Remettage & armure du satin à sept lisses.

Satin à huit lisses.

2. Remettage & armure du satin à huit lisses ; même composition pour la chaîne & la trame que pour le satin à cinq lisses.

PLANCHE XLVII, *signée a.*

Fig. 1. Satin à sept lisses vu par l'envers & au microscope. 1,2,3,4,5,6,7 : 1,2,3,4,5,6,7 : deux courses du remettage pour deux courses des marches. A B C D E F G H I K L M N O P Q R, les quatorze coups de navette qui composent les deux courses des marches. On voit par cette figure que le même fil de chaîne est recouvert par six trames consécutives, & passe en-dessus à la septieme.
2. Le même satin vu par l'endroit. A *b c d e f g h i k l m n o p q* R, les différens coups de trame. On voit que chaque fil de chaîne couvre six trames consécutives, & qu'il passe ensuite de l'autre côté de l'étoffe.
3. Satin à huit lisses vu par l'envers. 1, 2, 3, 4, 5, 6, 7, 8 : 1, 2, 3, 4, 5, 6, 7, 8, deux courses du remettage pour deux courses des marches. A B C D E F G H I K L M N O P Q R S T, les seize coups de navette qui composent les deux courses des marches. On voit par cette figure que le même fil de chaîne est recouvert par sept trames consécutives.
4. Le même satin à huit lisses vu du côté de l'endroit. A *b* C *d* E *f* G *h* I *k* L *m* N *o* P *q r s* T, les seize coups de navette qui forment les deux courses des marches. On voit par cette figure que chaque fil de chaîne recouvre sept trames consécutives.

PLANCHE XLVIII, *signée b.*

Remettage & armure du satin à neuf lisses. Cette Planche est relative à la Planche suivante.

PLANCHE XLIX, *signée c.*

Fig. 1. Satin à neuf lisses vu au microscope & du côté de l'envers & du côté de l'endroit. 1, 2, 3, 4, 5, 6, 7, 8, 9 : 1, 2, 3, 4, 5, 6, 7, 8, 9, deux courses du remettage pour dix-huit coups de navette ou deux courses des marches. A B C D E F G H I K L M N O P Q R S T V X, les différens coups de navette qui composent les deux courses des marches. On voit par cette figure que le même fil de chaîne est recouvert huit fois par huit trames consécutives.
2. Le même satin vu du côté de l'endroit. A *b* C *d* E *f* G *h* I *k* L *m* N *o* P *q* R *s t u* X, les dix-huit coups de trame qui composent les deux courses des marches. On voit par cette figure que chaque fil de chaîne recouvre huit trames consécutives, & qu'à la neuvieme il passe de l'autre côté de l'étoffe.

PLANCHE L, *signée d.*

Remettage & armure d'un satin à dix lisses. Cette Planche est relative aux deux planches suivantes.

PLANCHE LI, *signée e.*

Satin à dix lisses vu du côté de l'envers & au microscope. 1, 2, 3, 4, 5, 6, 7, 8, 9, 10 : 1, 2, 3, 4, 5, 6, 7, 8, 9, 10, deux courses du remettage pour vingt coups de navette composant deux courses des marches. A B C D E F G H I K L M N O P Q R S T V X Y Z

Æ, les vingt coups de navette. On voit par cette figure que chaque fil de la chaîne recouvre neuf trames consécutives, à côté est la lisiere travaillée en taffetas.

PLANCHE LII, *signée f.*

Le même satin à dix lisses vu du côté de l'endroit. 1, 2, 3, 4, 5, 6, 7, 8, 9, 10 : 1, 2, 3, 4, 5, 6, 7, 8, 9, 10, deux courses du remettage pour deux courses des marches ou vingt coups de navette. *a b c d e f g h i k l m n o p q r s t u x y z æ*, les vingt coups de navette. On voit par cette figure que le même fil de chaîne recouvre neuf trames consécutives.

Satins à dix lisses très-peu usités. Ils se peuvent faire de toutes sortes de qualités, mais on ne sauroit les tramer trop fins, ni les trop serrer pour accourcir le point. Largeur onze vingt-quatriemes d'aune entre les deux lisieres. Chaîne organsin monté à deux, trois ou quatre bouts, suivant la qualité que l'on veut donner à l'étoffe, depuis soixante-quinze portées jusqu'à cent vingt portées ; il faut les organsins les plus parfaits, les plus nets & les plus brillans, ainsi que les trames qui doivent être de la premiere qualité ; il faut, pour bien faire ces sortes de satins, que le poids de la chaîne excede le poids de la trame.

PLANCHE LIII, *signée g.*

Satins à deux faces, c'est-à-dire blanc d'un côté & noir de l'autre.

Fig. 1. Satin à deux faces ou satin des deux côtés de l'étoffe, c'est-à-dire blanc d'un côté & noir de l'autre. La chaîne s'ourdit un fil blanc & un fil noir, les lignes tracées représentent les fils noirs, & les lignes ponctuées les fils blancs. Largeur, onze vingt-quatriemes d'aune entre les deux lisieres. Poids depuis deux onces jusqu'à sept en proportionnant le poids de la trame à celui de la chaîne, c'est-à-dire chaîne depuis cent vingt portées simples ou doubles jusqu'à deux cent portées, aussi simples ou doubles, du poids depuis deux onces jusqu'à cinq des plus beaux organsins, & des meilleurs tirages montés à deux, trois ou quatre bouts tramés de trame, premiere sorte, de pays, Piémont ou Florence ; il faut les deux tiers d'organsin contre un tiers de trame.
2. Autre maniere de monter le même satin avec les chapes dont il est parlé, & qui sont représentées dans la Planche XXXV.

PLANCHE LIV, *signée h.*

Chaînette sans poil qui conduit à plusieurs petites façons dans les fonds d'étoffe.

Chaînette sans poil pour habit d'homme ; largeur, onze vingt-quatriemes d'aune entre les deux lisieres ; poids, trois onces un quart l'aune, savoir en chaîne une once & demie ; en trame, une once trois quarts, en tout pesant l'aune trois onces un quart. Chaîne, quarante portées doubles. Trame de pays, deuxieme sorte, ou trame étrangere, nette & égale, avec suffisante quantité de bouts pour en faire entrer une once trois quarts par aune. Remisses de huit lisses de cinq portées chacune. Cette étoffe se peut faire en plus de portées de chaîne, depuis quarante portées doubles jusqu'à soixante portées doubles, en y employant des organsins plus fins ou plus gros, suivant le poids que l'on veut donner à l'étoffe.

PLANCHE LV, *signée i.*

Etoffes à petites chaînettes où l'on peut faire plusieurs sortes de façons de la grosseur d'un pois.

Chaînette remise à pointe, largeur de même que la maubois, même chaîne, même trame, même remisse pour la piece ; remisses de huit lisses pour les ligatures, dont la premiere & la derniere qui font les pointes, sont de moitié moins garnies que les autres. L'on peut aussi augmenter ou diminuer les ligatures, suivant la largeur

du

du deſſein que l'on veut faire ſur l'étoffe. Peigne de même de vingt portées ou huit cent dents , quatre fils de chaînes & deux fils de poil dans chaque dent.

PLANCHE LVI, ſignée k.

Etoffe appellée maubois, où il y a quelque différence dans le remettage.

L'étoffe appellée *maubois*, propre pour habit d'homme, ſe peut faire depuis deux onces juſqu'à quatre & plus, en proportionnant la chaîne & la trame, environ autant de l'un que de l'autre, à un quart près environ. La largeur eſt de onze vingt-quatriemes d'aune entre les deux liſieres ; chaîne principale, quarante portées, ſimple organſin ; le poil vingt portées triples , même organſin , ou vingt portées doubles , d'un organſin plus gros qui revienne au même poids ; trame de pays deuxieme ſorte, ou trame étrangere nette & égale , & ſuffiſante quantité de bouts pour faire entrer autant de trame dans l'aune & un peu plus que d'organſin ; poids d'une aune d'étoffe , ſavoir en chaîne une once trois quarts ; en trame deux onces : en tout trois onces trois quarts l'aune ; remiſſe de quatre liſſes de dix portées chaque liſſe pour la chaîne principale. Remiſſe de huit liſſes pour le poil de trois portées un quart chaque liſſe ; peigne de vingt portées ou huit cent dents , quatre fils de piece & deux fils de poil chaque dent.

PLANCHE LVII, ſignée l.

Carrelé en deux couleurs.

Carrelé en deux couleurs, trame de galette ; largeur

onze vingt-quatriemes d'aune ; chaîne vingt-cinq portées ſimples, organſin à deux bouts; ourdie un fil d'une couleur un fil de l'autre , l'on peut ourdir double la couleur claire pour la mieux faire ſortir ; trame , un coup de galette & un coup d'organſin, la galette eſt teinte de la couleur brune, & l'organſin de la couleur claire; remiſſe de quatre liſſes de onze portées un quart chacune ; peigne de vingt-deux portées & demie, ou neuf cent dents , à quatre fils par dent.

PLANCHE LVIII, ſignée m.

Carrelé à poil ou paillette.

Carrelé à poil ; cette étoffe ne differe de la maubois que par le remettage, même chaîne, même trame, même poil , même remiſſe , même peigne ; les ligatures ſont différentes , il n'en faut que deux pour le poil de dix portées chacune ; on en peut faire de plus légers ou des plus forts, en y employant de la ſoie plus fine ou plus forte.

PLANCHE LIX, ſignée n.

Autre chagrin ou ſiamoiſe pour faire la paillette plus large.

Chagrin ou ſiamoiſe , même chaîne , même remiſſe , même peigne , que celle dont la paillette eſt plus petite.

TROISIEME SECTION,

Concernant les Etoffes brochées & celles où le fond fait la figure.

PLANCHE LX, ſignée o.

FIGURE I. Elévation perſpective du métier pour fabriquer les étoffes brochées & celles où le fond fait la figure, le métier étant garni de tous les cordages & agrêts qui en dépendent. A B , un des deux piliers de devant que l'on a fracturé pour laiſſer voir le battant du métier. a b , ſecond pilier de devant ; entre les deux piliers on voit le ſiege de l'ouvrier. C D , c , les eſtazes qui ſont traverſées par les tenons ſupérieurs des montans ; elles ſont auſſi réunies l'une à l'autre par les clés qui les traverſent l'une au-devant & l'autre au-derriere du métier. E F , un des deux piliers de derriere. Toute cette cage eſt affermie par des ponteaux ou étreſillons , tels qu'on en voit près de la lettre D , au nombre de deux à chaque angle du métier ; les uns buttent contre les murailles & les autres contre le plancher. L K , l'enſouple de devant ſur laquelle s'enroule l'ouvrage à meſure qu'il eſt fait. K , rochet qui fixe l'enſouple de devant. s , s , l'enſouple de derriere ſur laquelle la chaîne eſt tendue. x y , le battant. x x , y y , le haut des lames du battant ; au-deſſous de ces lettres on voit les acocats par leſquels le battant eſt ſuſpendu à ſon bâton. m m , le brancard du carette double. f f , les fourches dans les entailles deſquelles les aîlerons e g , e g ſont placés. h h , les chevalets du dedans ſur leſquels poſent les bouts des aîlerons qui ſuſpendent les liſſes du fond. h h , autres chevalets ſur leſquels repoſent les aîlerons qui ſuſpendent les liſſes de liage. 3 3 , 4 4 , liſſerons ſupérieurs de deux des liſſes. 8 , une des arbalêtres attachée au liſſeron inférieur de chaque liſſe de liage ; l'arbalêtre eſt tirée par une des marches au moyen de la corde 8 9 , nommée *étriviere*. N Q , N q , les marches. M , pierre qui charge la caiſſe des marches. Derriere le carette on voit le caſſin H , ſur les poulies duquel paſſent les cordes H S T , qui toutes enſemble compoſent ce qu'on appelle *le rame*. T , bâton du rame. T V X , les crémailleres du N°. 6.

rame. X , treuil, par le moyen duquel on tend les cordes du rame , & par ce moyen on releve les maillons qui ſont ſuſpendus aux arcades qui terminent chaque corde du rame , les branches des arcades traverſent la planche percée n n , deſcendent enſuite perpendiculairement pour s'attacher en o o aux mailles ſupérieures des maillons dans leſquels la chaîne ou le poil de l'étoffe eſt paſſée. 5 6 , aiguilles de plomb ſuſpendues à la maille inférieure de chaque maillon.

Parallelement au rame eſt tendue horiſontalement une corde Y Z Æ , que l'on nomme *arbalêtre de la gavaſſiniere du ſample.* Cette corde attachée fixément à un crochet Y , après avoir paſſé ſur la poulie Æ , deſcend verticalement le long de la muraille , & va s'attacher à un clou, ou bien elle eſt chargée d'un poids convenable pour la tenir ſuffiſamment tendue ; du point Z de l'arbalêtre, deſcend verticalement une autre corde en double Z R , que l'on nomme *gavaſſine*. Cette corde eſt attachée à une des extrêmités du bâton R du ſample R S , compoſé d'autant de cordes paralleles entr'elles qu'il y en a au rame ; quelques-unes de ces cordes étant ſéparées des autres par le lac qui les entoure , & enſuite tirée en-bas , abaiſſent les cordes du rame qui leur correſpondent , & font élever au-deſſus de la chaîne quelques-uns des fils qui la compoſent ; on voit quelques-uns de ces fils levés près de l'enſouple , & c'eſt par-deſſous ces fils levés que l'on paſſe les eſpolins chargés de la ſoie qui doit former la fleur de l'autre côté de l'étoffe.

2. Eſcabeau ou échelle pour monter au haut du métier.

PLANCHE LXI, ſignée p.

Elévation latérale du métier pour fabriquer les étoffes brochées, ou celles où le fond fait la figure, ſi l'étoffe n'eſt point brochée. A B , un des deux piliers de devant. E F , un des deux piliers de derriere. C D , une des deux eſtazes. C & D , extrémités des clés

E

qui affemblent les deux eftazes. X Y, une des deux banques qui foutiennent l'enfouple de devant. T V, un des deux oreillons qui retiennent l'enfouple. K, extrêmité de l'enfouple garnie du rochet denté. Z, chien ou valet pour fixer le cric. T, 9, 10, S, la chaîne ployée fur l'enfouple de derriere S. 9, 10, les envergures ou baguettes par lefquelles les fils de la chaîne font encroifés. N, caiffe des marches chargée pour le rendre ftable. N Q, les marches au-devant defquelles on voit une portion du fample. r r, deux pitons arrêtés au plancher. R R, bâton du fample. p p, portion des cordes montantes du fample que l'on a rompues pour laiffer voir le corps de maillon o, o: 5, 5, qui auroit été caché par le fample.

Près l'enfouple de devant on voit le battant. y, la maffe du battant. x, fa poignée; c'eft entre ces deux pieces que le peigne eft placé. x x, le haut d'une des deux lames du battant.

Au-deffus des eftazes du métier & près le battant eft placé le carette. m m, extrêmité des brancards du carette. h h, montans d'un des chevalets. f f, cheville de fer qui traverfe les fourches & les aîlerons auxquels les liffes font fufpendues. 3, 3 : 4, 4, liffes de liage au nombre de quatre. 1, 1 : 2, 2, liffes de fond ou de piece au nombre de huit. 7, 7, traverfes ou arbalêtres, dont les extrémités répondent aux extrémités extérieures des aîlerons, comme on verra dans une des Planches fuivantes : 8, 8, contrepoids pour remettre les liffes en fituation après que l'action des marches les a élevées pour celles du fond, ou abaiffées pour celles du liage, lorfqu'on leve le pié de deffus la marche.

Près le carette eft le caffin L H H L. L, L, extrémités des brancards du caffin L H. L H, les montans inclinés du caffin. 1 1, le rang inférieur des poulies du caffin ; les autres rangs font cachés par la queue du rame projettée en raccourci fur le caffin. T T, bâton du rame auquel les cordes qui le compofent font attachées par un nœud qu'on trouvera dans une des Planches fuivantes.

Au-deffous du caffin eft fufpendue la planche percée n n, que les branches des arcades traverfent; à l'extrêmité inférieure o o des branches des arcades, font attachées les mailles fupérieures des maillons, dans lefquels la chaîne T S eft paffée; à la partie inférieure de chaque maillon eft attachée une des aiguilles de plomb 5 6, 5 6, qui fervent à abaiffer les fils de la chaîne lorfqu'on lâche le lac qui les avoit tenu élevés.

PLANCHE LXII, *fignée q.*

Elévation géométrale du devant du métier pour fabriquer les étoffes brochées, ou celles dont le fond fait la figure.

Fig. 1. Elévation du devant du métier. A B, *a b*, les piliers de devant. L K, l'enfouple de devant. *l k*, l'étoffe fabriquée enroulée fur l'enfouple. *x y*, poignée du battant, au-deffous de laquelle on voit une partie du peigne. *x, x x : y, y y,* les lames du battant. Derriere le battant eft le carette, *m m*, brancard du carette. *f f*, les fourches qui reçoivent les aîlerons *e f g, e f g. h, h,* chevalets extérieurs du carette double. *k k,* chevalets intérieurs. *g 3, g 3,* cordes qui fufpendent les liffes. 3, 3, lifferon d'en-haut. 4, 4, lifferon d'en-bas. 4, 8, 4, arbalêtres qui font tirées par les marches au moyen des étrivieres par lefquelles elles font fufpendues. 8 8, contrepoids qui abaiffent les liffes auxquels ils font attachés. Q *q*, extrémités antérieures des marches fur lefquelles l'ouvrier pofe le pié.

Derriere le carette eft le caffin, & derriere les liffes le corps des maillons. H, le haut du caffin garni de huit rangs de poulies; on voit l'extrêmité des broches qui les traverfent. I S T, le rang inférieur des cordes du rame. T, le bâton du rame. V, fecond bâton fur lequel paffent les cordes nommées *crémailleres du rame*, qui vont s'enrouler fur le treuil X.

Au-deffous des poulies du caffin font les arcades, dont les branches en s'écartant les unes des autres

vont traverfer la planche percée *n n*; les branches defcendent enfuite perpendiculairement jufqu'en o o, où elles font liées aux mailles fupérieures des maillons dans lefquels la chaîne eft paffée. 5, 6 : 5, 6, aiguilles de plomb attachées à la maille inférieure des maillons.

Au-devant du pilier A B du métier, on voit la pince ou pié-de-biche 10, 11, 12 qui fert à l'ouvrier à tourner l'enfouple de devant à mefure que l'ouvrage avance. 12, extrêmité du pié-de-biche qui entre dans un des trous *k* de l'enfouple. 11, boule qui empêche le pié-de-biche d'entrer trop avant. 10, partie formée en pié-de-biche.

2. Deffein de cinq couleurs différentes fur du papier de 8 en 12, dont la lecture eft expliquée à l'article *Velours* dans l'Encyclopédie; chaque ligne verticale ou plutôt un des efpaces qui les féparent, repréfente un des fils de la chaîne; de même chaque efpace horifontal repréfente un coup de navette. A B C D, premiere divifion du deffein. C D E F, feconde divifion, ainfi de fuite jufqu'à la quatorzieme divifion *d e f g*, dont le dernier coup de navette *f g* doit fe raccorder & faire fuite au premier coup A B, dont la largeur répond à cent fils contigus de la chaîne & la hauteur à cent foixante huit coups de navette, pour chacun defquels on tire les lacs qui fe rencontrent fur la ligne horifontale qui les repréfente.

Au-deffous de cette figure, on a marqué dans des carreaux les différentes hachures qui repréfentent les différentes couleurs des foies, dont les efpolins doivent être garnis.

PLANCHE LXIII, *fignée r.*

Elévation & développement du caffin.

Fig. 1. Le chaffis du caffin dégarni de toutes les pieces qui en dépendent & vu en perfpective. A B, *a b*, les longs côtés du caffin. C *c*, D *d*, les deux traverfes; chacune de ces traverfes a une feuillure pour recevoir les lames qui fervent à efpacer les poulies du caffin. B *b*, les tenons coupés obliquement qui affemblent le chaffis fur le brancard.

2. Les deux regles qui recouvrent les lames du caffin. I *i*, regle qui s'applique fur la traverfe C *c*. H *h*, regle qui s'applique fur la traverfe inférieure D *d*.

3. Le chaffis du caffin vu en plan & garni de quatre cent poulies en huit rangs, de cinquante chaque. 1, 1, premier rang de poulies ou rang inférieur. 2, 2, fecond rang. 3, 3, troifieme rang; entre le fecond & le troifieme rang eft un rang de patenôtres, dont l'ufage eft de maintenir le paralle-lifme des lames; il y a un femblable rang de patenôtres entre le quatrieme & le cinquieme rang de poulies, & entre le fixieme & le feptieme; deux autres rangs femblables font auffi placés vers les extrêmités des lames près les regles I *i*, H *h*, qui les affujettiffent dans les feuillures des traverfes C *c*, D *d* du chaffis, dont les longs côtés font marqués des mêmes lettres que dans la figure précédente.

4. Extrêmité du brancard fur lequel le chaffis du caffin eft affemblé. A A, B B, extrêmités des longrines du brancard qui font pofées fur les eftazes du métier; elles font affemblées l'une à l'autre par des traverfes, dont on voit les tenons.

5. Coupe du chaffis du caffin par le milieu de fa largeur. A B, un des longs côtés du chaffis. C, traverfe fupérieure : D, traverfe inférieure, dans les feuillures defquelles font placées les lames. *h i*, regles qui recouvrent les lames. H *i*, lame féparée fur laquelle on a repréfenté les huit poulies d'un même rang vertical. 1, 2, 3, 4, 5, 6, 7, 8, les huit poulies.

6. Fragment d'un caffin repréfenté en plan dans la grandeur effective qu'il a. Ce fragment contient la moitié de la longueur des lames. *a a*, rang de patenôtres près l'extrêmité fupérieure des lames. *b b, c c*, rang de poulies. *d d*, autre rang de pate-

nôtres. *e e*, *ff*, deux autres rangs de poulies. *g g*, autre rang de patenôtres, placé entre les deux rangs fuivans de poulies, ainfi de fuite jufqu'au bas du caffin. Il faut obferver que les patenôtres font un peu plus épaiffes que les poulies, pour que ces dernieres roulent facilement entre les lames 1, 2, 3, 4, 5, 6, 7, 8; & que toutes les patenôtres du même rang font enfilées d'un fil de fer, & les poulies par une baguette de bois; il y a des caffins de mille fix cent poulies & même de deux mille quatre cent.

Fig. 7. Fragment d'une des lames vue en plan & dans fa grandeur effective auffi-bien que les poulies. A, patenôtre. B, C, poulies. D, patenôtres. E, F, poulies. G, patenôtres; toutes les poulies font de buis, auffi-bien que les patenôtres.

8. Trois patenôtres en perfpective. A A A, les patenôtres enfilées par la broche ou fil de fer *a a*.

9. Une des poulies en perfpective & en profil. B *b*, la poulie en perfpective. C *c*, la poulie en profil, la gorge de la poulie a environ deux lignes de profondeur.

PLANCHE LXIV, *fignée f.*

Développement des cordes de rame & de fample, & leur action fur les fils de la chaîne des étoffes brochées.

Fig. 1. Effet du fample & du rame fur la chaîne des étoffes. T, bâton du rame, comme dans la Planche LX. T S H G, corde du rame qui eft abaiffée par la corde S V M R du fample. S *s*, yeux de perdrix ou petits anneaux de laiton dans lefquels les cordes du rame font paffées. S V, *s u*, boucle de la corde du fample; les nœuds V & *u* doivent defcendre plus bas d'un demi-pié environ, que le point de plus grand abaiffement des cordes du rame, pour éviter que le nœud n'accroche & faffe baiffer une autre corde du rame que celle à laquelle la corde du fample répond. R R, bâton du fample auquel les cordes font attachées par un nœud qu'on trouvera dans une des Planches fuivantes.

Après que les cordes T S H G ou T *s* H *g* du rame ont paffé fur les poulies H du caffin, on y fufpend les arcades *p* 1 G, *p* 2 G, *p* 3 G, *p* 4 G qui traverfent la Planche percée E *e* F *f*, cotée *n n* dans la Planche LX; aux extrêmités inférieures *pppp* des arcades, on fufpend les mailles fupérieures *p n*, *p n*, *p n*, *p n* des maillons *n*, *n*, *n*, *n* que les fils *a*, *c*, *e*, *g* de la chaîne traverfent; & à la partie inférieure des maillons de verre *n*, *n*, *n*, *n*, on fufpend par une feconde maille *n* 7, *n* 7 les aiguilles de plomb 7, 8 : 7, 8 : qui fervent à abaiffer les maillons; lorfque l'action de la main M fur les cordes du fample vient à ceffer, c'eft l'état où font repréfentés les quatre autres maillons *m*, *m*, *m*, *m* qui font abaiffés par les aiguilles 5, 6 : 5, 6, qui tirent en même tems les mailles fupérieures *m o*, *m o*, *m o*, *m o*, qui tirent auffi en en-bas les quatre branches d'arcades *o g*, *o g*, *o g*, *o g*, ce qui fait relever la feconde corde de rame, & l'extrêmité fupérieure *s* de la feconde corde de fample *s* R. A A, partie de l'enfouple de devant fur laquelle l'ouvrage fait s'enveloppe. B, partie de l'enfouple de derriere fur laquelle la chaîne eft ployée. C D, les envergures qui tiennent les fils de la chaîne encroifés. On a feulement repréfenté huit fils de la chaîne pour éviter la confufion, & de ces huit fils les quatre qui font levés & qui levent à-la-fois, font les fils femblables des quatre répétitions du deffein dans la largeur de l'étoffe; & c'eft à faire répéter le même deffein plufieurs fois dans la largeur de l'étoffe que les arcades font particulierement deftinées.

2. Partie de l'étoffe brochée vue du côté de l'envers & au microfcope. Dans cette figure on n'a point détaillé le fond de l'étoffe pour éviter la confufion; on a feulement repréfenté les foies des efpolins qui paroiffent à l'envers de l'étoffe, & qui femblent de ce côté n'avoir aucune adhérence avec elle; les fils levés le font par l'action de la main fur les cordes de fample qui leur correfpondent, comme on voit en M, *fig.* 1; les fils font numérotés de fuite, comme on voit dans la figure.

A, Efpolin garni de foie, qui doit paffer fous les fils 38, 39, 40, 41, 42, 43. Cette foie doit paroître du côté de l'endroit.

B, Efpolin garni auffi de foie d'une couleur différente, qui doit paffer fous les fils levés 23, 24, 25, 27, 28, 29, 31, 32, 33, pour former du côté de l'endroit trois apparences de la même couleur.

C, Efpolins paffés en partie fous les fils 13, 14: 16, 17, 18, & former du côté de l'endroit deux apparences de la couleur dont il eft garni.

D, autre efpolin qui a entierement paffé fous les fils levés 3, 4, 5 : 7, 8, pour paroître en deux endroits de l'autre côté de l'étoffe.

Après que tous les efpolins font paffés, on lâche les cordes du fample, tous les fils de la chaîne fe remettent de niveau; alors faifant agir une des liffes de fond, on paffe un ou deux coups de grandes navettes qui traverfent l'étoffe d'une lifiere à l'autre, enfuite on tire le lac fuivant, qui fait lever de nouveaux fils, fous lefquels on paffe de même les différens efpolins qui fe trouvent dans la largeur de l'étoffe.

PLANCHE LXV, *fignée t.*

Lacs; lac à l'angloife, lacs du fample & formation d'un lac.

Fig. 1 & 2. Les cordes verticales font fuppofées être une portion de celles du fample féparées du refte du même fample, ainfi que le deffein l'indique, pour pouvoir dans le courant de la fabrication de l'étoffe, retrouver facilement les mêmes cordes; on les entoure d'un fil dont les différentes boucles forment ce que l'on appelle un *lac*.

Pour former le lac à l'angloife, tenant un des bouts *a* du fil deftiné à le former, on conduit ce fil par *b* derriere la corde du fample, & on l'amene en devant pour former une boucle *c* fur un doigt de la main gauche; on conduit enfuite le rochet ou bobine derriere la feconde corde *d*, & on le ramene fur le doigt pour former une autre boucle *e*, & ainfi de fuite, jufqu'à-ce qu'on ait formé autant de boucles qu'il y a de cordes du fample à renfermer dans le même lac en fuivant l'ordre des lettres alphabétiques, & que la derniere corde *u* y foit renfermée; alors on coupe le fil à lacs, on noue enfemble les deux extrêmités *a* & *y*, on égalife enfuite toutes les boucles.

2. Nœud de la gavaffine, qui renferme en *ay* toutes les boucles du lac. A, extrêmité de la gavaffine. B, partie rompue de la gavaffine qu'il faut fuppofer prolongée. Dans cette figure on n'a pas tordu fur elles-mêmes les différentes boucles du lac, ainfi qu'elles doivent l'être, & que la *fig.* 5. le repréfente, afin d'éviter que leur tortillement ne fît confufion avec le nœud de la gavaffine.

3. Partie inférieure du fample. R R, bâton du fample fur lequel les différentes cordes qui le compofent font arrêtées par un nœud qu'on trouvera dans la fuite. A & B, les deux extrêmités de la même corde A E F B, nommée *gavaffiniere*; cette corde paffe au-deffus de l'arbalêtre en Z, Pl. LX. & fert de guides aux gavaffines. *a b c d e f g h i k*, différentes couples des cordes du fample. G H I K L, cordes, nommées *chapelets*, qui tiennent les différentes gavaffines féparées les unes des autres. G M N, G M O, une gavaffine; une des deux cordes de la gavaffiniere paffe dans la boucle de la gavaffine, & fes deux branches au-delà du nœud M paffent l'une devant & l'autre derriere la feconde corde de la gavaffiniere.

P Q, P R, Gavaffine, à chacune des extrêmités

de laquelle répond un lac ; le premier lac *q* Q *q* renferme les cordes 4, 7, 10, 15, 16, 17, en les coulant dans le même ordre que celui des lettres *a b c d e f g h i k* ; le second lac *r* R *r* comprend les cordes 2, 2, 9, 11, 13 & 15, en comptant aussi du même côté.

La gavaffine I S T, I S V correspond aussi à deux lacs. Le premier *t* T *t* renferme les cordes 1, 6, 11, 15, 16, 18 ; & le second les cordes 4, 6, 7, 9, 14, 15, 18, 19 & 20. La gavaffine suivante K X Y, K X Z renferme dans le premier lac *y* Y *y*, la 2, 4, 8, 10, 11, 15, 17 & 19e corde du sample, & dans le second *ʒ* Z *ʒ*, la 1, 3, 9, 11, 13, 17 & 20e corde, ainsi de suite prenant pour chaque lac les cordes indiquées par le dessein qui se répete autant de fois dans la largeur de l'étoffe, qu'il y a de branches aux arcades.

Fig. 4 & *suivantes.* Formation du dernier lac de la figure précédente. Z *ʒ* *ʒ* Z, le lac à l'angloise, dont les boucles renferment la 1, 3, 9, 11, 13, 17 & 20e corde du sample ; les boucles Z Z étant égalisées de longueur.

5. Les différentes boucles du lac tordues sur elles-mêmes.

6. Le même lac dont les boucles, après avoir été tordues sur elles-mêmes, sont reployées pour former une nouvelle boucle double, dans laquelle passe une des branches A de la gavaffine. K X D C B A, B, nœud dans lequel on repasse le bout A de la gavaffine, qui est ensuite arrêtée par un nœud dont on trouvera la formation dans une des dernieres Planches. X, nœud de la gavaffine. K, boucle dans laquelle passe un des deux cordons de la gavaffiniere, l'autre corde passant entre les deux branches de la gavaffine, comme on le voit dans la *fig.* 3. Y, seconde branche de la gavaffine qui va s'attacher à un autre lac, le nombre des lacs dépend de l'étendue du dessein & du nombre des couleurs dont il est composé.

PLANCHE LXVI, *signée u.*

Construction de la machine pour la tire.

Lorsque le dessein qu'il faut exécuter sur l'étoffe comprend une grande largeur, ou qu'il est répété un grand nombre de fois dans le large de l'étoffe, les lacs comprennent alors un grand nombre des cordes du sample qui répondent, comme on l'a vu dans l'explication de la Planche LXIV. à un grand nombre d'aiguilles de plomb qu'il faut lever toutes à-la-fois ; dans ce cas la main M du tireur ne suffit pas pour lever toutes les aiguilles, c'est pour soulager cet ouvrier que la machine que nous décrivons a été inventée.

Fig. 1. La machine en perspective. A B, C D, les patins qui supportent les deux montans. E F, traverse ou entre-toise inférieure. G H & I K, jumelles ou traverses supérieures parallèles entr'elles, formant comme un établi de tour. L M N O, coulant supporté par quatre roulettes. L & N, deux semblables roulettes M placées au-dessous des jumelles empêchent que le coulant ne puisse sortir d'entr'elles, & les roulettes font qu'il peut facilement couler à droite ou à gauche. L N R, P S, les fourches faites de quelque bois dur & poli. N T, levier. Q, entre-toise qui assemble le levier N T avec la pièce P. Toutes ces pièces peuvent tourner autour de la ligne R L, en sorte que le levier N T, qui est vertical, puisse devenir antérieurement horifontal après que les cordes du sample, comprises dans le lac qu'il faut tirer, sont engagées entre les deux fourches de cette machine, comme on le verra dans la Planche XCI. qui est la première de la section du velours. Dans la Planche XCII. on verra la même machine dans l'instant du passage de la fourche supérieure derriere les cordes du sample, comprises dans le lac qu'il s'agit de tirer.

2. Le coulant vu en géométral, & dégarni de ses pou-

---

lies. L M, N O, les deux poupées ou jumelles du coulant assemblées l'une à l'autre par une forte entre-toise. *n*, *l*, trous pour recevoir l'axe des quatre roulettes supérieures. *m*, trou pour recevoir l'axe des deux roulettes inférieures.

Fig. 3. Le levier & le coulant vus du côté de la pointe des fourches. R, fourche inférieure qui passe antérieurement à toutes les cordes du sample. S, fourche supérieure qui passe postérieurement aux cordes du sample que le lac a séparé de la totalité de celles qui le composent ; c'est pour faciliter l'introduction de la fourche supérieure S, derriere les cordes comprises dans le lac, que cette fourche est placée plus près du bord de la palette du levier ; en sorte qu'une corde verticale peut passer entre ces deux fourches sans toucher à l'une ni à l'autre : c'est dans cet état que la machine est représentée dans la Planche XCII.

4. Les deux fourches représentées séparément. P S, fourche supérieure. 1, assiette ou portée faite au tour (ainsi que toutes les autres parties) qui appuie contre une des faces de la palette du levier ; 2, partie taraudée en vis, qui est reçue dans la pièce P de la *fig.* 1.

La fourche inférieure L R a une semblable portée 4, une semblable vis 3, & un tourillon qui est reçu dans la poupée L de la *fig.* 1. la partie arrondie 3, 4 : passe dans un trou pratiqué à l'autre poupée N.

PLANCHE LXVII, *signée x.*

Fig. 1. Nouvelle machine pour la tire. Cette machine differe de la précédente en ce qu'il n'y a point de coulant à faire marcher à droite & à gauche pour passer la fourche supérieure derriere les cordes du sample tirées par le lac, ce qui fatigue moins la tireuse. A *a*, B *b*, les patins. A C, B D, les montans. E F & G H, deux entre-toises ou traverses qui affermissent les montans parallelement entr'eux. *r r*, pitons attachés au plancher. R R, bâton du sample. R S, R S, les cordes du sample. On a supprimé dans cette figure la gavaffiniere, le chapelet, les gavaffines & les lacs, comme inutiles pour faire entendre l'effet de la machine, & pour ne point embrouiller la figure ; il faut au reste les supposer dans l'état où la *fig.* 3. de la Planche LXV. les représente. I K, bâton qui sert de point d'appui aux cordes du sample ; il entre du côté I dans un trou circulaire, & du côté K dans l'entaille L K après qu'on a placé la machine derriere le sample. M N, cheville ou bâton supérieur ; ce bâton qui peut rentrer dans le tuyau ou canon O P, supporté par le lien P Q en coulant dans le piton N, est la pièce qui tient lieu de la fourche supérieure de la *fig.* 1. de la Planche précédente, & l'autre bâton I K tient lieu de la fourche inférieure.

Le bâton N M, après avoir passé derriere les cordes du sample que le lac a tirées, est reçu du côté de M dans le crochet du levier M R, mobile au point 1 & 2 ; en sorte que faisant décrire au levier 1 R un quart de cercle en-devant, les cordes du sample antérieures au bâton M N sont tirées & ployées sur le bâton inférieur I K, ce qui les accourcit d'autant, & leur fait tirer les cordes du rame qui leur correspondent ; les cordes du rame tirent les arcades & les maillons qui y sont attachés. Par le moyen de l'une ou de l'autre de ces machines, la tireuse a un avantage considérable pour vaincre le poids des aiguilles de plomb suspendues aux maillons, les leviers N T & 1 R dans les deux machines ; leviers qui sont du second genre, donnant cette analogie. L'effort que fait la tireuse est au poids des aiguilles qu'il faut lever, comme la distance entre les deux bâtons est à la longueur totale du levier ; d'où l'on voit que l'effort de la tireuse sera d'autant moindre, que les deux fourches seront plus près l'une de l'autre, ou que le levier sera plus long.

2. Ferrure ou bascule du levier. 1 & 2, les tourillons

qui

qui font reçus dans des trous pratiqués aux faces intérieures des montans. 3 , 4 , piece coudée pour laiffer paffer le fample ; cette partie coudée fait par fon poids équilibre avec le levier & tend à le relever. N , piton dans lequel paffe & coule le bâton fupérieur. M , crochet qui reçoit l'autre extrêmité du bâton. M R , foie qui eft reçue dans le manche de bois du levier de la *fig.* 1. toute cette piece eft de fer , & forgée d'une feule piece.

PLANCHE LXVIII, *fignée y.*

Développement des liffes de fond.

Fig. 1. Une liffe de fond fufpendue au carette double, & garnie de tous les cordages qui en dépendent. 1 , 1 , lifferon d'en-haut. 2 , 2 , lifferon d'en-bas. *s s* , ligne où fe trouve la jonction des mailles. *m m* , brancards du carette. *ff* , les fourches dans les tailles defquelles font placés les ailerons *g e* , *g e. k k* , chevalets fur lefquels repofent les bouts des ailerons pour empêcher la liffe de defcendre plus bas que le point convenable. *h h* , autres chevalets pour limiter la defcente des queues *e e* des ailerons. 7 , 7 , traverfe ou arbalêtre. 9 , 10 , étriviere par laquelle la marche P Q eft fufpendue à l'arbalêtre. 8 , 8 , poids de plomb ou carreaux de terre cuite , ou billots de bois fufpendus au lifferon inférieur 2 , 2 , pour faire baiffer la liffe lorfque l'ouvrier lâche le pié de deffus la marche ; car il eft vifible que l'action du pié de l'ouvrier fur la marche P Q fait baiffer la marche, la marche fait baiffer l'arbalêtre qui , par fes extrêmités 7 , 7 & les cordes 7 *e* , 7 *e* , tire en-bas les extrêmités *e* & *e* des ailerons , ce qui fait lever la liffe.

2. Maille de liffe vue au microfcope. *l l* , fils de la maille d'en-haut. L L , fils de la maille d'en-bas; l'une & l'autre faite de fil retordu en plufieurs brins. A C fil de la chaine paffés deffous la maille B. C'eft ainfi que les fils font paffés dans les liffes de rabat ou les liffes de rabat. Cette maniere de paffer les fils eft repréfentée dans les différens remettages par ce caractere ⌐|.

3. Autre maniere de paffer les fils de la chaîne dans les liffes. *l l* , maille d'en-haut. L L , maille d'en-bas. A C , fil de la chaîne paffé deffus la maille B. C'eft ainfi que les fils de la chaîne font paffés dans les liffes de fatin , & plufieurs autres. Cette maniere de paffer en liffe eft repréfentée dans les différens remettages par ce caractere |_|. Dans ces deux figures , on a cordé le fil de la maille inférieure de la liffe pour la diftinguer plus facilement du fil de la maille fupérieure , les unes & les autres étant faites du même fil.

PLANCHE LXIX, *fignée z.*

Développement des liffes de liage.

Fig. 1. Liffe de liage fufpendue au carette double. 3 , 3 , lifferon d'en-haut. 4 , 4 , lifferon d'en-bas. *s s* , jonction de mailles. 4 , 8 , 4 , arbalêtre. 8 , 9 , étriviere par laquelle la marche *p q* eft fufpendue aux extrêmités *g* des ailerons *g e* , *g e. m m* , brancard du double carette. *f , f* , les fourches dans les entailles defquelles les ailerons font placés. *k k* , chevalets fur lefquels les extrêmités des ailerons viennent repofer lorfque le pié enfonce la marche. *h , h* , chevalets fur lefquels les queues des ailerons repofent étant tirées en-bas par les poids 10 , 10 fufpendus par des cordes *e* 10 , *e* 10 aux queues des ailerons.

Les fils qui font le liage font paffés dans ces fortes de liffes , comme la *fig.* 2. de la Planche précédente le fait voir.

2. Maille de liffe vue au microfcope. *l l* , fils de la maille fupérieure. L L , fils de la maille inférieure. A C , fil de la chaine paffé dans la maille B , c'eft-à-dire deffus la maille fupérieure & deffous la N°. 6.

maille inférieure. Cette maniere de paffer les fils eft repréfentée dans les différens remettages par ce caractere ☐.

3. Maillon de verre vu auffi au microfcope. M *m* , le maillon. *o o* , partie de la maille fupérieure. *s s* , partie de la maille inférieure , par lefquelles le maillon eft attaché aux cordes des arcades par le haut & aux aiguilles de plomb par le bas. A C , le fil de chaine ou le fil de poil paffé dans l'ouverture B du maillon; il y a des maillons d'une autre forme , & qui ont plufieurs trous.

PLANCHE LXX, *fignée a a.*

Taffetas façonné-fimpleté , & Taffetas façonné-doubleté.

Fig. 1. Taffetas façonné-fimpleté , largeur onze vingt-quatriemes d'aune ; chaine cinquante portées fimples pefant l'aune dix-huit deniers ; poil vingt-cinq portées doubles même organfin dix-huit deniers ; trame deuxieme forte nette & égale une once , en tout l'aune pefe deux onces douze deniers. Remiffe de quatre liffes pour la piece de douze portées & demie chacune ; remiffe de deux liffes pour le liage du poil de douze portées & demie chacune. Les fils , tant de la chaine que du poil , font paffés dans leurs liffes , comme le fil A C dans la maille B , *fig.* 2. Planche LXIX. Peigne de vingt-cinq portées ou mille dents , quatre fils de piece & deux fils de poil dans chaque dent. A , marches de piece ; il faut paffer les deux coups de navette fur le même lac. B , marches du liage.

Nota. Quand on a paffé une vingtaine de coups de navette pour le taffetas , on marche la premiere marche du liage , & on paffe un coup de navette d'organfin , vingt autres coups après , on paffe la même navette fur la feconde marche.

Fig. 2. Taffetas façonnés-doubletés : on entend par taffetas façonné-doubleté ceux où il y a deux couleurs dans la fleur ; elles fe font fur le même lac par le moyen de deux corps de maillons. Le poil eft ourdi en fils doubles , un fil d'une couleur deffus & un fil de l'autre couleur deffous , ce qui fait cinquante portées doubles de poil. Pour ce qui concerne les chaines , remiffes & peignes , *voyez* à l'article des taffetas façonnés-fimpletés qui précede. Le deffein eft fait fur du papier de huit en dix , le huit en largeur & le dix en hauteur , l'endroit fe fait deffus , & on lit ce qui eft peint fur le deffein.

PLANCHE LXXI , *fignée b b.*

Taffetas broché & liféré avec un liage de 3 le 4.

Dans le remiffe compofé de quatre liffes pour le taffetas , la chaine eft paffée fur la maille , comme dans la *fig.* 3. de la Planche LXVIII.

Dans le remiffe de quatre liffes pour le rabat , la chaine eft paffée fous la maille , comme dans la *fig.* 2. de la même Planche LXVIII.

Dans le remiffe de quatre liffes pour le liage , les fils de la chaine qui y font paffés le font auffi , comme dans la *fig.* 2.

a Marche fur laquelle on paffe le premier coup de navette à deux bouts.

b Marche fur laquelle on paffe le fecond coup , ou coup de liféré à quatre bouts.

c Marche fur laquelle on paffe le troifieme coup en plein auffi à quatre bouts de trame dans la navette.

Pour la compofition de cette étoffe , *voyez* l'article des *gros de Tours.*

PLANCHE LXXII, *fignée c c.*

Gros de Tours liféré & broché avec un liage de 4 le 5.

Dans le remiffe de quatre liffes pour le gros de Tours

F

les fils de la chaîne font paſſés ſur la maille, comme dans la *fig.* 3. de la Planche LXVIII.

Dans le remiſſe de quatre liſſes pour le rabat les fils font paſſés, comme dans la *fig.* 2. de la même Planche LXVIII.

Dans le remiſſe des quatre liſſes pour le liage, les fils qui y font paſſés le font comme dans la *fig.* 2. de la même Planche.

a Premiere marche, premier coup de plein.
b Deuxieme marche, premier coup de liſeré.
c Troiſieme marche, ſecond coup de plein.
d Quatrieme marche, ſecond coup de liſeré.
e Cinquieme marche, troiſieme coup de plein.
f Sixieme marche, troiſieme coup de liſeré.
g Septieme marche, quatrieme coup de plein.
h Huitieme marche, quatrieme coup de liſeré.

Les marchettes ou marches du pié gauche.

i Premiere marchette, après le premier coup de li-ſeré *b*.
k Seconde marchette, après le ſecond coup de li-ſeré *d*.
l Troiſieme marchette, après le troiſieme coup de liſeré *f*.
m Quatrieme marchette, après le quatrieme coup de liſeré *h*.

Les gros de Tours liſerés & brochés avec un liage de 4 le 5 peuvent ſe faire du poids de deux onces & demie juſqu'à ſix onces & plus. Sans être brochés; on en fait de 40, 45, 50, 60, 80, 90, 100, 120 portées, ſuivant le corps que l'on veut donner à l'étoffe, & ils ſont tous très-bons dans leurs eſpeces, mais de différens prix. Largeur, onze vingt-quatriemes d'aune; chaîne quarante-cinq portées doubles, organſin parfait tiré peſant deux onces l'aune; trame pour le coup de fond, deuxieme ſorte, peſant une once ſix deniers; trame pour le coup de liſeré, premiere ſorte, dix-huit deniers; ſans les brochés qui ſont arbitraires, quatre onces en tout. Remiſſes de quatre liſſes de onze portées un quart chacune pour lever la chaîne; remiſſe de quatre liſſes de onze portées un quart chacune pour rabatre la chaî-ne; remiſſe de quatre liſſes de deux portées un quart chacune pour le liage; peigne de vingt-deux portées & demie ou neuf cent dents, à quatre fils par dent; fil & broché en dorure, mettez un peigne de dix-huit portées ou ſept cent vingt dents & cinq fils par dent.

Pour un gros-de-Tours compoſé de 40 portées de chaîne, un peigne de 20 portées à quatre fils par dent.

Pour 45 portées de chaîne, un peigne de 22 portées & demie à quatre fils par dent ou un de 18 portées à cinq fils.

Pour 50 portées de chaîne, un peigne de 25 portées à quatre fils par dent.

Pour 60 portées de chaîne, un peigne de 20 portées à ſix fils par dent.

Pour 80 portées de chaîne, c'eſt-à-dire 49 portées doubles, un peigne de 20 portées à ſix fils par dent.

Pour 90 portées de chaîne, c'eſt-à-dire 45 portées doubles, même peigne qu'à 45 portées ſimples.

Pour 100 portées de chaîne, c'eſt-à-dire 50 portées doubles, un peigne de 20 portées à cinq fils par dent.

Pour 120 portées de chaine, c'eſt-à-dire 60 portées doubles, un peigne de 20 portées à ſix fils par dent.

PLANCHE LXXIII, *ſignée d d.*

Gros de Tours broché avec un liage de 4 *le* 5.

Dans le remiſſe de quatre liſſes pour le gros de Tours, les fils de la chaine font paſſés comme dans la *fig.* 3. de la Planche LXVIII.

Dans le remiſſe de quatre liſſes pour le rabat, les fils de la chaine font paſſés comme dans la *fig.* 2. de la même Planche LXVIII.

Dans le remiſſe de quatre liſſes pour le liage, les fils qui y font paſſés le font comme dans la *fig.* 2. de la même Planche.

Après le premier coup de plein, il faut abaiſſer la pre-miere marchette du pié gauche; après le ſecond coup de

plein, il faut abaiſſer la ſeconde marchette, ainſi de ſuite: de maniere que la courſe des quatre marchettes répond alternativement à deux courſes des marches du fond.

Pour la compoſition de cette étoffe, *voyez* l'explica-tion de la Planche précédente.

PLANCHE LXXIV, *ſignée e e.*

Droguet ſatiné.

Le droguet ſatiné a de largeur onze vingt-quatriemes d'aune. La premiere chaine eſt compoſée de vingt portées ſimples. La ſeconde chaine, de vingt portées ſimples; cette chaine s'emboit de deux aunes pour une; les deux chaines peſent environ dix-huit deniers l'aune. Le poil contient quatre-vingt portées ſimples, peſant environ une once. La trame de Naples ou autre étrangere, peſe deux onces ſix deniers; en tout quatre onces.

Remiſſes de quatre liſſes de dix portées chacune pour le taffetas.

Remiſſes de huit liſſes de dix portées chacune pour le ſatin.

Peigne de vingt portées ou huit cent dents; quatre fils de piece & huit fils de poil par dent.

Le corps de cette étoffe eſt monté ſur trois enſouples, les deux premieres pour les deux chaines, & la troiſieme pour le poil.

Dans le remiſſe de quatre liſſes pour les deux chaines, les fils qui les compoſent font paſſés dans la maille des liſſes, comme le fil A C dans la maille B de la *fig.* 2. Planche LXIX.

Dans le remiſſe de huit liſſes pour le poil qui fait le ſatin, les fils font paſſés ſur maille, comme le fil A C ſur la maille B *fig.* 3. Planche LXVIII.

a, coup de tire.
b, coup de plein.
c, coup de tire.
d, coup de plein.
e, coup de tire.
f, coup de plein.
g, coup de tire.
h, coup de plein.
i, coup de tire.
k, coup de plein.
l, coup de tire.
m, coup de plein.
n, coup de tire.
o, coup de plein.
p, coup de tire.
q, coup de plein, & ainſi de ſuite alternativement.

PLANCHE LXXV, *ſignée f f.*

Droguet luſtriné double corps.

Le droguet luſtriné à deux corps eſt celui où par le moyen d'un ſecond corps on fait dans un ſeul lac ce qui ſe doit faire en deux.

Le taffetas fin ſe fait par le remiſſe de quatre liſſes, la chaine n'eſt point paſſée dans le corps.

La luſtrine ſe fait par le double corps, en tirant les mailles du premier corps au premier lac, & les mailles du deuxieme corps au deuxieme lac alternativement. Dans les endroits où le taffetas fin eſt découvert, on tire les mailles des deux corps qui enlevent toutes les chaines qui couvrent le taffetas. Largeur, onze vingt-quatriemes d'aune.

Chaine pour le ſatin & la luſtrine paſſée dans les corps: ſavoir, deux fils paſſés dans le premier corps, deux fils dans le deuxieme alternativement, quatre-vingt por-tées ſimples organſin, peſant l'aune une once neuf de-niers. La deuxieme chaine pour le taffetas, laquelle eſt lardée à travers le corps, quarante portées ſimples mê-me organſin, peſant l'aune dix-ſept deniers. Trame de Naples luſtrée ou autre même nature; il en entre par aune environ deux onces ſix deniers. L'aune d'étoffe peſe environ quatre onces huit deniers. Remiſſe de quatre liſſes pour le taffetas de dix portées chacune. Remiſſe de huit liſſes pour le ſatin de dix portées chacune.

Dans le remiſſe de quatre liſſes pour le taffetas, les

fils de la chaîne indiqués dans la figure par des traits, font paffés dans la maille comme dans la *figure* 2 de la Planche LXVIII.

Dans le remiffe de huit liffes pour le fatin & la luftrine, les fils du poil ou feconde chaîne indiqués par des lignes ponctuées, font paffés fur la maille comme dans la *fig.* 3. de la Planche LXVIII.

a, premier lac.

b, fecond lac.

c, troifieme lac.

d, quatrieme lac.

Peigne de vingt portées ou huit cent dents, huit fils de fatin & quatre fils de taffetas dans chaque dent.

PLANCHE LXXVI, *fignée* g g.

Droguet Lucoife.

Fig. 1. Le droguet Lucoife a trois enfouples, favoir deux enfouples pour la chaîne principale & une enfouple pour le poil. Largeur, onze vingt-quatriemes d'aune. La premiere chaîne eft de vingt portées fimples. La feconde chaîne eft de vingt portées fimples qui s'emboivent de la moitié, c'eft-à-dire qu'il faut ourdir deux aunes de chaîne pour faire une aune d'étoffe. Le poil, vingt portées triples même foie, qui doivent pefer, favoir, les deux premieres chaînes environ dix-huit deniers, le poil même organfin environ l'aune dix-huit deniers; enfemble, une once douze deniers; trame de Naples pefant l'aune deux onces fix deniers, en tout, trois onces dix-huit deniers l'aune.

Remiffe de quatre liffes pour les deux premieres chaînes de dix portées chacune.

Dans le remiffe de quatre liffes pour les deux chaînes, les fils font paffés dans les mailles comme le fil A C dans la maille B *fig.* 2. Planche LXVIII.

Peigne de vingt portées ou huit cent dents, quatre fils de pieces & deux fils de poil par dent.

Il s'en fait de plus forts & de plus légers, en diminuant ou augmentant le poids de la chaîne & de la trame à proportion. Le deffein fe fait fur du papier, de huit en onze, le onze en largeur & le huit en hauteur, & on lit le fond pour faire l'endroit deffous.

2. Droguet Lucoife qui fe fabrique l'endroit deffus, à la différence du précédent, qui fe fabrique comme prefque toutes les étoffes l'endroit en-deffous.

Les deux chaînes de poil & la trame font les mêmes que pour le droguet, *fig.* 1. & les fils des deux chaînes font paffés de la même maniere dans le remiffe de quatre liffes; mais il y a de plus deux liffes pour lever le poil dans les mailles defquelles il eft paffé, comme le fil A C dans la maille B de la *fig.* 2. Planche LXVIII.

Pour ce genre d'étoffe, il faut lire ce qui eft peint fur le deffein.

PLANCHE LXXVII, *fignée* h h.

Efpece de Perfienne liferée.

Cette étoffe porte en largeur onze vingt-quatriemes d'aune.

La chaîne pour la piece qui eft faite d'organfin à deux bouts, contient quarante portées & pefe l'aune douze deniers.

Le poil du même organfin contient cinquante portées, qui pefent l'aune quinze deniers.

Trame de Pays deuxieme forte, deux onces fix deniers. En tout l'aune pefe environ trois onces neuf deniers.

La chaîne eft paffée dans deux remiffes chacun de quatre liffes. Dans le premier remiffe, les fils de la chaîne font paffés fur la maille comme le fil A C fur la maille B, *fig.* 3. Planche LXVIII; & les mêmes fils font paffés dans le fecond remiffe de quatre liffes fous la maille, comme le fil A C fous la maille B *fig.* 2. de la même Planche.

Chacun des deux remiffes de quatre liffes pour la piece ou chaîne, contient dix portées pour chaque liffe.

Le remiffe pour le poil eft compofé de cinq liffes de dix portées chacune.

Le peigne contient vingt portées ou huit cent dents, à quatre fils de chaîne & cinq fils de poil entre chaque dent.

PLANCHE LXXVIII, *fignée* i i.

Luftrine courante. Si on veut du liferé, mettez un liage de 5 le 6 ou de 9 le 10.

La chaîne de cette étoffe eft compofée de quatre-vingt dix portées fimples d'organfin, à deux ou trois bouts, & pefe l'aune environ deux onces.

Trame pour la premiere navette, feconde forte, deux onces.

Trame pour le liferé, fi on en admet, feconde forte, luftrée, une once. En tout, cinq onces l'aune.

Remiffe de huit liffes pour le fatin, contenant onze portées un quart chacune.

Remiffe de quatre liffes pour la luftrine, de onze portées un quart chacune.

Dans le remiffe de huit liffes, les fils de la chaîne font paffés fur la maille comme le fil A C fur la maille B, *fig.* 3. Pl. LXVIII.

Dans le remiffe de quatre liffes pour la luftrine, les fils font paffés deffous la maille comme le fil A C deffous la maille B de la *fig.* 2. Pl. LXVIII. obfervant de paffer deux fils contigus dans deux mailles de fuite de la même liffe.

a, premier lac, deux coups de navette.

b, fecond lac, deux coups de navette.

c, troifieme lac, deux coups de navette.

d, quatrieme lac, deux coups de navette.

PLANCHE LXXIX, *fignée* k k.

Luftrine gros grain & Perfienne petit grain.

La luftrine & la perfienne propre pour habits d'hommes, porte en largeur onze vingt-quatriemes d'aune.

La chaîne contient dix-huit portées fimples d'organcin à trois bouts, pefant l'aune deux onces.

Poil pour la perfienne, même organfin, vingt portées fimples, pefant l'aune douze deniers.

Trame d'Éfpagne ou d'Alais ou Sainte-Lucie, qui foit d'un brin ferme & rondelet, il en doit entrer dans l'aune trois onces. En tout, cinq onces douze deniers.

Remiffes de huit liffes de dix portées chacune, pour la perfienne.

Remiffe de deux liffes de dix portées chacune, pour le rabat de la perfienne.

Remiffes de quatre liffes de dix portées chacune, pour la luftrine.

Peigne de vingt portées ou huit cent dents, huit fils de chaîne & deux fils de poil dans chaque dent.

Dans le remiffe de huit liffes pour le fatin, les fils de la chaîne font paffés fur la maille comme le fil A C fur la maille B, *fig.* 3. Pl. LXVIII.

Dans le remiffe de deux liffes pour la perfienne, les fils du poil indiqués par des lignes ponctuées font auffi paffés fur la maille.

Dans le remiffe de deux liffes fuivant, les fils du poil font paffés fous la maille comme le fil A C fous la maille B, *fig.* 2. Pl. LXVIII.

Dans le remiffe de quatre liffes qui fuit, les fils de la chaîne font auffi paffés fous la maille, obfervant de paffer deux fils contigus de la chaîne dans deux mailles de fuite de la même liffe.

a, marche du coup de luftrine.

b, marche du coup de perfienne, & ainfi de fuite alternativement jufqu'à la fin du courfe des huit paires de marches, en commençant du pié droit allant vers le gauche.

PLANCHE LXXX, *fignée l l.*

Tiſſu argent. L'endroit ſe fait deſſus.

Ce tiſſu argent porte en largeur entre les liſieres onze vingt-quatriemes d'aune.

La chaîne contient quarante-cinq portées doubles, organſin peſant environ une once dix-huit deniers l'aune.

Le poil, onze portées un quart ſimple, pour le liage, même organſin, douze deniers.

Trame coup de fond égale & nette, vingt-un deniers.

Trame pour l'accompagnage, premiere ſorte, douze deniers.

Argent liſſe 6 S à un bout, environ deux onces douze deniers.

En tout l'aune peſe ſix onces trois deniers.

Remiſſe de quatre liſſes de onze portées un quart chacune pour lever la chaîne.

Remiſſe de quatre liſſes de onze portées un quart, chaque, pour rabattre la chaîne.

Remiſſes de quatre liſſes à grand coliſſe de deux portées quarante-cinq mailles doubles chacune pour le poil du liage & accompagnage qui leve & baiſſe.

Peigne de vingt-deux portées & demie ſans les cordons ou neuf cent dents, quatre fils doubles de chaîne & un fil de poil dans chaque dent.

Dans le premier remiſſe de quatre liſſes, les fils de la chaîne ſont paſſés ſur la maille comme le fil A C ſous la maille B, *fig. 3.* Pl. LXVIII.

Dans le ſecond remiſſe de quatre liſſes, les mêmes fils ſont paſſés ſous la maille comme le fil A C ſous la maille B, *fig. 2.* même Planche.

Les fils du poil ſont paſſés deſſus & deſſous les mailles de la liſſe à grand coliſſe, repréſentée dans la Planche CXXXV.

PLANCHE LXXXI, *fignée m m.*

Luſtrine & perſienne liſerée & brochée.

Sa largeur entre les deux liſieres eſt de onze vingt-quatriemes d'aune.

La chaîne principale eſt de quatre-vingt-dix portées ſimples, organſin à deux ou à trois bouts, peſant l'aune environ deux onces.

Le poil contient vingt-deux portées & demie, même organſin, douze deniers.

La trame pour la premiere navette, ſeconde ſorte, deux onces.

La trame pour le liſeré, ſeconde ſorte luſtrée, une once. En tout cinq onces douze deniers l'aune. Et en broché, juſqu'à huit onces l'aune.

Remiſſes de huit liſſes pour le ſatin, de onze portées un quart chacune.

Remiſſes de quatre liſſes pour la perſienne, de onze portées un quart chacune.

Remiſſe de quatre liſſes pour la luſtrine, de onze portées un quart chacune.

Remiſſe de quatre liſſes pour le liage, de deux portées chacune.

Peigne de vingt-deux portées & demie ou neuf cent dents à huit fils de chaîne & deux fils de poil par dent.

Dans le remiſſe de huit liſſes pour le ſatin, les fils de la chaîne ſont paſſés ſous la maille comme le fil A C ſous la maille B *fig. 2.* Pl. LXVIII.

Dans le premier remiſſe de deux liſſes pour le poil, les fils du poil indiqués par des lignes ponctuées ſont paſſés de la même maniere.

Dans le ſecond remiſſe pour le poil, les fils ſont paſſés ſous la maille comme le fil A C ſous la maille B *fig. 3.* Pl. LXVIII.

Dans le remiſſe ſuivant, compoſé de quatre liſſes, les fils de la chaîne ſont paſſés ſous la maille, comme le fil A C ſous la maille B de la *fig. 2.* Pl. LXVIII. obſervant de paſſer deux fils contigus dans les mailles de la même liſſe.

Le remiſſe ſuivant eſt deſtiné pour le liage. Quand on aura remis neuf fils de la piece, on paſſera le dixieme

ſur la premiere liſſe du liage, le vingtieme ſur la ſeconde liſſe, le trentieme ſur la troiſieme liſſe, le quarantieme ſur la quatrieme liſſe, le cinquantieme ſur la premiere liſſe, ainſi de ſuite juſqu'à la fin de la piece.

a, premier lac de luſtrine.

b, ſecond lac de perſienne.

c, troiſieme lac de liſeré.

d, premiere marchette.

e, comme *a*.

f, comme *b*.

g, comme *c*.

h, ſeconde marchette.

i, comme *a*.

k, comme *b*.

l, comme *c*.

m, troiſieme marchette.

n, comme *a*.

o, comme *b*.

p, comme *c*.

q, quatrieme marchette.

Fin du courſe des marches.

PLANCHE LXXXII, *fignée n n.*

Raẓ-de-Sicile courant.

Le raz-de-Sicile courant a de largeur onze vingt-quatriemes d'aune.

La chaîne contient quarante portées doubles d'organſin, peſant environ une once douze deniers l'aune.

Le poil eſt compoſé de vingt portées ſimples, même organſin, neuf deniers.

La trame, ſeconde ſorte, pour le coup de fond, une once.

Trame pour les fleurs, nette, brillante & égale une once. En tout, trois onces vingt-un deniers.

Remiſſes de quatre liſſes de dix portées chacune pour lever la chaîne.

Remiſſes de quatre liſſes de dix portées chacune pour rabattre la chaîne.

Remiſſe de deux liſſes de dix portées chacune pour lever le poil.

Remiſſes de deux liſſes de dix portées chacune pour rabattre le poil.

Peigne de vingt portées ou huit cent dents, quatre fils de chaîne & deux fils de poil dans chaque dent.

Dans le remiſſe de quatre liſſes pour le gros-de-Tours, les fils de la chaîne ſont paſſés ſur la maille comme le fil A C ſur la maille B, *fig. 3.* Pl. LXVIII.

Dans le remiſſe de deux liſſes pour le poil, indiqué par des lignes ponctuées, les fils du poil ſont paſſés ſur la maille de la même maniere que ceux de la chaine dans le remiſſe précédent.

Dans le remiſſe de quatre liſſes pour le rabat du gros-de-Tours, les fils de la chaine ſont paſſés ſous la maille, comme le fil A C ſous la maille B, *fig. 2.* Pl. LXVIII.

Dans le remiſſe ſuivant pour le poil, les fils du poil ſont paſſés ſous la maille comme le ſont les fils de la chaine dans le remiſſe précédent.

PLANCHE LXXXIII, *fignée o o.*

Raẓ-de-Sicile liſeré de quarante portées doubles.

La chaine pour la piece contient vingt portées ſimples pour le poil, le liage eſt pris ſur le poil.

La chaine, le poil & la trame de cette étoffe ſont les mêmes que pour le raz-de-Sicile courant de la Planche précédente. Le nombre & l'eſpece des liſſes ſont auſſi les mêmes, ainſi que la maniere de remettre la chaine & le poil, mais le courſe des marches qui ſont au nombre de douze eſt différent.

a, premiere navette, coup de fond.

b, ſeconde navette, le lac du raz-de-Sicile étant tiré.

c, troiſieme navette, le lac du liſeré étant tiré.

d, comme en *a*.

e, comme en *b*.

f,

f, comme en *c*.
g, comme en *a*.
h, comme en *b*.
i, comme en *c*.
k, comme en *a*.
l, comme en *b*.
m, comme en *c*.

PLANCHE LXXXIV, *signée p p.*

Damas courant, dont toute la chaîne est passée dans le corps des maillons : & damas gros grain de Lustrine.

Fig. 1. Ce damas courant a de largeur onze vingt-quatriemes d'aune. La chaine contient quatre-vingt-dix portées simples d'organsin, à trois ou à deux bouts, pesant l'aune deux onces. La trame, seconde forte, nette & brillante, deux onces. L'aune d'étoffe pese en tout quatre onces. On en fait en cent portées & même en cent vingt portées. On en fait aussi en soixante-quinze portées damassé très-léger.

Remisse de cinq lisses de dix-huit portées chacune pour lever la chaine.

Remisse de cinq lisses de vingt portées ou huit cent dents, à neuf fils par dent.

2. Damas gros grain de lustrine. La largeur de cette étoffe est la même que celle de la *fig.* 1. c'est aussi la même chaine, & ce sont les mêmes remisses.

Dans le premier remisse, dans les deux figures, qui est composé de cinq lisses, les fils de la chaine sont passés sur la maille comme le fil A C sur la maille B, *fig.* 3. Pl. LXVIII. & les mêmes fils, dans le second remisse des deux figures, sont passés sous la maille de la même maniere que le fil A C sous la maille B, *fig.* 2. de la même Planche.

Le nombre des marches est ici de dix. Sur la premiere marche on tire le premier lac de damas, sur la seconde le premier lac de lustrine, ainsi alternativement.

On passe dans la premiere étoffe deux coups de navette sur chaque lac de tire, ou ce qui revient au même, on change de lac tous les deux coups de navette.

PLANCHE LXXXV, *signée q q.*

Damas liseré pour meubles.

Largeur, cinq huitiemes d'aune.

Ce damas liseré & broché a pour chaine principale cent vingt portées d'organsin à trois bouts, pesant l'aune deux onces six deniers.

Le poil est du même organsin, pesant l'aune quinze deniers.

La trame de pays, deuxieme forte, quatre onces trois deniers.

En tout environ sept onces.

Remisse de huit lisses pour la piece de quinze portées chacune.

Remisse de quatre lisses pour le poil de quinze portées chacune.

Dans le remisse de huit lisses pour le satin, les fils de la chaine sont passés sur la maille, comme le fil A C sur la maille B, *fig.* 3. Pl. LXVIII.

Dans le premier des deux remisses suivans de deux lisses pour le poil, les fils sont passés de la même maniere.

Dans le second remisse de deux lisses pour le poil, les fils sont passés sous la maille comme le fil A C sous la maille B de la *fig.* 2. de la même Planche.

a, marche sur laquelle on tire le premier lac, suivi de deux coups de navette.

b, marche sur laquelle on tire le deuxieme lac, suivi d'un seul coup de navette.

c, comme *a*.
d, comme *b*.
e, comme *a*.
f, comme *b*.
g, comme *a*.
h, comme *b*, ce qui termine la course des marches.

Peigne de trente portées ou douze cent dents à huit fils de piece & deux fils de poils par dent.

N°. 6.

Le dessein se fait sur du papier de huit en dix, le huit en largeur & le dix en hauteur.

PLANCHE LXXXVI, *signée rr.*

Damas gros grain liseré, avec un liage de 5 le 6.

Ce damas broché & liseré a de largeur onze vingt-quatriemes d'aune entre les deux lisieres.

La chaine est de quatre-vingt-dix portées simples, organsin à trois bouts, pesant l'aune deux onces.

Pour le damas, trame de Sainte-Lucie, premier filage ou autre de même nature, nette & égale, une once six den.

Trame de même pour le liseré lustré, dix huit deniers.

En tout, quatre onces, sans les brochés qui sont arbitraires.

Remisse de cinq lisses pour lever la chaine, de dix-huit portées chacune.

Remisse de cinq lisses pour rabattre la chaine, de dix-huit portées chacune.

Remisse de cinq lisses pour le liage, de trois portées chacune.

Peigne de vingt portées ou huit cent dents, à neuf fils par dent.

Dans le remisse de cinq lisses pour le satin, les fils de la chaine sont passés sur la maille comme le fil A C sur la maille B, *fig.* 3. Pl. LXVIII.

Dans le second remisse de cinq lisses pour le rabat, les mêmes fils sont passés sous la maille, comme dans la *fig.* 2. de la même Planche.

Dans le remisse suivant, aussi de cinq lisses, destinées pour le liage, les sixiemes fils sont passés sous la maille.

a, premier lac de damas.
b, deuxieme lac de liseré.
c, premiere marchette pour le broché.
d, comme en *a*.
e, comme en *b*.
f, comme en *c*.
g, comme en *a*.
h, comme en *b*.
i, comme en *c*.
k, comme en *a*.
l, comme en *b*.
m, comme en *c*.
n, comme en *a*.
o, comme en *b*.
p, comme en *c*.

Ce qui termine la course des marches à la fin de chacune des divisions, de laquelle on abaisse du pié gauche une des marches du liage dans l'ordre où elles sont chiffrées.

PLANCHE LXXXVII, *signée s s.*

Florentine damassée avec un liage.

Largeur, onze vingt-quatriemes d'aune.

La chaine est de soixante-quinze portées simples d'organsin, & pese l'aune dix-huit deniers.

Trame, seconde forte & lustrée, une once.

En tout, une once dix-huit deniers.

Remisse de cinq lisses de quinze portées chacune.

Remisse de six lisses, de cinq portées chacune, pour le liage qui est pris sur la piece.

Dans le remisse de cinq lisses, les fils de la chaine sont passés dessus la maille comme le fil A C sur la maille B de la *fig.* 3. Pl. LXVIII.

Dans le remisse de cinq lisses pour le liage, les quatriemes fils de la chaine sont passés sous la maille, comme le fil A C sous la maille B de la *fig.* 2. de la même Planche.

Le peigne est de vingt-cinq portées ou mille dents.

PLANCHE LXXXVIII, *signée t t.*

Florentine damassée avec un liseré & un liage.

La largeur de cette étoffe entre les deux lisieres est de onze vingt-quatriemes d'aune.

G

La chaine eft de foixante-quinze portées fimples d'organfin, pefant l'aune dix-huit deniers.

La trame, feconde forte luftrée une once.

En tout une once dix-huit deniers.

On en fait de plus & de moins forte, toujours en foixante-quinze portées; on en fait auffi en quatre-vingt portées fimples.

Remiffes de huit liffes de neuf portées de trente mailles chacune.

Remiffes de quatre liffes de trois portées & demi chacune pour le liage.

Peigne de vingt-cinq portées ou mille dents, à fix fils par dent.

Dans le remiffe de huit liffes pour le fatin, les fils de la chaine font paffés deffus la maille comme le fil A C l'eft fur la maille B, fig. 3. Pl. LXVIII.

Dans le remiffe de quatre liffes pour le liage, les fils font paffés fous la maille comme le fil A C fous la maille B, fig. 2. de la même Planche.

On obfervera de paffer deux fils contigus de la chaine dans la même liffe.

Les maillons dans lefquels toute la chaine eft paffée, ont les uns fept fils, & les autres huit fils alternativement.

PLANCHE LXXXIX, fignée u u.

Satin à 1, 2, 3, 4 *lacs courans ou brochés, avec un liage de* 5 *le* 6.

Les fatins à un, deux, trois, quatre lacs, brochés ou courans, fe font en largeur de onze vingt-quatriemes d'aune. On en fait de toutes qualités, depuis foixante-quinze portées fimples jufqu'à deux cent portées avec des organfins de tous poids. Les plus ordinaires font compofés pour la chaine de quatre-vingt-dix portées fimples d'organfins à trois bouts, & pefe une once & demie l'aune, trame brillante, nette & luftrée, pas trop fine pour les liferés; chaque navette de liferé peut en fournir environ douze deniers par aune.

Poids de la chaine, une once douze deniers.

Trame pour le premier lac, douze deniers.

Trame pour le fecond lac, douze deniers.

Trame pour le troifieme lac, douze deniers.

Trame pour le quatrieme lac, douze deniers.

Une aune de cette étoffe à un lac pefe deux onces.

A deux lacs, elle pefe deux onces douze deniers.

A trois lacs, l'aune pefe trois onces.

A quatre lacs, l'aune pefe trois onces douze deniers, plus ou moins, fuivant la force & qualité que l'on veut donner à l'étoffe.

Remiffes de huit liffes de onze portées un quart chaque liffe.

Remiffes de liage de quinze portées fur quatre liffes, c'eft-à-dire trois portées trois quarts chaque liffe.

Dans le remiffe de huit liffes pour le fatin, les fils de la chaine font paffés deffus la maille, comme le fil A C fur la maille B, fig. 3. Pl. LXVIII.

Dans le remiffe de quatre liffes pour le liage, tout les fixiemes fils y font paffés fous la maille comme le fil A C fous la maille B de la fig. 2. de la même Planche.

Peigne, vingt-deux portées & demi ou neuf cent dents, à huit fils par dent.

Satin à un lac; paffez un coup de plein, un coup de tire fur les deux premieres marches.

Satin à deux lacs; paffez un lac fur chaque marche différente.

Satin à trois lacs; paffez un lac fur la premiere marche, & les deux autres fur la feconde.

Satin à quatre lacs; paffez deux lacs fur la premiere marche, & les deux autres fur la feconde; c'eft-à-dire que tous les lacs qui font fur la même ligne du deffein fe doivent paffer fur deux marches par nombre pair.

S'il y a des lacs brochés, il faut, après avoir paffé les lacs courans & la navette, baiffer les marchettes; favoir la premiere marchette, après la premiere & la feconde marches; la deuxieme marchette, après la troifieme & la quatrieme marches; la troifieme marchette, après la cinquieme & la fixieme marches; la quatrieme marchette, après la feptieme & la huitieme marches.

PLANCHE XC, fignée x x.

Satin à fleurs à deux faces.

Le fatin à fleurs à deux faces ou de deux couleurs différentes, a d'un côté fond blanc fatin, les fleurs bleues fatinées; de l'autre côté fond bleu fatin, les fleurs blanches fatinées, double corps.

Largeur, onze vingt-quatriemes d'aune.

La chaine eft de cent vingt portées doubles, pefant l'aune trois onces douze deniers, organfin bien monté, net & d'un parfait tirage, ourdi, un fil d'une couleur & un fil de l'autre alternativement, trame égale & nette, pefant l'aune une once douze deniers.

Remiffes de foixante portées en cinq liffes, de douze portées chacune pour lever la chaine.

Remiffe de même pour rabattre la chaine.

Dans le premier remiffe de huit liffes, les deux fils de deux couleurs différentes paffent deffus la même maille, comme le fil A C fur la maille B, fig. 3. Planche LXVIII.

Dans le fecond remiffe, auffi de huit liffes, les deux mêmes fils de deux couleurs différentes paffent deffous la maille comme le fil A C, fig. 2. de la même Planche l'indique.

Le peigne contient vingt portées ou huit cent dents, à douze fils par dent.

a, premier coup de navette fur un lac.

b, fecond coup de navette fur le même lac, ainfi de fuite, changeant de marche à chaque coup de navette.

QUATRIEME SECTION,

Contenant la fabrique des Velours, & autres objets appartenans à la fabrique en général.

PLANCHE XCI, fignée y y.

ELÉVATION perfpective du métier pour fabriquer le velours cifelé, vu dans l'inftant de la tire & du paffage des fers.

A B, pilier de devant à droite de l'ouvrier. E F, pilier de derriere; ces deux piliers portent l'eftaze A E parallele à une femblable piece, fupportée par le fecond pilier de devant & par le fecond pilier de derriere. e f K L, l'enfuple de devant. s s, l'enfuple de derriere, fur laquelle eft ployée la chaine ou toile du velours. 9, 9 : 10, 10, envergeure pour l'encroix des fils de la chaine qui traverfe le corps entre les mailles en 5 5 & les remiffes de plufieurs liffes 3, 4. Elle paffe enfuite dans le peigne contenu dans le battant.

y, la maffe du battant. x, fa poignée. x x, le haut d'une de fes deux lames. e f, traverfe qui affemble les deux lames.

Près le battant eft le carette double, dont on ne voit qu'une partie. m m, chaffis du carette. h, un des chevalets pour recevoir les queues e e des ailerons. Les ailerons communiquent par les cordes verticales e 7, e 7, aux contre-marches ou quarquerons 7, 7, au-lieu defquels on employe des arbalêtres pour les liffes aufquelles elles conviennent, les uns ou les autres font attachés par des cordes nommées *étrivieres* aux marches N Q, n q, qui font movoir les liffes dont on a fupprimé les contrepoids pour éviter la confufion. N n, axe ou cheville qui traverfe la caiffe & les marches. M, pierre pour charger la caiffe des marches & la rendre ftable.

A côté du carette eft le caffin. L L, chaffis du caffin. H, le haut du caffin. T T, bâton de la queue du rame, dont les cordes T S, après avoir paffé fur les poulies du caffin, defcendent s'attacher aux arcades. n n, planche percée que les branches des arcades traverfent pour s'attacher enfuite aux mailles fupérieures du corps en o o. Ces mailles paffent entre les fils 5, 9, 10 s : 5, 9,

10, s, de la toile, & supportent les maillons de verre 6, dans lesquels le poil ou fil des roquetins de la cantre sont passés. Au-dessous des maillons sont les mailles inférieures auxquelles les aiguilles de plomb qui font descendre les maillons sont attachées.

Au-devant du corps, dont on ne voit qu'une partie, est le sample S R, & la gavassiniere Z R 2. rr, pitons fixés au plancher pour attacher le bâton R R 2 du sample & la gavassiniere. Au-devant du sample, au-dessous des extrêmités LL du chassis du caffin est le bâton des lacs; ce bâton est suspendu par deux cordes attachées au plancher. On a supprimé ici ces deux cordes pour ne point cacher d'autres objets, elles se retrouveront dans la Planche suivante.

Près du sample est la machine pour la tire. a b, c d, les patins de la machine. a h, c g, les deux montans. n t, levier qui est abaissé. g p, entre-toise qui affermit les fourches entre lesquelles les cordes que le lac a tirées sont passées.

Entre la caisse des marches & les piliers de derriere du métier est placée la cantre qui contient les roquetins qui fournissent le poil du velours. a a, b b, c c, d d, le chassis incliné de la cantre supporté par quatre piés. On trouvera le développement de la cantre dans une des Planches suivantes.

PLANCHE XCII, signée ꝣꝣ.

Elévation latérale du métier pour fabriquer le velours cisélé, vu dans l'instant qui précede celui de la tire. A B, pilier de devant. E F, pilier de derriere sur lesquels l'estaze A E est assemblée. K, cric à l'extrêmité de l'ensouple de devant. S, ensouple de derriere. 9 10, envergeures des fils de la chaine.

Près l'ensouple de devant est le battant. y, la masse du battant. x, sa poignée. x x, le haut d'une des lames.

A côté du battant sont les lisses ou remisses pour le poil & pour la toile, les unes & les autres suspendues au carette. m m, extrêmité des brancards ou longs côtés du carette. h, chevalet. e, e, extrêmités des ailerons. 3 à 1, extrêmités des lisserons d'en-haut. 4 à 2, extrêmités des lisserons d'en-bas. 7 à 7, extrêmités des quarquerons ou des arbalêtres qui sont attachées aux marches N Q par les étrivieres. N, caisse des marches. M, pierre dont elle est chargée. 8 à 8, contrepoids pour remettre les lisses en situation lorsque l'ouvrier abandonne les marches.

Près du carette est placé le caffin. LL, extrêmités du brancard du caffin. L H, L H, les côtés inclinés du caffin. T T, le bâton de la queue du rame vue en racourci. SS, le rang inférieur des yeux de perdrix auxquels les cordes du sample sont attachées. S R, S R, les cordes du sample. R R, bâton du sample. rr, pitons auxquels ce bâton est attaché. Z R, la gavassiniere qui sert de guide aux gavassines des lacs que la tireuse fait descendre les uns après les autres de dessus le bâton placé au-dessous de LL.

La machine pour la tire qui est auprès à une de ses fourches p s, passée derriere les cordes du sample que le lac a tirées, l'autre fourche l r passe devant ces mêmes cordes pour leur servir de point d'appui lorsqu'on baissera le levier n t en-devant. l, m, n, les trois roulettes de devant du coulant de la machine. g h, jumelle de devant. a h, c g, les deux montans. a & c les patins.

Entre la caisse des marches & les piliers de derriere est la cantre qui contient les roquetins. a a, b b, un des longs côtés du chassis incliné de la cantre, au-dessous duquel on voit les poids de plomb qui servent à bander la soie des roquetins.

PLANCHE XCIII, signée a a a.

Plan de la cantre & développement des roquetins.

*Fig.*1. Cette cantre est disposée pour mille roquetins, cinq cent dans chaque moitié. A B, C D, les longs côtés du chassis de la cantre. a c, b d, les deux petits côtés ou les traverses assemblées à tenons & mortaises. E F, troisieme traverse parallele aux longs côtés. Cette traverse est assemblée à enfourchement dans

les deux précédentes, & est percée de cinquante trous qui répondent à ceux des longs côtés du chassis. G, partie de la cantre garnie des broches de fer sur lesquelles doivent être enfilés les roquetins. H, partie de la cantre dont on a retiré les broches.

Fig. 2. Coupe longitudinale de la cantre antérieurement à la traverse E F de la figure précédente. C & D, extrêmités de l'un des longs côtés du chassis. E, F, coupe des deux petites traverses & assemblage de la traverse du milieu. 1, 10, 20, 30, 40, 50, les cinquante roquetins d'un rang avec les petits poids qui les retiennent.

3. Roquetin en géométral dans sa grandeur véritable. R, scocie ou poulie où est attachée la corde du poids V. S, scocie ou poulie destinée pour recevoir la soie qui doit former le poil du velours. a b, broche de fer qui traverse les roquetins, sur laquelle ils peuvent tourner librement.

4. Le même roquetin en perspective & garni de soie. R, place pour la corde du contrepoids V; cette corde fait plusieurs tours dans sa poulie. S, bobine chargée de soie. S T, bout de la soie qui va passer dans les maillons, & de-là va passer entre les mailles du remisse pour former la figure sur l'étoffe.

PLANCHE XCIV, signée b b b.

Développement du battant brisé du métier pour fabriquer le velours.

On se sert de ce battant pour faire dresser le fer de coupé avec facilité.

Fig. 1. Le battant brisé assemblé avec toutes les pieces qui en dépendent. y, y, la masse du battant. x, x, la poignée; le peigne est placé entre ces deux pieces. a, x x: b, y y, les lames sur lesquelles sont cloués les acocats t & u, qui servent à suspendre le battant. c d, e f, les deux traverses assemblées à tenons & mortaises avec les lames.

2. Les lames & traverses du battant séparées de la masse & de la poignée, pour faire voir la maniere dont ces pieces sont assemblées. A X, B Y, les lames. C D, traverse supérieure. E F, traverse inférieure que l'on a fracturée pour faire place à la *fig.* 1. T V, les acocats. A a, B b, gaines de fer qui reçoivent l'extrêmité des lames, la partie inférieure forme un chainon dans lequel passe une cheville de fer, comme on voit en B, pour assembler les lames avec la masse du battant.

3. La masse du battant. X X, la masse dont le dessous est plombé pour être plus pesant, où au-lieu de plomb, on y attache avec des vis une barre de fer d'un poids convenable. 1, 2, rainure pour recevoir la partie inférieure du peigne A & B, les fourches de même écarissage que les lames, elles sont assemblées & collées à la masse; les entailles 3 & 4 doivent recevoir les gaines B & A de la *fig.* 2. & sont traversées par les mêmes chevilles, comme on le voit en 4.

4. La poignée du battant. Y Y, les extrêmités de la poignée. 3 3, 4 4, mortaises pour recevoir les fourches de la *fig.* 3. le dessous de la poignée a une rainure pour recevoir la partie supérieure du peigne.

5. Le peigne p p, dont les longs côtés sont reçus dans la rainure de la masse & dans celle de la poignée.

PLANCHE XCV, signée c c c.

Construction de l'entacage servant à rendre le velours coupé & à le fixer à l'ensouple de devant pendant la fabrication, sans froisser le poil du velours, comme il arriveroit, si au-lieu de se servir de l'entacage, le velours s'enrouloit sur lui-même, sur l'ensouple de devant, comme on enroule les taffetas. Les velours frisés ne sont point entaqués; au-lieu de l'entacage on se sert d'une ensouple hérissée de plusieurs rangs de petites pointes qui retiennent l'étoffe par l'envers.

Fig. 1. Barre de fer, dont deux faces sont planes &

les deux autres un peu arrondies. A & B, les deux extrêmités qui font quarrées pour être reçues dans les entailles de même forme de la figure fuivante. La longueur entre les deux parties quarrées doit être de demi-aune. Cette longueur rapportée à l'échelle du bas de la Planche n'ayant pas pu tenir dans la largeur du format, on a fracturé cette barre en C, ainsi que les autres figures où cela a été nécessaire.

Fig. 2. Le bois de l'entacage. D, E, dés de bois affemblés l'un à l'autre par une regle F, à laquelle on a pratiqué une feuillure en équerre vue du côté du dehors. *a* & *b*, entailles pour recevoir les parties quarrées de la figure précédente.

3. Le bois de l'entacage vu du côté oppofé ou du côté concave de la regle F, la piece entiere ayant tourné horifontalement bout pour bout, comme les lettres D & E le font connoître. *a* & *b*, entailles pour recevoir la regle de fer, *fig.* 1. *g* & *h*, entailles pour recevoir la rape de fer que la figure fuivante repréfente.

4. Rape de fer ou regle de fer taillée en lime, dont les inégalités s'appliquent à l'envers de l'étoffe. G & H, parties quarrées qui font reçues dans les entailles *g* & *h* de la figure précédente.

5. & 6. Deux boîtes de tôle qui fe vêtiffent fur les dés E & D de la *fig.* 3. après que les regles de fer, *fig.* 1. & *fig.* 4. font placées dans leurs entailles. Ces boîtes fervent à affujettir toutes ces pieces enfemble. K, boîte vue par le dos. L, boîte vue par le dedans.

7. Coupe tranfverfale de la boîte, figure fuivante, qui renferme l'entacage.

8. Boîte de l'entacage; elle eft de bois, & eft reçue dans la rainure pratiquée à l'enfouple de devant du métier à velours coupé. La longueur du vuide intérieur de la boîte eft égale à la longueur de la piece, *fig.* 2. ou 3. Plus l'épaiffeur du fond des boîtes de tôle, *fig.* 5. & 6. avec le jeu néceffaire. La largeur & la profondeur du vuide eft de deux à trois lignes plus grande que l'écarriffage des mêmes boîtes, *fig.* 5. & 6. M & N, parties quarrées de la boîte qui font reçues dans des places préparées dans le vuide de l'enfouple pour les recevoir, de maniere que la longueur de la boîte comprife entre les deux quarrés refte ifolée dans la rainure de l'enfouple, ainsi que les pieces qui compofent l'entacage dans le vuide de la boîte. Toutes les figures de cette Planche font deffinées fur la premiere échelle cotée huit pouces. La feconde échelle eft relative aux figures des deux Planches fuivantes, qui font de la grandeur effective de l'objet.

P L A N C H E X C V I, *fignée d d d.*

Maniere d'entaquer le Velours.

Toutes les figures de cette Planche & de la fuivante font des coupes tranfverfales de l'entacage de la grandeur effective de cette machine. Dans toutes les figures la piece de velours eft indiquée par les lettres C V. V eft le côté du velours fabriqué, & C le côté qui prolonge communique à la chaine qui vient de l'enfouple de derriere du métier.

Fig. 9. Premiere opération. La regle de bois de l'entacage pofée fur le poil du velours. 1 2 3 4, un des deux dés de bois dans lefquels la regle E F eft affemblée. Ces dés embraffent les lifiers.

10. Seconde opération. Il faut faire tourner un demi-tour la regle E F dans l'ordre des chiffres 1 2 3 4, & placer enfuite par-deffous le velours la rape H *h* dans les entailles des deux dés deftinés à la recevoir.

11. Troifieme opération. Faire tourner un quart de tour, & placer la regle de fer A par-deffous le velours, la rape & la regle; en cet état on place les boîtes de tôle, *fig.* 5. & 6. fur les dés, ce qui affujettit les regles, on place enfuite le tout dans la boîte, *fig.* 8.

Fig. 12. Coupe de la boîte de bois qui reçoit l'entacage; on voit au fond les feuillures où fe placent les parties quarrées de l'une des boîtes, *fig.* 5. & 6.

13. La boîte dans laquelle les regles font placées & où elles font indiquées par les mêmes lettres.

14. Après que les regles font placées dans la boîte, on la fait tourner fur elle-même dans le fens des chiffres 1 2 3 4, pour envelopper le velours fur elle. La figure repréfente le premier quart de converfion, où on voit que l'envers du velours s'applique fur le côté 2, 3 de la boîte.

15. Second quart de converfion. L'envers du velours eft appliqué extérieurement au fond 1, 2 de la boîte.

16. Troifieme quart de converfion. L'envers de l'étoffe eft appliqué au côté 1, 4 de la boîte.

P L A N C H E X C V I I, *fignée e e e.*

Fig. 17. Quatrieme quart de converfion de la boîte, qui fe retrouve alors dans la fituation de la *fig.* 13. C'eft dans cet état que l'on introduit la boîte & le velours dont elle eft entourée dans l'entaille de l'enfouple repréfentée en profil par le cercle de la figure. Q R S T, rainure de l'enfouple. 1, 2, 3, 4, la boîte. A, la regle de fer, *fig.* 1. H *h*, la rape ou lime *fig.* 4. F *f*, la regle de bois. O P, couvercle de l'entaille de l'enfouple.

On voit par cette figure toutes les révolutions que fait le velours qui vient de C, côté du peigne, paffer fur le couvercle O, de-là en defcendant; fon envers eft appliqué au côté 4, 1 de la boîte, & fucceffivement aux côtés 1, 2 & 2, 3 : de-là le velours va paffer fur la regle liffe A, enfuite fur la rape *h* H qu'il entoure de deux côtés, de-là l'endroit du velours fait le tour de la regle de bois F *f* revêtue d'une bande de velours; de-là l'endroit s'appliquant toujours fur l'endroit, le velours revient faire les trois quarts du tour de la boîte, en fuivant l'ordre des lettres H *h* A 3 2 1, pour fortir en T, defcendre enfuite en V, & de-là dans la caiffe deftinée à le recevoir, où on le ploye en zig-zag, jufqu'à ce que la piece foit achevée.

18. Profil de l'enfouple, pour faire voir la rainure qui reçoit l'entacage & la feuillure qui foutient les parties quarrées M & N de la boîte, *fig.* 8. Q R S T, la rainure de l'enfouple. *q r s t*, feuillure pour recevoir le quarré de la boîte. O P, couvercle de la rainure de l'enfouple.

On défantaque lorfque l'on a fabriqué une longueur de velours égale à la circonférence de l'enfouple moins la largeur O P du couvercle; l'étoffe fabriquée defcend alors par T V dans la boîte deftinée à la recevoir.

P L A N C H E X C V I I I, *fignée f f f.*

Cette Planche & la fuivante font voir les différens mouvemens des liffes pour la toile & pour le poil qui forment le velours frifé.

Fig. 1. Toutes les liffes en repos. C V, la toile. C, le côté de la chaine qui va à l'enfouple de derriere du métier. A V, le velours fait. A P, le poil ployé ou roulé fur une enfouple placée au-deffous de l'enfouple de derriere. *x y*, le battant dans lequel le peigne eft placé. 11, 22, 33, 44, remiffe de quatre liffes pour la toile. *a a*, *b b*, remiffe de deux liffes pour le poil, qui eft paffé dans la maille comme le fil A C dans la maille B, *fig.* 3. Planche LXIX. On voit par cette figure que le poil *p* eft en-deffous de la chaine A C.

2. Dans laquelle les mêmes lettres indiquent les mêmes objets. Le remiffe *a a*, *b b* du poil *p* eft levé, ce qui fait paroître le poil *p* au-deffus de la chaine, dont tous les fils font au-deffous. C'eft dans cet inftant que le fer rond, garni de fa pedonne, eft paffé entre la chaine & le poil; il eft indiqué par un zéro. Après qu'il eft paffé on donne un coup de battant pour le ferrer près le point B, dans le fond de l'angle que forme la toile & le poil.

Fig.

Fig. 3. Premier coup de navette pour assurer le fer près de l'étoffe F V précédemment fabriquée ; pour cette opération on fait baisser le remisse *a a*, *b b* du poil & lever la moitié de la chaine ou toile, & baisser l'autre moitié. 2 2, 4 4, lisses de la toile qui sont levées. 1 1, 3 3, lisses de la toile qui sont baissées ; c'est dans l'espace triangulaire en-devant du peigne que l'on fait passer la navette dont le fil est indiqué par un point noir.

PLANCHE XCIX, *signée ggg.*

Fig. 4. Second coup de navette après le passage du fer de frisé. Avant de passer la navette on fait lever le remisse *a a*, *b b* du poil & la moitié de la chaine qui étoit baissée au coup précédent. On abaisse aussi, au moyen des marches convenables, la moitié de chaine qui avoit levé. 1 1, 3 3, lisses de la toile qui sont baissées. 2 2, 4 4, lisses de la toile qui sont levées avec le poil, au-dessous desquels & en-devant du peigne on passe alors la navette dont le fil est aussi indiqué par un point.

5. Troisieme coup de navette après le passage du fer de frisé ; avant de passer la navette on baisse le remisse *a a*, *b b* du poil & les lisses de la moitié de la toile qui étoient levées au coup précédent, & on abaisse l'autre moitié. 1 1, 3 3, les lisses de la toile qui sont levées. 2 2, 4 4, les lisses de la même toile qui sont baissées avec celles du poil ; on passe alors la navette dans l'ouverture au-devant du peigne ; son fil est indiqué par un point placé dans cette ouverture.

6. Fer de frisé garni de sa pedonne d'ivoire desliné de la grandeur dont elles sont. *a b c*, la pedonne. *b c d e*, le fer qui est rond & à en longueur deux ou trois pouces de plus que la largeur du velours, ce fil est de laiton. *a b*, la poire de la pedonne. *b c*, le corps qui est percé d'un trou, & le long duquel il y a deux cannelures pour recevoir le fil, qui est ensuite tortillé sur lui-même pour assurer le fil avec la pedonne. La pedonne empêche les fers de frisé de passer à-travers la toile ou chaine de l'étoffe.

7. Fourche qui sert à l'ouvrier pour retirer les fers de dedans les boucles que le poil forme en-dessus de l'étoffe, boucles qui font ce qu'on nomme *le frisé*. F, les fourchons de la fourche, entre lesquels la partie *b c* de la pedonne est reçue. G H, sa tige. H, partie de son manche.

8. Usage de la fourche pour retirer les fers. A B C D, partie de la piece de velours qui est fabriquée du côté A B inférieur qui est le devant, & seulement en chaine du côté C D. *a*, la poire de la pedonne. *f*, les fourchons. *g h*, la tige de la fourche. *h I*, son manche, que l'ouvrier tient avec la main droite, & poussant fortement vers la gauche, il fait sortir le fer, qui est ensuite replacé dans l'étoffe pour former un nouveau rang des boucles, qui ont fait donner à ce velours le nom de *velours frisé*.

PLANCHE C, *signée h h h.*

Velours raz d'Angleterre.

Fig. 1. Cette étoffe porte en largeur onze vingt-quatriemes d'aune entre les deux lisieres.

La chaine est de cinquante portées doubles d'organsin à trois bouts, pesant deux onces trois quarts l'aune.

Trame de la premiere navette à deux bouts fin, dont on passe deux coups.

Trame de la seconde navette à vingt ou à trente bouts, que fait le gros grain, pesant trois onces l'aune ; pese en tout cinq onces trois quarts, à six onces en couleur & sept onces en noir. Il faut que la chaine & la trame soient des plus parfaites qualités.

Remisse de quatre lisses de douze portées & demie chacune.

Peigne de vingt-cinq portées ou mille dents, à quatre fils par dent.

Dans le remisse de quatre lisses les fils de la chaine sont passés dans la maille comme l'est le fil A C dans la maille B *fig.* 2. Planche LXIX.

Velours frisé sans cantre.

Fig. 2. Cette étoffe porte aussi en largeur onze vingt-quatriemes d'aune entre les deux lisieres.

Le velours frisé sans cantre a trois ensouples ; savoir deux ensouples pour la chaine principale qui fait le corps de l'étoffe, & une ensouple pour le poil qui fait le façonné.

La premiere chaine est de vingt portées doubles qui s'emboit d'un quart par aune.

La deuxieme chaine que l'on tient un peu plus lâche que la premiere, est aussi de vingt portées doubles d'organsin, pesant les deux chaines environ une once six deniers.

Le poil est de vingt portées doubles, qui s'emboit de deux aunes pour une, même organsin que les deux chaines principales, pesant une once six deniers ; en tout de chaine deux onces douze deniers.

Trame seconde sorte, nette, pesant une once dix-huit deniers.

Remisse de quatre lisses pour les deux chaines principales de dix portées chacune.

Remisse de deux lisses pour le poil de dix portées chacune.

Peigne d'acier de vingt portées ou huit cent dents, quatre fils de pieces & deux fils de poil dans chaque dent.

Dans le remisse de quatre lisses, les fils de deux chaines sont passés dans la maille comme le fil A C dans la maille B, *fig.* 2. Planche LXIX.

Dans le remisse de deux lisses pour le poil, les fils du poil sont passés sur la maille comme le fil A C sur la maille B, *fig.* 3. Planche LXVIII.

Les fers sont ronds, & on les tire du corps de l'étoffe avec la fourche, comme il est dit dans l'explication de la Planche précédente.

PLANCHE CI, *signée i i i.*

Cette Planche & les deux suivantes font voir les mouvemens successifs des lisses pour la toile & de celle pour le poil, au moyen desquels on fabrique le velours coupé, en plein.

Fig. 1. Passage du fer. V A, le velours fait ; du côté de V il va à l'entacage contenu dans la rainure de l'ensouple de devant. B, bâton placé derriere le remisse, il est suspendu par deux cordes aux estazes du métier, & sert à soutenir le poil. *a a*, *b b*, remisse de deux lisses pour le poil qui y est passé dans la maille, comme le poil A C dans la maille B, *fig.* 2. Pl. LXIX. Le poil est ployé sur une seconde ensouple placée parallelement à l'ensouple de la chaine ou toile entre les piliers de derriere du métier. A C, la chaine ou toile passée dans les mailles du remisse de six lisses 1 1, 2 2, 3 3, 4 4, 5 5, 6 6, entre les mailles desquelles le poil peut monter & descendre. Les six lisses de toile sont en repos, & les deux lisses *a a*, *b b* du poil sont levées pour laisser passer le fer représenté en profil en F, dans l'espace triangulaire entre le peigne & le point A ; l'introduction du fer est suivie d'un coup du battant *x y* pour le faire approcher du velours déja fait, & en même tems le faire se dresser, c'est à quoi sert spécialement le battant brisé dont on a donné la description. Dans les sept figures suivantes ; les mêmes lettres indiquent les mêmes objets.

2. Premier coup de navette après le passage du fer ; le poil A *p* P est baissé, & la premiere lisse de toile 1 1 levée, on passe ensuite la navette dans l'ouverture au-devant du peigne, son fil est indiqué par un point ; cette opération est suivie d'un coup de battant.

3. Second coup de navette après le passage du fer, le poil A *p* P est levé avec toutes les lisses de toile, excepté la quatrieme 4 4 qui est baissée. C'est dans cet état que l'on passe la navette dont le fil est indiqué par un point dans l'ouverture au-devant du peigne.

PLANCHE CII, *signée k k k.*

Fig. 4. Troisieme coup de navette après le passage du fer, le poil A *p* P est baissé, & la seconde lisse de toile 22, toutes les autres sont levées. C'est dans cet état que la navette est lancée dans l'ouverture qui est au-devant du peigne, son fil ou trame est indiqué par un point.

5. Passage du second fer; toutes les lisses de toile 1 1, 22, 33, 44, 55, 66, sont remises de niveau, le poil seulement est levé. F, profil du fer passé au-devant du battant entre le poil A *p* P en-dessus, & la toile A C en-dessous. Cette opération qui est suivie d'un coup de battant termine la demi-course des lisses de la toile.

6. Quatrieme coup de navette; le poil A *p* P est baissé, & la sixieme lisse 66 de la toile, toutes les autres étant levées on passe la navette, dont le fil ou la trame est indiquée dans l'ouverture au-devant du battant par un point.

PLANCHE CIII, *signée l l l.*

Fig. 7. Cinquieme coup de navette; le poil A *p* P est levé, ainsi que toutes les lisses de la toile, excepté la troisieme 33. On passe alors la navette dans l'ouverture entre le poil les cinq lisses qui sont levées & celle qui est abaissée; le fil de la navette est indiqué par un point au-devant du peigne, ce fil est ensuite serré auprès de l'étoffe par un coup de battant.

8. Sixieme coup de navette; le poil A *p* P est abaissé, & la cinquieme lisse 5 5, toutes les autres lisses de la toile sont levées, c'est dans cet état que l'on passe la navette dans l'ouverture au-devant du peigne, son fil indiqué par un point se trouve au-dessus du poil & du sixieme des fils de la toile qui sont abaissés par la cinquieme lisse. Ce coup termine la course de la toile. On recommence ensuite comme à la *fig.* 1. Pl. CI. en plaçant le premier fer que l'on dégage de l'étoffe en coupant les boucles du poil qui le renferment avec le rabot, comme il sera dit ci-après.

9. Profil du velours frisé vu au microscope pour faire connoître ses différentes inflexions autour des trames. *a*, *b*, *c*, *d*, *e*, cinq fers pour former cinq rangs de boucles en-dessus de l'étoffe. 1, 2, 3, 4, 5, 6, 7, 8, 9, 10, dix coups de navette qui sont enlacés entr'eux par la chaine ou toile qui fait le fond, comme on le voit dans les figures du satin; les trames impaires 1, 3, 5, 7, 9, assurent le poil dans le corps de l'étoffe, on voit par cette figure combien le poil s'emboit dans le velours plus que la chaine.

10. Profil du velours raz; il est en tout semblable au velours frisé *fig.* 9. à cela près qu'au-lieu des fers *a b c d* &c. qui forment les boucles & ne restent point dans l'étoffe, on passe en leur place une trame un peu grosse, qui reste & fait corps avec l'étoffe. 1, 2, 3, 4, ces différentes trames.

11. Profil du velours coupé vu aussi au microscope. *a*, *b*, *c*, *d*, *e*, boucles qui ont été coupées & forment autant de houpes ou pinceaux au-dessus de l'étoffe. *f* & *g*, boucles qui ne sont point coupées & contiennent encore les fers à rainures qui les ont formées.

12. Une des houpes du velours coupé séparée du corps de l'étoffe & vue au microscope. *a*, parties où le poil a été coupé. 1 & 3, emplacement des deux trames en-dessus du poil. 2, emplacement d'une trame en-dessous du poil; c'est par le moyen de ces trois trames qu'il demeure fixé à la toile de l'étoffe.

PLANCHE CIV, *signée m m m.*

Fig. 1. Fer de coupé. Sa longueur *b c* doit être de quelques pouces de plus que la largeur de l'étoffe, qui a ordinairement onze vingt-quatriemes d'aune entre les deux lisieres. *a b*, coude ou crochet tenant lieu de la pedonne des fers de frisé; il empêche, étant tourné de maniere que le bout *a* ne touche ni à la toile qui est en-dessous, ni au poil qui est en-dessus, que le fer passe à-travers l'un ou l'autre, lors de son introduction. D'autres ouvriers préferent d'armer le fer d'une pedonne creuse, dans le canon de laquelle son extrêmité est placée.

1. *bis.* Le fer de coupé vu au microscope. A B C D E, le fer que l'on a fracturé dans le milieu pour y placer sa coupe ou profil dessiné plus en grand; dans cette figure le côté plan du côté de C est celui auquel le peigne s'applique, & l'autre côté qui est un peu arrondi du côté de D, est tourné du côté de l'ouvrier. 1 & 2, la rainure dans laquelle coule la lame tranchante du rabot; ces fers sont de laiton & tirés à la filiere.

2. Le rabot qui sert à couper les boucles. Ces boucles étant coupées forment le poil du velours: le rabot, vu du côté de l'ouvrier qui en fait usage, est dessiné de la grandeur effective dont il est. A B C D, platine de fer ou fust du rabot. E F, traverse de fer qui, au moyen de deux vis placées de l'autre côté, sert à fixer la lame tranchante avec le fust. 1, 2, 3, la lame tenue en presse entre ces deux pieces avec plusieurs morceaux de cartes à jouer. 1 & 2, partie de la lame qui coule dans la rainure des fers de coupé.

3. Le même rabot vu du côté opposé. *a b c d*, le fust; sa partie inférieure *a b* est amincie en biseau. *f*, vis qui entre dans un trou taraudé de la traverse. *e*, écrou qui serre la vis fixée à l'autre extrêmité de la traverse.

4. Profil du rabot. F, extrêmité de la traverse. *e*, écrou qui serre la vis de l'autre extrêmité pour fixer le fer entre la traverse & le fust dont on voit le biseau.

5. La traverse vue du côté opposé à celui où elle est représentée *fig.* 2. E, vis dont le quarré, après avoir traversé le fust, est reçu dans l'écrou *e* de la *fig.* 3. F, trou taraudé qui reçoit la vis *f* de la même figure.

6. La lame du rabot. 3, 4, le corps de la lame. 4, 1, le tranchant. 2, le talon. 1, 2, partie qui coule dans la rainure des fers. Cette lame, qui est d'acier, doit être bien affilée; c'est un ouvrage du coutelier.

7. Velours coupé vu au microscope & en perspective pour faire entendre l'usage du rabot. I K, partie de la piece de velours dont le prolongement en avant va à l'ensouple de devant. I K D E, partie du velours coupé entiérement achevé, & dont on a retiré les fers. A B S S, partie de la chaine ou toile qui va à l'ensouple de derriere. A C, second fer de coupé engagé dans les boucles du dernier rang que le poil forme autour de lui. E F, premier fer de coupé en partie dégagé & en partie engagé dans les boucles du rang antérieur. E 1, boucles coupées par la lame 1 2 3 du rabot, ce qui laisse le fer à découvert dans cette partie. 1, boucle sous laquelle la pointe de la lame est prête à entrer pour la couper de dessous en-dessus, ainsi que les suivantes jusqu'au point D; alors le premier fer est entiérement dégagé, on l'enleve pour le repasser dans l'étoffe au-delà du second fer, qui devient alors le premier, ainsi de suite alternativement.

Ce sont les boucles qui entourent le second fer qui servent de point d'appui & de guide à la partie inférieure du fust du rabot, en sorte que l'ouvrier en tirant le rabot de gauche à droite, le presse aussi en-devant contre le premier fer.

8. Taillerolle tenant lieu du rabot pour couper le

pôil du velours ; c'est une plaque d'acier *a b c d*, fendue dans une direction 1, 2, telle que la figure le fait voir ; la pointe 1 est un peu relevée en-devant, pour entrer dans la rainure du premier fer, tandis que l'autre partie 1 *b* s'applique comme le fust du rabot contre le second. Il faut beaucoup plus de dextérité & d'habitude pour se servir de la taillerolle que pour se servir du rabot, avec lequel on court moins de risque de couper l'étoffe.

PLANCHE CV, *signée n n n.*

Velours d'Hollande à trois lisses.

Ce velours, qui est de l'espece des velours coupés, porte en largeur onze vingt-quatriemes d'aune entre les deux lisieres.

La chaine ou toile contient trente-sept portées & demie simples d'organsin, bien monté & de parfait tirage, teinte en crue, pesant crue neuf deniers.

Le poil, vingt-cinq portées simples même organsin teint en crue, sept aunes pour une, pesant les sept aunes pour une d'étoffe une once dix-huit deniers.

Trame à un bout d'organsin crue pesant l'aune une once douze deniers ; en tout plus ou moins, trois onces quinze deniers.

Remisse de trois lisses pour la toile de douze portées chacune.

Remisse de deux lisses pour le poil de douze portées chacune.

Peigne de vingt-cinq portées ou mille dents ; trois fils de toile & deux fils de poil dans chaque dent.

Dans le remisse de trois lisses pour la toile, les fils de la chaine sont passés dans les mailles comme le fil A C dans la maille B, *fig.* 2. Planche LXIX.

Dans le remisse de deux lisses pour le poil, les fils sont aussi passés de la même maniere dans la maille.

Velours uni à quatre lisses.

Ce velours, qui est aussi de l'espece des velours coupés, porte en largeur onze vingt-quatriemes d'aune entre les deux lisieres.

La chaine ou toile contient quarante portées doubles d'organsin pesant environ une once l'aune.

Le poil & la trame de ce velours sont des mêmes qualités que le poil & la trame du velours à six lisses que l'on trouvera dans une des Planches suivantes.

Remisse de quatre lisses pour la toile de dix portées chacune.

Remisse de deux lisses à colisse pour le poil, de dix portées chacune.

Dans le remisse de quatre lisses pour la chaine ou toile, les fils sont passés dans la maille comme le fil A C dans la maille B, *fig.* 2. Planche LXIX.

Dans le remisse de deux lisses pour le poil, les fils sont passés dans les colisses.

Peigne de même, quatre fils de toile & deux fils de poil dans chaque dent.

PLANCHE CVI, *signée, o o o.*

Velours à six lisses façon de Genes.

Fig. 1. Cette étoffe porte en largeur onze vingt-quatriemes d'aune entre les deux lisieres.

La chaine appellée toile, contient soixante portées simples d'organsin, pesant l'aune environ une once. Les deux poils sont de vingt portées doubles. Les trois poils sont de vingt portées triples. Les quatre poils sont de vingt portées quadruples. Les deux poils & demi sont de vingt portées, moitié doubles moitié triples. Les trois poils & demi sont de vingt portées, moitié triples moitié quadruples. Les quatre poils & demi sont de vingt portées, moitié quatre fils par boucle & moitié cinq. Il faut six aunes de poil pour une aune de velours. Les poils doivent être d'un organsin d'un parfait tirage & bien apprêtés, d'environ vingt-cinq deniers l'essai : les trois poils doivent peser demi-once l'aune, & pour une aune de velours, il faut trois onces d'organsin, & les autres à pro-

portion. Pour faire un beau velours qui ne peluche & n'éfiloque point, il faut un organsin d'une bonne nature.

On peut employer des organsins de Piémont montés à trois bouts, en ne mettant que deux fils dans la boucle pour les trois poils, lesquels doivent toujours peser demi-once l'aune.

La trame belle & nette, la trame Sainte-Lucie premiere forte ou celle d'Espagne est la meilleure ; il doit en entrer demi-once par aune.

Remisse de six lisses pour la toile, de dix portées chacune.

Remisses de deux lisses à colisse pour le poil, de dix portées chacune.

Dans le remisse de six lisses pour la toile, les fils de la chaine sont passés dans la maille comme le fil A C dans la maille B de la *fig.* 2. Planche LXIX.

Peigne de vingt portées ou huit cent dents, six fils de toile & deux fils de poil dans chaque dent.

Maniere dont on fabrique les velours à Genes.

La toile est composée de soixante-trois portées de quatre-vingt fils chacune ; le poil est composé de quarante-deux portées d'organsin à trois bouts, à deux fils par boucle pour les trois poils, & à quatre bouts pour les quatre poils à deux fils par boucle ; la premiere navette est en soie grèze à un bout, suivant la grosseur du brin ; la deuxieme navette est d'une trame double & tordue au moulin ; le peigne a huit cent quarante dents, six fils de piece & deux de poil par dent.

Peluches unies.

2. Les peluches different des velours en ce qu'au-lieu de fers de coupé, on emploie de petites tringles de bois, qui ont une rainure comme les fers & servent au même usage.

Les peluches ordinaires ont en largeur onze vingt-quatriemes d'aune entre les deux lisieres.

La chaine principale appellée *toile*, est composée de quarante portées simples d'organsin à deux bouts, pesant environ quinze à dix-huit deniers l'aune.

Le poil dix portées simples, même organsin que la toile, ou un peu plus fin, si l'on ne la veut pas si fournie en poil. Il faut ourdir depuis quatre aunes jusqu'à six aunes de poil pour faire une aune de peluche : c'est suivant la hauteur des fers.

Remisse de quatre lisses pour la toile de dix portées chacune.

Dans le remisse de quatre lisses pour la toile, les fils de la chaine sont passés dans la maille comme le fil A C dans la maille B, *fig.* 2. Planche LXIX.

Remisse d'une lisse pour le poil de dix portées.

Peigne de vingt portées ou huit cent dents, quatre fils de toile & un fil de poil chaque dent.

PLANCHE CVII, *signée p p p.*

Velours frisé, fond satin sans cantre, monté sur trois ensouples.

La largeur de cette étoffe est de onze vingt-quatriemes d'aune entre les deux lisieres.

La chaine principale est de quatre-vingt portées simples pour le satin pesant une once.

La seconde chaine est de quarante portées simples pour le taffetas pesant douze deniers.

La troisieme chaine ou le poil pour faire le frisé qui s'emboit de trois aunes pour une, vingt portées doubles pesant les trois aunes, une once douze deniers.

Trame nette & égale, deux onces ; en tout dans l'aune cinq onces.

Remisse de cinq lisses pour le satin de seize portées chacune.

Remisse de quatre lisses pour le taffetas de dix portées chacune.

Dans le remisse de cinq lisses pour le satin, les fils de la premiere chaine sont passés dans la maille comme le fil A C dans la maille B, *fig.* 2. Planche LXIX.

Dans le remiffe de quatre liffes pour le taffetas, les fils de la feconde chaine font de même paffés dans la maille.

Remiffe de deux liffes pour lever le poil, de dix portées chacune.

Remiffe de deux liffes pour rabattre le poil, de dix portées chacune.

Dans le premier des deux remiffes de deux liffes pour le poil, les fils font paffés fur la maille comme le fil A C fur la maille B, *fig.* 3. Planche LXVIII.

Dans le fecond remiffe pour le poil, les fils font paffés fous la maille comme le fil A C fous la maille B, *fig.* 2. même Planche.

Peigne d'acier de vingt portées ou huit cent dents.

De la premiere chaine, huit fils.

De la feconde, quatre fils.

Du poil, deux fils.

Quatorze fils dans chaque dent.

PLANCHE CVIII, *fignée q q q.*

Velours frifé, coupé, fond fatin 1000 *roquetins.*

Cette étoffe porte en largeur onze vingt-quatriemes d'aune entre les deux lifieres.

La chaine contient foixante-quinze portées fimples d'organfin à trois bouts pefant l'aune deux onces.

Le poil eft à trois ou quatre bouts d'organfin fur chaque roquetin pour faire le velours.

Il en faut trois aunes & demie pour en faire une. Les trois aunes & demie pour les mille roquetins doivent pefer quatre onces fix deniers.

Trame fermette & égale, deux onces dix-huit deniers; en tout l'aune doit pefer neuf onces.

La chaine eft lardée à travers le corps, & n'eft point paffée dans les maillons, il n'y a que les roquetins.

Remiffe de cinq liffes de quinze portées chacune pour le fatin.

Dans le remiffe de cinq liffes pour le fatin, les fils de la chaine ou toile font paffés dans la maille comme le fil A C dans la maille B, *fig.* 2. Planche LXIX.

Remiffe de deux liffes de fix portées un quart chacune pour lever les roquetins.

Remiffe de deux liffes de fix portées un quart chacune pour rabattre les roquetins.

Dans le remiffe de deux liffes pour le poil des roquetins, les fils font paffés fur la maille comme le fil A C fur la maille B, *fig.* 3. Planche LXVIII.

Dans le remiffe de deux liffes pour le rabat, les mêmes fils de roquetins font paffés deffous la maille comme le fil A C fous la maille B, *fig.* 2. de la même Planche.

Peigne d'acier de douze portées & demie ou cinq cent dents.

Douze fils de piece ou chaine & deux fils de poil des roquetins, font par dent quatorze fils.

PLANCHE CIX, *fignée r r r.*

Velours frifé, coupé, fond fatin, 1600 *roquetins.*

Cette étoffe porte auffi en largeur onze vingt-quatriemes d'aune entre les deux lifieres.

La chaine eft de quatre-vingt portées fimples d'organfin à trois bouts, pefant l'aune deux onces. Il y a trois bouts organfin fur chaque roquetin; il faut quatre aunes de poil pour faire une aune de velours : les quatre aunes doivent pefer quatre onces douze deniers.

Trame de Pays, feconde forte égale, une once dix-huit deniers; en tout l'aune pefe huit onces fix deniers.

Remiffe de cinq liffes de feize portées chacune pour le fatin qui n'eft point paffé dans le corps.

Dans le remiffe de cinq liffes pour le fatin, les fils de la chaine y font paffés comme le fil A C l'eft dans la maille B, *fig.* 2. Planche LXIX.

Remiffe de deux liffes de dix portées chacune pour lever les fils des roquetins.

Remiffe de deux liffes de dix portées chacune pour rabattre les roquetins.

Dans le premier remiffe de deux liffes pour les roquetins, leurs fils font paffés fur la maille comme le fil A C fur la maille B, *fig.* 3. Planche LXVIII.

Dans le fecond remiffe pour rabattre les fils des roquetins, les fils font paffés fous la maille comme le fil A C fous la maille B, *fig.* 2. de la même Planche.

Peigne d'acier de vingt portées ou huit cent dents; huit fils de piece & deux fils de poil dans chaque dent font dix fils.

PLANCHE CX, *fignée s s s.*

Velours frifé, coupé, fond or.

Cette étoffe, la plus riche de toutes, porte en largeur onze vingt-quatriemes d'aune.

La chaine principale eft de cinquante portées fimples groffe foie, ou cinquante portées doubles foie moyenne, pefant l'aune une once dix-huit deniers.

La feconde chaine nommée *poil,* contient dix portées fimples auffi de groffe foie; elle fert pour le liage : l'aune pefe neuf deniers.

1000 roquetins d'organfin, quatre aunes pour une, les quatre aunes pefent quatre onces.

Trame pour le corps de l'étoffe, deuxieme forte, pefant l'aune environ deux onces.

Trame pour l'accompagnage de la dorure premiere forte, une once.

Dorure, or liffe, 7 S, pour l'aune, quatre onces douze deniers; en tout l'aune pefe treize onces quinze deniers.

Remiffe de quatre liffes pour la chaine principale de douze portées & demie chacune.

Dans ce remiffe les fils de la chaine font paffés fur la maille, comme le fil A C fur la maille B, *fig.* 3. Planche LXVIII.

Remiffe de quatre liffes pour le rabat de la chaine de douze portées & demie chacune.

Dans ce remiffe les mêmes fils de la chaine font paffés fous la maille, comme le fil A C fous la maille B, *fig.* 2. de la même Planche.

Remiffe de quatre liffes à grand coliffe pour le poil d'accompagnage de douze portées & demie chacune.

Dans ce remiffe, les fils de la feconde enfouple y font paffés deffus & deffous la maille.

Remiffe de deux liffes baffes pour les fils des roquetins, de douze portées & demie chacune.

Dans ce remiffe les fils qui viennent des roquetins font paffés fur la maille, comme le fil A C fur la maille B, *fig.* 3. Planche LXVIII.

Remiffe de deux liffes hautes pour le rabat des fils des roquetins, de douze portées & demie chacune.

Dans ce remiffe les fils font paffés fous la maille, comme le fil A C fous la maille B, *fig.* 2. de la même Planche.

Peigne d'acier de douze portées & demie ou cinq cent dents; dans chaque dent huit fils de chaine, deux fils de poil, deux roquetins, en tout douze fils.

Les roquetins doivent être montés à trois ou à quatre bouts d'organfin, pourvu qu'ils n'excedent pas le poids de quatre onces; les quatre aunes en mille roquetins : ces quatre aunes ne font qu'une aune d'étoffe.

PLANCHE CXI, *fignée t t t.*

Cette Planche contient deux fortes d'efcalettes, les efpolins & la navette.

Fig. 1. Efcalette fervant à contenir les cordes du fample & le deffein lorfqu'on en a fait la lecture. A B, la principale piece de l'efcalette, dans chacune des entailles de laquelle on place autant de cordes du fample qu'il y a de rangs de carreaux fur la largeur de chaque divifion du deffein : ainfi le deffein étant fur du papier de huit en dix, par exemple, on placera huit cordes du fample prifes de fuite dans chacune des entailles de l'efcalette. A C, regle qui s'applique fur le corps de l'efcalette pour enfermer les cordes dans les entailles. A D, autre regle qui s'applique fur la premiere; c'eft entre ces deux

regles

regles qu'on place le deffein. *a*, cheville pour fixer les trois pieces enfemble.

Fig. 2. Efcalette double fervant auffi à lire les deffeins. Elle eft compofée de quatre pieces. A B, la piece coudée extérieure qui renferme celle qui a des entailles des deux côtés. Au-devant de cette piece font deux regles fixées par les chevilles ou vis *a* & *b* ; c'eft entre ces deux dernieres pieces que le deffein doit être placé.

3. Partie de la piece coudée de l'efcalette vue en perfpective. A, coude de la piece : il y en a un femblable du côté de B, qui n'a pu être repréfenté à caufe du peu de largeur de la Planche. *a*, trou pour recevoir la cheville. 1 & 2, rainure horifontale qui reçoit le tenon de la piece fuivante.

4. La piece entaillée de l'efcalette. 1 & 2, tenon qui entre dans la rainure de la figure précédente. C, D, entailles d'un côté de l'efcalette. E, F, G, H, I, K, L, M, N, féparations des entailles dans lefquelles les cordes du fample font placées lors de la lecture du deffein.

5. O P, partie d'une des deux regles qui s'appliquent à la face des entailles.

6. Efpolin garni de fon canon chargé de foie. E G, le corps de l'efpolin qui eft de buis. F, trou garni d'un anneau de verre par lequel fort le fil dont le tuyau eft chargé. H I, le canon fur lequel eft la foie qui fert de trame pour le broché, ou le fil d'or ou d'argent, fi on broche avec ces matieres.

7. Efpolin double. A E, le corps de l'efpolin. B & D, les trous ou yeux par lefquels les foies fortent. C, féparation des deux cafes, dans chacune defquelles il y a un canon. *a b*, axe ou effieu des canons, garni de deux brins de baleine ou de plume 1 & 2, liées avec un fil au point *b*. Ces barbes de plumes frottent en dedans du canon, & empêchent qu'il ne tourne trop librement.

8. Navette vue en perfpective & garnie d'un tuyau revêtu de trame. A B, le corps de la navette qui eft de buis, & eft d'environ un tiers plus long que la figure ne le repréfente, la largeur du format n'ayant pas permis de lui donner plus d'étendue. F, trou garni d'un œil de verre, par lequel fort la trame du tuyau. A *a*, B *b*, pointes de fer aux extrémités de la navette : au-deffous en *a b* eft le profil de la navette.

PLANCHE CXII, *fignée u u u.*

Rouet à canettes vu du côté de la manivelle & accompagné du gec fur lequel paffe la foie qui vient du volant.

Fig. 1. Le rouet à canettes vu en perfpective. A B, C D, les patins du pié affemblés par une entre-toife E F, & foutenus par quatre boules *a* & *c*. F G, les deux montants. En G eft la tête de la vis qui fert à remonter la roue inférieure. H, roue fupérieure. O, la manivelle par laquelle on la met en mouvement. K, broche. K L M, le fil qui paffe fur le gec & vient du volant M. N, vis qui fert à bander la corde fans fin de la feconde roue, comme la vis G fert à bander la corde de la premiere ; au-devant eft la tablette fur laquelle l'ouvriere pofe les canons & les tuyaux vuides & chargés. O P, volant dégarni de foie. P Q R, fil de foie qui vient du volant S T V.

2. Partie du montant K de la figure premiere vu du côté de la broche. *a b*, la broche. *c*, *d*, les deux poupées faites de nerf de bœuf. *e*, bobine fur laquelle paffe la corde de boyau de la feconde roue du rouet.

3. La broche repréfentée féparément & garnie du tuyau *c d*.

4. *e f*, tuyau de rofeau, vuide. *f g*, le même tuyau chargé de foie ; c'eft en cet état qu'il prend le nom de *canette*.

5. *h i*, canon vuide ; à côté eft le même canon chargé de foie.

PLANCHE CXIII, *fignée x x x.*

Développement du rouet à canettes, & le rouet fervant à garnir les volans.

Fig. 1. Elévation géométrale du rouet vu du côté des roues. A B, le patin. *a* & *b* les boules. H, premiere roue. I, feconde roue fur la noix de laquelle paffe la corde fans fin de la premiere roue, dont la manivelle eft indiquée par la lettre O. G, vis qui fert à lever l'étrier de la premiere roue.

2. Coupe horifontale des deux montans où on voit les rainures dans lefquelles coulent les côtés de l'étrier.

3. L'étrier qui fert à remonter ou defcendre la feconde roue I. *g i*, *g i*, les côtés de l'étrier qui coulent dans les rainures des montans. En *g* eft un trou taraudé qui reçoit la vis G de la *fig.* 1. & en *i*, *i* font les trous qui reçoivent les tourillons de l'axe de la roue I.

4. Le gec vu en perfpective & en face. *a b c d*, pié du gec, ou jet, foutenu par quatre boules. *e f*, *g h*, les deux montans. *f g*, traverfe arrondie en-deffus, fur laquelle eft attaché un canon ou baguette de verre fur laquelle paffe la foie que l'on devide de deffus les volans. *i k* ou *l m*, broches de fil-de-fer fur lefquelles on enfile les rochets garnis de la foie que l'on veut devider.

5. Le rouet fervant à garnir les volans.

PLANCHE CXIV, *fignée y y y.*

Cette Planche contient trois fortes de tempia, favoir le tempia à corde, celui à bouton, & celui à vis.

Le tempia, ainfi qu'on nomme cet inftrument à Lyon, fert à l'ouvrier pour tenir l'étoffe étendue en largeur ; pour cela on pique les pointes dont ces extrémités font garnies, dans les lifieres de l'étoffe, ce qui les écarte l'une de l'autre, autant que le tempia a d'étendue ; fans cette précaution les différentes duittes de la trame auroient bien-tôt refferré la chaine de l'étoffe au point que le peigne ne pourroit plus enfoncer autant qu'il eft néceffaire, les duittes fuivantes.

Fig. 1. Tempia à corde. A B C, D E F, les deux parties du tempia entiérement femblables l'une à l'autre. A B & E F, les pointes qui doivent entrer dans la lifiere de l'étoffe ; elles font recouvertes par une petite plaque de fer ou de cuivre de maniere à ne point paroître lorfque le tempia eft en place, ou bien on réferve au bois dont cette machine eft faite une petite faillie qui recouvre les pointes, comme on le voit en *b* & en *f*, dans la figure qui eft au-deffus. Il faut imaginer la même faillie à toutes les autres figures de la Planche. H, I, K, L, M, N, O, différentes dents fur lefquelles paffent les révolutions d'une corde fans-fin, qui avec les dentelures forme une efpece de crémaillere, au moyen de laquelle on alonge ou on accourcit le tempia. G, tourniquet fixé à une des pieces par le moyen d'une vis ; on tourne ce tourniquet comme la figure le repréfente, après que les pointes des extrémités du tempia font fichées dans les deux lifieres, & qu'on a abaiffé fur l'étoffe les extrémités. C & D, les deux pieces qui compofent le tempia.

2. Tempia à bouton vu en plàn du côté oppofé à celui qui s'applique à l'étoffe. A B C D, la piece à queue. G L M K, la piece à fourchette. F, bouton qui coule à rainure & languette entre les deux côtés de la fourchette pour fe placer fur l'extrémité E de la piece à queue C D, après que les pointes des deux pieces font entrées dans les lifieres, & que la queue D a été abattue dans la fente de la fourchette. I K, cheville fervant de charniere aux deux pieces. On peut alonger ou accourcir le tempia, felon qu'on place cette cheville dans l'un ou l'autre des trous des deux pieces que l'on voit dans la figure fuivante.

3. Le même tempia en perfpective. Les mêmes lettres defignent les mêmes objets.

I

Fig. 4. Tempia à vis vu en plan.

5. Le même tempia vu en perspective.

6. Bascule & vis de ce tempia. *a b*, piece de fer dans laquelle en *b* est pratiqué l'écrou qui reçoit la vis *c d* de la bascule. *d*, trou de la charniere. *e*, couvercle de l'ouverture par laquelle on fait entrer le bouton. *f*, extrêmité de la bascule sur laquelle vient reposer le bouton comme dans la *fig.* 3. *g*, élévation du bouton. *h*, coupe ou profil du tempia, entre le couvercle E & le bouton F des *fig.* 4. & 5. espace où sont pratiquées les rainures qui reçoivent les languettes inférieures du bouton.

P L A N C H E CXV, *signée* ʒʒʒ.

Différens outils & la maniere de tordre une nouvelle chaîne à la suite d'une piece qui est prête à finir.

Fig. 1. Forces servant à couper.

2. Passette pour passer les soies dans les maillons.

3. Passette pour passer les soies en peigne.

4. Epluchoir.

5. Pinces.

6. Maniere de joindre une nouvelle chaine à une autre prête à finir, ce qu'on nomme *tordre.* AB, enver-geure de la piece qui finit. CD, envergeure de la nouvelle piece, l'une & l'autre par fils; les deux chaines sont nouées ensemble, comme on voit au-dessous de E; l'opération de tordre se fait en joignant les fils d'une des chaines à ceux de l'autre un à un; pour cela on prend avec deux doigts de la main gauche un fil de chacune des chaines, on les éleve comme on voit en E en les tordant l'un sur l'autre, on les détache du nœud total des deux chaines; alors achevant de tordre de la main droite, on les couche le long du fil de la nouvelle chaine sur lequel on tord l'extrêmité des deux fils.

Fig. 7. A, les fils tordus l'un sur l'autre par la main gauche. B, les mêmes fils tordus par la main droite sur le fil de la nouvelle piece.

8. La main gauche tordant deux fils des deux chaines, un de chacune.

9. La main droite tordant le doublage précédent sur le fil de la nouvelle chaine, qui peut, après que tous les fils sont tordus, passer à-travers le corps, le remisse, le peigne, pour prendre la place de la chaine employée à la fabrication de la piece d'étoffe qui vient de finir, à laquelle la nouvelle chaine sert de continuation.

C I N Q U I E M E S E C T I O N,

Contenant la maniere de chiner la chaîne de certaines Etoffes ; les différens nœuds en usage dans la Fabrique ; la maniere de faire les lisses. Les calendres & autres machines servant à apprêter les Etoffes, après qu'elles sont fabriquées.

P L A N C H E CXVI, *signée* a a a a.

Maniere de chiner la chaîne des étoffes, & développement de l'établi sur lequel on fait les ligatures.

FIGURE 1. Ployage de la chaine sur l'asple. ABCDE, banque ou sellette de l'asple. GH, son axe, I, sa manivelle. L'axe ou arbre de l'asple est garni de pointes auxquelles on accroche les différentes portées de la chaine. K L, rateau pour guider la chaine sur l'asple. M, lanterne sur laquelle la chaine est roulée. *a b*, *c d*, les patins du porte-lanterne. *e*, *f*, les montans qui la supportent. N, quarré où étoit une manivelle lorsqu'on a relevé la chaine de dessus l'ourdissoir. Après que la chaine est relevée par partie de dessus l'asple, on porte les différens écheveaux qui la composent sur la machine suivante, pour en faire les ligatures.

2. Etabli pour les ligatures des écheveaux des chaines chinées. ABCD, la table garnie de rebords. *a b c d*, les piés assemblés par des traverses. Le long des deux grands côtés de la table; il y a une coulisse dans laquelle coule le porte-bobine mobile. F, bobine fixe qui n'a que le mouvement de rotation. G, bobine mobile qui peut, outre le mouvement de rotation, s'approcher ou s'éloigner de l'autre bobine: c'est sur ces deux bobines qu'on place un des écheveaux de la chaine, on renferme dans des rouleaux de papier, ensuite recouverts de parchemin, & liés par les deux bouts, les parties de cet écheveau qui ne doivent point prendre la teinture, observant les longueurs convenables au dessein qu'on veut former.

3. Profil de l'établi. C & D, les rainures; la premiere est occupée par le porte-bobine, la seconde est vuide.

4. Le porte-bobine qui doit entrer dans la rainure D de la figure précédente.

5. Le porte-bobine vu en perspective. G, la broche sur laquelle tourne la bobine.

6. Bobine vue en perspective.

7. Citée 17. à l'article CHINER DES ETOFFES, dans l'Encyclopédie, dessein proposé à exécuter en velours chiné.

8. Anamorphose du dessein précédent, rendue six fois plus longue à cause que le poil du velours pro-posé s'emboit six fois plus que la chaine, en sorte qu'il faut six aunes de poil pour faire une aune de velours.

P L A N C H E CXVII, *signée* b b b b.

Maniere de chiner la chaîne des siamoises pour meubles, des taffetas, ou autres étoffes.

Fig. 1. Echantillon de siamoise chiné en une seule couleur, à deux nuances. Cette étoffe est rayée par bandes: les unes comme CD, de la couleur qui fait le fond de l'étoffe, qui dans l'exemple est jaune; les autres bandes comme B *b*, F *f* sont blanches & chinées de bleu. A *a*, A *a*, partie de la chaine qui est restée découverte pour prendre la teinture de la nuance foncée, ainsi qu'il est marqué par la bande de parchemin, *fig.* 2. où les lettres A, *a*, A A, *a a* marquent les endroits où il faut faire les ligatures qui fixent les rouleaux de papier sur les parties de la chaine qui doivent être réservées en blanc. E *e*, E *e* partie de la chaine de la seconde rayure, nuance foncée qui a été recouverte par les rouleaux de papier; les points E *e* répondent aux points A & *a a de la fig.* 2.

B *b*, partie de la chaine qui est restée découverte pour recevoir la teinture de la nuance claire. Cette partie répond à une des divisions B *b* ou B B *b b* de la bande de perchemin, *fig.* 3. où les lettres *b*, B: *b b*, B B marquent les endroits où il faut faire les ligatures des rouleaux de papier qui enveloppent la chaine. F *f*, partie de la chaine de la seconde rayure, nuance claire, qui a été recouverte; les points F & *f* répondent aux points B & *b b* de la *fig.* 3.

2. Bande sur laquelle on a pris les mesures de la longueur & de la distance de la nuance foncée, pour être transportée le long de l'écheveau, *fig.* 2. de la Planche précédente, & faire par ce moyen connoître les endroits qu'il faut couvrir & ceux où il faut faire les ligatures. On observera que la longueur des bandes doit être contenue exactement dans la circonférence de l'écheveau.

3. Bande pour la seconde nuance.

4. Echantillon de taffetas chiné en plusieurs couleurs.

C'est, dans l'exemple, le rouge & le verd. Le rouge qui a deux nuances est indiqué par la teinte foncée. A G, partie du milieu du deſſein ; les parties A B, E F ſont rouges, & les parties B C, D E, F G, ſont vertes. Les longueurs des premieres qui ſont de deux nuances, & le lieu des ligatures, ſont indiqués par les mêmes lettres A B, E F, *e f*, de la *fig.* 7. & les longueurs des ſecondes le ſont par les lettres B C, D E, F G, de la *fig.* 6.

Le compartiment ou diviſion des deux couleurs des bandes collatérales K *k*, I *i*, H *h*, eſt indiqué par les bandes *fig.* 5. & *fig.* 8. La premiere fait connoître par les lettres H L, O *h*, les parties de la chaine qui doivent être teintes en verd ; & la ſeconde marque par les lettres L M, N O, les parties de la même chaine qui doivent être teintes en rouge.

Fig. 5, 6, 7 & 8. Les bandes des différentes couleurs, pour indiquer les endroits de la chaine qu'il faut couvrir & le lieu des ligatures.

PLANCHE CXVIII, *ſignée c c c c.*

Cette Planche & les quatre ſuivantes, contiennent la formation des différens nœuds en uſage dans la fabrique des étoffes, ſoit pour réunir les parties de la ſoie, ou pour les différens cordages & agrêts du métier. Dans toutes les figures où on repréſentera la réunion de deux fils ou de deux cordages, la lettre G indiquera celui qui eſt tenu par la main gauche, la lettre *g* le bout qu'il faut nouer : de même, les lettres D & *d* indiqueront le fil & ſon extrêmité pour la main droite.

Fig. 1. Premier tems de la formation du nœud plat. G *g*, la ſoie, fil, ficelle ou corde, tenue en G par la main gauche. *g*, bout du fil. D *d*, la ſoie, fil, ficelle ou corde, tenue par la main droite. D *d*, le bout du fil. On a eu attention de ne point faire cabler le premier fil, pour le mieux diſtinguer du ſecond dans ſes différentes circonvolutions. Le premier tems de la formation de ce nœud conſiſte à poſer en croix le fil de la main gauche ſur celui de la main droite.

2. Le ſecond tems conſiſte à faire paſſer le bout *g* du fil gauche par-deſſous le fil D de la main droite, ou, ce qui revient au même, le fil *d* de la main droite par deſſus le fil G de la gauche.

3. Troiſieme tems. Il faut mettre le bout du fil gauche *g* ſur le bout du fil droit *d*, de maniere qu'ils ſe croiſent.

4. Quatrieme tems de la formation du nœud plat. Il faut tenir de la main gauche le bout *g* du fil de cette main, & faire paſſer le bout *d* dans la boucle du fil gauche ; il faut enſuite ſerrer en tirant chaque fil de ſon côté.

5. Premier tems de la formation du nœud à l'ongle. Il conſiſte à poſer le fil de la main droite D *d*, ſur le fil de la main gauche, en ſorte que les deux bouts *d* & *g* ſoient vers la droite.

6. Second tems. Il faut faire repaſſer le fil de la droite par deſſous celui de la gauche ; ils ſont arrêtés en cet état par le pouce & le premier doigt de cette main.

7. Troiſieme tems. Il conſiſte à ramener le fil D de la droite dans la fourche que forment les bouts *d* & *g* des deux fils.

8. Quatrieme & dernier tems de la formation du nœud à l'ongle. Il faut faire repaſſer le bout *g* du fil gauche dans la boucle du fil de la droite, & ſerrer enſuite en tirant les fils D & G chacun de leur côté.

9. Les deux derniers tems de la formation du nœud nommé *à l'ongle double*. Les trois premiers tems étant les mêmes que pour le nœud précédent, il conſiſte à faire paſſer le fil gauche *g* ſous le fil droit.

10. Dernier tems de la formation du nœud à l'ongle double. Il faut faire paſſer le bout *g* du fil gauche dans la boucle du fil droit, & ſerrer enſuite.

PLANCHE CXIX, *ſignée d d d d.*

Cette Planche contient la formation de deux nœuds d'un uſage fréquent dans la fabrique, ſavoir le nœud tirant & le nœud coulant, en cinq tems chacun.

Fig. 1. Premier tems de la formation du nœud tirant. Il faut diſpoſer parallelement les deux bouts de la ficelle qu'on veut réunir.

2. Second tems de la formation du même nœud. Il conſiſte à former vers la gauche une boucle avec le bout *g* du fil de la gauche paſſé en-deſſus.

3. Troiſieme tems. Il conſiſte à faire paſſer en-deſſous le bout *g* du fil gauche dans la boucle qu'il a formée, de maniere qu'il embraſſe en-deſſous le fil de la droite.

4. Quatrieme tems. Il faut ramener en-deſſus le fil *d* de la droite & former une boucle.

5. Cinquieme tems. Il faut faire paſſer le bout *d* par-deſſous le fil de la gauche & le faire entrer dans la boucle que le même fil a formée, ſerrer enſuite.

Les cinq figures ſuivantes repréſentent la formation du nœud coulant fait à un bout d'une ſeule ficelle ; le bout de la ficelle ſera indiqué par la lettre B, & ſa longueur par la lettre F.

6. Premier tems de la formation du nœud coulant. Il faut, avec le bout B, former un anneau.

7. Second tems. Il faut faire paſſer le bout B dans l'anneau.

8. Troiſieme tems. Faire repaſſer le même bout B dans l'anneau, en réſervant une boucle vers le bas.

9. Quatrieme tems. Faire avec le bout B un tour autour de la corde F, & ramener le bout par-deſſous lui-même.

10. Le nœud entiérement achevé & dont toutes les circonvolutions ſont ſerrées ſur elles-mêmes.

PLANCHE CXX, *ſignée e e e e.*

Formation du nœud coulant à boucle & du nœud coulant ordinaire.

Ces deux nœuds ſe font à un bout d'une ſeule ficelle.

Fig. 1. Tems de la formation du nœud coulant à boucle. Il faut tourner le bout B ſur la ficelle F, de maniere à former un anneau.

2. Second tems. Faire paſſer le bout B dans l'anneau formé au tems précédent.

3. Troiſieme tems. Former une boucle en paſſant le bout ſous la ficelle.

4. Quatrieme tems. Ramener en-deſſus le bout B de la ficelle pour former un anneau autour d'elle.

5. Cinquieme tems. Faire paſſer le bout & le nœud qui le termine dans l'anneau formé au tems précédent, ſerrer enſuite cet anneau ſur la ficelle reſervant la boucle. Ce nœud a cela de commode qu'en tirant la ficelle F, il ſe défait entiérement.

6. Premier tems de la formation du nœud coulant ordinaire. Il faut faire une boucle, le bout B paſſant ſous la ficelle F.

7. Second tems de la formation du même nœud. Il faut entourer la ficelle avec le bout B en paſſant par-deſſus.

8. Troiſieme tems. Ramener le bout B par-deſſous & le faire paſſer dans l'anneau formé au tems précédent.

9. Quatrieme tems. Ramener encore le bout B autour de la ficelle F, & le faire repaſſer dans le même anneau. Il faut enſuite ſerrer le tout, en réſervant la boucle.

PLANCHE CXXI, *ſignée f f f f.*

Cette Planche contient la formation des nœuds à petites & à grandes queues. Ces nœuds ſe font pour réunir deux parties ſéparées ; c'eſt la raiſon pour laquelle on a coté des lettres D & *d* : G & *g*, les deux fils ou ficelles pour les diſtinguer en droite & gauche. Un des deux fils a auſſi été reſervé liſſe, l'autre étant cablé, pour qu'il fût plus aiſé de les reconnoître.

Fig. 1. Premier tems. Les deux bouts de fils placés parallelement entr'eux. G, le fil à gauche. D, le fil à droite longs de ce côté, d'une grandeur arbitraire, *g* & *d*, les bouts du fil qu'il faut lier ensemble.

Fig. 2. Second tems. Il faut faire une boucle en ramenant les deux fils parallelement entr'eux par - deffus eux-mêmes.

3. Troisieme tems de la formation de ce nœud. Il faut faire paffer les deux queues *g* & *d* par - dedans la boucle formée au fecond tems, & cela par-deffous les deux G & D que l'on veut lier ensemble, puis ferrer le nœud, qui alors eft achevé.

4. Premier tems de la formation du nœud à longues queues. Le fil de la main gauche G *g* doit être placé parallelement au fil *d* D de la main droite; on les a diftingués l'un de l'autre par la maniere dont ils font gravés.

5. Second tems de la formation de ce nœud. Il faut faire un anneau en-deffous avec le fil droit *d*, & un autre anneau en-deffus avec le fil gauche *g*.

6. Troisieme tems de la formation de ce nœud. Il faut paffer un des deux fils en entier dans les deux anneaux, & y paffer auffi le bout de l'autre fil; ainfi le fil droit D en entier & le petit bout *g* du fil gauche ont été tous deux paffés en-deffous dans les anneaux de la *fig.* 5.

7. Le nœud entierement achevé, dont les différentes circonvolutions ont été ferrées les unes contre les autres.

PLANCHE CXXII, *fignée* gggg.

Cette Planche contient la formation du nœud par le-quel les cordes du fample ou celles du rame font atta-chées à leur bâton, le nœud de la charrue & celui à cré-maillere.

Fig. 1. Corde de rame ou de fample ployée en deux; la longueur totale eft d'environ vingt piés, ce qui donne dix piés pour la longueur des branches B A, B C.

2. Second tems de la formation de ce nœud. Il faut relever l'anfe pour former une boucle dont la partie fupérieure s'applique aux deux branches réunies.

3. Troisieme tems. Il faut joindre enfemble les deux côtés de la boucle.

4. Quatrieme tems. Il faut relever cette boucle & l'appliquer aux deux branches ou cordons.

5. Cinquieme tems. Il faut tirer les cordons par l'ou-verture de la boucle, pour en former une autre. C'eft dans cette nouvelle boucle que doit paffer le bâton du rame, ou celui du fample. On ferre en-fuite cette boucle fur le bâton, & le nœud eft achevé.

Le nœud fuivant, nommé *le nœud de la charrue*, fert, au-lieu de celui dont nous venons de décrire la formation, pour attacher une corde foit au rame, foit au fample, & remplacer par ce moyen celles qu'un long fervice ou d'autres caufes ont fait rompre.

6. Premier tems de la formation de ce nœud. Tenez le bout G de la main gauche, formez une boucle en-deffous du bout de la corde.

7. Second tems. Formez une feconde boucle encore en-deffous de la corde, ce qui fe fait en la tour-nant ou tordant fur elle-même après avoir formé une anfe.

8. Le nœud achevé, dans les deux boucles duquel paffe un bâton A B, qu'on peut également fuppo-fer être celui du fample ou celui du rame décrits ci-devant.

9. Nœud à crémaillere. Ce nœud eft d'une grande commodité pour pouvoir élever ou abaiffer à volonté, & de la quantité qu'on veut, ce qui y eft fufpendu; auffi il eft employé fréquemment dans la fabrique. A, partie de la corde qui eft atta-chée à un point fixe. B, nœud pour former une boucle D; ce nœud eft de l'efpece de celui repré-fenté par la *fig.* 3. de la Planche précédente; l'au-tre partie de la corde après avoir defcendu en C pour former une boucle, remonte paffer dans la

boucle D; de-là elle defcend en E, où elle forme une troifieme boucle, remonte enfuite & paffe dans l'anfe ou boucle C, redefcend enfuite en F, où le bout eft arrêté par un nœud coulant de l'ef-pece de celui repréfenté au bas de la Planche CXIX. Il réfulte de cette difpofition de la corde que l'extrémité inférieure E peut s'approcher ou s'éloigner du nœud B, felon qu'on fait couler la partie du milieu C D d'un fens ou de l'autre dans les boucles où elle eft paffée.

PLANCHE CXXIII, *fignée* h h h h.

Fabrication des liffes & le liffoir en perfpective.

La vignette repréfente l'intérieur d'une chambre & deux ouvrieres occupées à fabriquer une liffe à nœud.

Fig. 1. Ouvriere, qui après avoir formé le nœud près la barre de bois du milieu, arrête le fil près de la barre qui eft de fon côté à la ficelle ou crête de la liffe, par l'opération que l'on nomme *natter*, que l'on trouvera repréfentée dans les Planches fuivantes; la corde fur laquelle elle natte le fil de liffe chargé fur le rochet ou bobine qu'elle tient de la main droite eft attachée d'un bout à une des chevilles des barres du liffoir, & de l'autre paffe fur un des chevalets, d'où elle eft tirée en-bas par le poids dont elle eft chargée, comme on le voit dans la vignette.

2. Seconde ouvriere qui préfente les mailles du bas des liffes à la premiere; elle tient de la main gau-che plufieurs mailles; elle choifit de la main droite celle qu'il faut préfenter ouverte, obfervant de les prendre de fuite comme elles ont été fabriquées.

Pour former le bas des liffes, il ne faut qu'une feule ouvriere.

Bas de la Planche.

3. Lifferon d'en-haut des liffes.

4. Lifferon d'en-bas des liffes; on voit vers les extrê-mités de l'un & de l'autre les entailles qui fervent à arrêter la ficelle ou crête des mailles fupérieures & inférieures, pour qu'elles foient étendues & larges comme elles doivent l'être.

5. Le liffoir vu en perfpective difpofé comme il con-vient qu'il foit pour fabriquer le bas des liffes. L'ourdiffoir eft compofé d'une banque E F *e f*, de quatre piés & demi de long fur un pié de large & deux pouces d'épaiffeur, entourée des quatre côtés d'un rebord d'un pouce de haut; cette banque eft foutenue, à quinze pouces de hauteur, par quatre piés A, C, *a*, *c*, affemblés l'un à l'autre par des traverfes, qui le font elles-mêmes par une autre traverfe D *d*.

Sur la banque s'élevent quatre piliers G, H, *g*, *h*, qui foutiennent, à dix ou onze pouces d'élé-vation, les deux couliffes I K, *i k*; c'eft dans les rainures de ces deux pieces que coulent les regles B *b*, M *m*, H *h*, que l'on peut approcher & éloi-gner l'une de l'autre à volonté, & fixer où on veut, parallelement entr'elles, par les chevilles de fer qui traverfent les rainures des couliffes & l'extrêmité des regles.

PLANCHE CXXIV, *fignée* i i i i.

Développemens du liffoir.

Fig. 6. Le liffoir vu en plan. E F *e f*, la banque de qua-tre piés & demi de long fur un pié de large. I K, *i k*, les deux couliffes, de deux piés de long & trois pouces de large chacune, percée d'une vin-gtaine de trous à diftances égales, pour pouvoir fixer les trois regles où on veut. B *b*, regle qui doit être enfilée dans les mailles du bas des liffes. H *h*, regle qui doit être renfermée dans les mailles du haut des liffes à mefure qu'on les forme. M *m*, troifieme regle qui fert à différens ufages, comme on le verra dans la fuite.

Fig. 7.

Fig. 7. Coupe du liſſoir par le milieu de ſa longueur. E F, la banque d'un pié de large & deux pouces d'épaiſſeur. A C, les piés. D, coupe de la longue traverſe. G & H, deux des quatre porte - couliſſes ou piliers d'en-haut arrêtés ſur la banque par des clés qui traverſent leurs queues. I K, la couliſſe. B, M, H, coupe des trois regles.

8. Elévation géométrale du devant du liſſoir. A *a*, les piés. D *d*, longue traverſe. E *e*, banque. G *g*, les porte-couliſſes. I *i*, les couliſſes, dans les rainures deſquelles on voit une des trois regles.

PLANCHE CXXV, *ſignée k k k k.*

Formation du bas des liſſes & maniere de natter.

Fig. 1. Formation des mailles du bas des liſſes. M M, partie de la barre du milieu du liſſoir. B B, partie de la barre du bas des liſſes ; l'une & l'autre deſſinées ſur une largeur moitié moindre que celle qu'elles ont effectivement. *c* 1, *d* 2, *e* 3, *f* 4, *g* 5, *h* 6, *i* 7, ſept mailles ſéparées les unes des autres entre *c*, *d*, *e*, *f*, *g*, *h*, *i*, par autant de tours du natter ſur la ficelle C O, qui a moins d'une ligne de diametre, mais qu'on a repréſentée ici beaucoup plus groſſe, ainſi que le fil de liſſe, pour mieux diſtinguer les circonvolutions du dernier autour de la ficelle.

Premier tems de la formation de la maille. De la main gauche il faut abaiſſer une boucle *k*, dans laquelle tous les doigts de cette main ſeront paſſés ; de la main droite, qui tient le rochet ſur lequel eſt le fil de liſſe, conduire ce rochet par-deſſus les deux regles B & M, le paſſer deſſous la regle M, le donner à la main gauche, & le tirer avec cette main. Son fil *l m n o*, formera la nouvelle maille *k* 8, qu'il faudra ſerrer auprès des précédentes autant que le natter qui les ſépare pourra le permettre.

2. Maniere de natter, *c* 1, *d* 2, *e* 3, *f* 4, *g* 5, *h* 6, *i* 7, 8, les mêmes mailles que dans la figure précédente. Pour natter il faut former de la main gauche une boucle K comme pour former la maille ; paſſer enſuite le rochet en *l* par deſſus la ficelle C O, le ramener en *m* par dedans la maille, & ſerrer du côté de *n o*. On natte ordinairement deux fois de ſuite, comme on le verra dans les Planches ſuivantes.

PLANCHE CXXVI, *ſignée l l l l.*

Maniere de former les liſſes à crochets.

Les mailles d'en-bas étant formées comme il eſt repréſenté dans la Planche précédente, on les placera le long de la regle B B, en *a b c d e f g h i*, &c. ayant enſuite placé la regle H H du haut des liſſes à la diſtance convenable, & l'ouvriere, *fig.* 2. de la vignette, étant placée du côté des lettres *a b c d e f g h i*, & la liſſeuſe, *fig.* 1. au-devant de la regle H H, elle procédera en cette ſorte à la formation des mailles.

Fig. 3. Premier tems de la formation de la maille. A 1 *a*, B 2 *b*, C 3 *c*, trois mailles complettes ſuivies de deux natter. Pour former la quatrieme maille, la liſſeuſe fera de la main gauche une boucle D, dans laquelle tous les doigts ſeront paſſés ; tenant de la main droite le rochet F, elle le conduira par deſſus la regle H H dans la maille *d* 4, qui lui eſt préſentée & tenue ouverte en E par la ſeconde ouvriere.

4. Second tems de la formation de la maille. La liſſeuſe paſſera le rochet qu'elle tient de la main droite dans la main gauche, qui le tirera par dedans la maille D, on ſerrera auprès des deux natter précédens, on nattera deux coups pour recommencer enſuite la maille ſuivante.

PLANCHE CXXVII, *ſignée m m m m.*

Cette Planche & la ſuivante appartiennent toutes deux à la fabrication des liſſes à nœuds.

N°. 6.

Fig. 1. Premier tems de la formation de la maille. A *u* 1 *a*, B *x* 2 *b*, C *y* 3 *c*, trois mailles complettes. Pour former la maille ſuivante, après deux natter, on formera de la main gauche une boucle D, dans laquelle cette main ſera paſſée. De la main droite la liſſeuſe portera le rochet chargé du fil à liſſe D E par deſſus la barre M M du milieu, & le paſſera dans la maille 4 que la ſeconde ouvriere lui préſente & tient ouverte ; après que le rochet aura paſſé dans la maille & deſſous la regle M M, il ſera reçu entre les doigts de la main gauche.

2. Second tems de la formation de la maille. La liſſeuſe ayant reçu le rochet dans ſa main gauche, elle le rendra à la main droite en retenant ſon fil pour former une boucle F. La main droite qui a reçu le rochet du côté de G, le fera paſſer par deſſus le fil D E dans la boucle F que retient la main gauche, pour être repris en I par cette même main, qui lâchera en même tems la boucle F.

PLANCHE CXXVIII, *ſignée n n n n.*

Fig. 3. Troiſieme tems de la formation de la maille. La main gauche qui tient le rochet le fera paſſer dans la maille D vers F. On ſerrera enſuite, & le nœud *ʒ* s'approchera de la barre du milieu M M & la boucle D de la corde à natter.

4. La maille précédente D *ʒ* 4 *h* entiérement achevée, & le commencement du premier des deux natter qui ſuit.

PLANCHE CXXIX, *ſignée o o o o.*

Liſſes à grand coliſſe.

Fig. 1. Le bas de ces liſſes ſe travaille ſur trois regles. B B, regle du bas de liſſes. M M, regle du milieu. *m m*, ſeconde regle du milieu.

Ces ſortes de liſſes ont alternativement une maille longue & une courte. A *a*, maille longue. B *b* maille courte. C *c*, maille longue. D *d*, maille courte ; les unes ſéparées des autres par deux natter ſur la ficelle O O.

2. Echantillon de liſſe à grand coliſſe entiérement achevé. Sa hauteur devroit être de ſeize pouces, mais la hauteur de la Planche ne l'a pas permis. O O, O O, les deux ficelles du haut & du bas de la liſſe. A *a*, maille longue du bas paſſée en *a* dans la maille 1 *a* du haut. B *b*, maille courte du bas paſſée en *b* dans la maille longue 2 *b* du haut. C *c*, maille longue du bas paſſée en *c* dans la maille courte 3 *c* du haut. D *d*, maille courte du bas paſſée dans la maille longue 4 *d* du haut : ainſi de ſuite alternativement.

PLANCHE CXXX, *ſignée p p p p.*

Cette Planche & celles qui ſuivent repréſentent les différentes machines qui ſervent à luſtrer, calandrer, ou moirer certaines étoffes.

La Planche repréſente l'intérieur de l'attelier où eſt la calandre, compoſée principalement d'une forte table de marbre aſſiſe ſolidement, d'une table de cuivre qui double inférieurement un fort madrier de bois qui eſt chargé d'une maſſe conſidérable, & de la roue qui ſert à mettre cette maſſe en mouvement.

A B C D, un des bouts de l'établi ou maſſif de pierre dans lequel & ſur lequel la table de marbre eſt ſcellée. E F, un bout de la table de marbre qui a dix à douze piés de longueur, ſur une largeur de trois à quatre piés. H I *h*, forte table de bois ſur laquelle eſt établi le maſſif de maçonnerie H I K L *k* du poids d'environ quatre - vingt milliers. Le deſſous du madrier eſt doublé par une table de cuivre, entre laquelle & la table de marbre, on place les rouleaux 8, 9, ſur leſquels les étoffes qu'on veut calandrer ou moirer ſont roulées. Cette maſſe énorme eſt miſe en mouvement par pluſieurs hommes qui, en marchant dans la roue V X Y, font tourner l'arbre P Q R S de cette roue, ſur lequel

K

s'enveloppe d'un côté & fe développe de l'autre deux cables arrêtés aux deux bouts de la maffe par des treuils.

Le pivot S de l'arbre eft foutenu par le poinçon d'une ferme de charpente, dont on voit en T le bout d'une des jambes de force & celui de l'entrait ; l'autre pivot roule dans un trou pratiqué au poteau montant Æ Z, affermi vers le haut par une des poutres du plancher. A ce poteau tient le valet *n*, avec lequel & la coquille *m*, on met les rouleaux dans la fituation verticale pour dérouler commodément l'étoffe dont ils font entourés.

Entre ce poteau & la calandre eft une foffe *e f g*, d'environ un pié de profondeur, dans laquelle l'ouvrier defcend pour être plus à portée d'agir & de châtier les rouleaux. Au-devant de la table de marbre eft une tablette *c d* plus baffe qu'elle d'environ dix pouces, fur laquelle le calandreur place les rouleaux 10 & 11, pour les fubftituer l'un après l'autre à ceux qui font entre les deux tables. 10, rouleau nud. 11, rouleau chargé d'une piece d'étoffe, & d'un fourreau qui l'environne.

Fig. 1. Ouvrier qui roule une piece d'étoffe fur le rouleau AB. La piece d'étoffe G H eft pliée en zig-zag fur un ais pofé par terre ; elle monte en C D fur le bord de la table, où elle eft attirée par la rotation du rouleau.

2. Calandreur qui châtie un rouleau en le frappant avec une maffe de bois pour le remettre dans la direction perpendiculaire à la longueur de la calandre, & par ce moyen ramener la maffe lorfqu'elle s'eft dérangée.

PLANCHE CXXXI, *fignée q q q q.*

Maniere de plier les étoffes qui doivent être moirées, & développement & ufage du valet.

Fig. 1. La piece d'étoffe qu'on fuppofe pour exemple un gros-de-Tours rayé, pliée en deux fur la largeur, en forte que les lifieres D *a* A, D *a* C foient appliquées l'une fur l'autre, & le milieu de l'étoffe en B, 1, 2, 3, E.

2. Maniere de plier l'étoffe préparée comme la figure précédente l'indique pour être moirée. A A, B B, les bouts du rouleau. *y χ*, les lifieres du fourreau Y *y χ* Z, qui accompagnent l'étoffe. A C, les deux coins ou bouts des lifieres appliqués l'un fur l'autre comme dans la figure précédente. B 1 2 3 4 5 6 7 8 9 10, &c. le pli du milieu de l'étoffe de la figure précédente, plié en zig-zag fur elle-même, & roulée en cet état avec le fourreau.

3. Ufage du valet appliqué au poteau Æ Z, Planche précédente. Æ, partie inférieure du poteau auquel font attachées les deux couliffes 1, 3 : 2, 4, entre lefquelles le valet peut glifler de haut en-bas, pour que fon œil N puiffe emboîter le pivot A du rouleau ; l'autre pivot B repofe fur la coquille M.

4. Le valet féparé de fes couliffes vu en perfpective. N, œil du valet. O P, piece coulante ; fes languettes font reçues dans les rainures des couliffes.

5. Le valet vu en plan. 1 & 2, les languettes.

PLANCHE CXXXII, *fignée r r r r.*

Calandre royale ou Calandre angloife.

A *a* B *b*, la table inférieure de la calandre ; elle eft de marbre. C D *c d*, table de cuivre entre les deux plans inclinés. F E *e*, forte table de bois doublée inférieurement d'une table de cuivre. H I K L *h k l*, maffe pefante qui pofe fur la table. 8 & 9, rouleaux entre les deux tables.

A A, C C : B B, D D, poteaux montans affermis fous les poutres du plancher dans lefquels font les poulies de renvoi des cordes qui font mouvoir la maffe. M, treuil fervant à bander une des cordes ; cette corde après avoir paffé fur la poulie N de la maffe, vient paffer fur la poulie O, de-là fur la poulie P de la maffe, revient enfuite paffer fur la poulie Q, de-là par R fur le tambour S.

T, Second treuil pour bander l'autre corde, qui de-là vient paffer fur la poulie V de la maffe, retourne enfuite paffer fur la poulie X, revient paffer fur la poulie Y de la maffe, & de-là va s'enrouler fur le tambour inférieur Z de l'arbre vertical Œ Æ. Ce tambour eft placé au-deffous du plancher fur lequel marchent circulairement ceux qui font mouvoir la calandre. On a fracturé ce plancher pour laiffer voir le tambour inférieur & le pivot de l'arbre vertical.

PLANCHE CXXXIII, *fignée s s s s.*

Plan de la machine fervant à cylindrer les étoffes.

Cette machine eft compofée de deux rouleaux difpofés horizontalement l'un au-deffus de l'autre ; l'inférieur eft de bois & eft maffif ; le fupérieur eft de cuivre & eft percé pour recevoir des barres de fer rougies au feu, lefquelles lui communiquent un degré de chaleur convenable.

Les rouleaux font comprimés l'un contre l'autre au moyen de plufieurs leviers, dont on verra la difpofition dans la Planche fuivante, & c'eft le rouleau inférieur qui eft mobile, & peut s'éloigner ou s'approcher du rouleau fupérieur.

Le rouleau de cuivre eft garni à chacune de fes extrêmités d'une roue dentée, à laquelle le mouvement eft communiqué par une lanterne ; ces lanternes font fixées fur l'axe de la manivelle, par le moyen de laquelle on met la machine en mouvement.

A D E, axe de la manivelle. B C, manivelle garnie d'un rouleau de bois qui fert de poignée ; près du pivot A eft un volant pour rendre uniforme la viteffe imprimée à la manivelle. D E, les deux lanternes qui engrennent dans les roues fixées aux extrêmités du cylindre de cuivre, dont F & G font les tourillons. *f f g g*, le cylindre de bois. H I, extrêmités du fommier fur lequel portent les appuis des tourillons du rouleau inférieur. K L, barre de fer qui traverfe deux des quatre montans entre lefquels les rouleaux font placés ; les extrêmités de cette barre fervent de point d'appui ou d'hipomoclion au levier inférieur K H O, & à un autre levier femblable qui eft caché par le levier fupérieur P Q. Ces leviers, qui font du fecond genre, font placés au-deffous du rez-de-chauffée. M N, autre barre de fer pofée fur les chapeaux qui affemblent les quatre montans ; les extrêmités de cette barre fervent d'appui au levier fupérieur P N Q, & à un autre levier femblable dont on voit feulement l'extrémité en R. Ces leviers, qui font du premier genre, tirent les leviers inférieurs par des chaînes ou tirans de fer clavetées en-deffus des leviers fupérieurs, comme on le voit en P, & en-deffous des leviers inférieurs comme on le voit en O ; chacun des leviers fupérieurs eft chargé en Q & R, extrémité de leur plus long bras, d'un poids fuffifant pour opérer la compreffion des cylindres. S & T, deux poulies fur lefquelles paffent les cordes qui font attachées aux leviers & vont s'enrouler fur le treuil X Y, qui eft fupporté par les chapeaux. Les chapeaux font fupportés dans leur milieu par les montans de la machine & par leurs extrémités par les murailles de l'attelier dans lefquelles ils font fcellés. V, roue ou poulie qui reçoit une corde fans-fin, par le moyen de laquelle on releve les leviers lorfqu'on veut defferrer les cylindres. Z *χ*, rouleau fur lequel la piece d'étoffe eft roulée, & de deffus lequel elle fort pour paffer entre les cylindres.

PLANCHE CXXXIV, *fignée t t t t.*

Elévation latérale de la machine fervant à cylindrer les étoffes.

a a, *a* : *b b*, *b*, les deux montans de l'un des côtés de la machine ; ces montans font affemblés l'un à l'autre à leur partie fupérieure par deux entretoifes *c c*, *d d*, embrevées dans les montans que le chapeau *e e* recouvre & contient dans la fituation verticale. Aux parties inférieures des montans font des rainures 3, 4 : 3, 4, qui reçoivent les languettes du fupport du tourillon *f* ; les fupports repofent fur le fommier H, à la partie inférieure duquel font des pieces de fer 5, qui appuient en 5 fur les leviers inférieurs K *o o*, qui font du fecond genre , ainſi qu'il a été dit ci-devant. K, extrêmité de la barre de fer qui ſert d'appui aux leviers inférieurs. O o o, tirant ou chaîne de fer , par le moyen de laquelle le levier ſupérieur O R tire le levier inférieur; cette chaîne eſt clavetée en-deſſous du levier inférieur & en-deſſus du levier ſupérieur. M, extrêmité de la barre de fer qui ſert de point d'appui aux leviers ſupérieurs ; le deſſus eſt un peu arrondi au point 6 , & le levier eſt un peu entaillé en cette partie pour l'empêcher de gliſſer ſur ſon appui.

Les extrêmités R des leviers ſupérieurs ſont chargés par des poids r , que l'on augmente à diſcrétion. La corde qui ſuſpend les poids , après avoir entouré l'extrêmité du levier , va paſſer ſur la poulie T , & de-là va s'enrouler ſur le treuil Y , que l'on fait tourner pour relever les leviers au moyen de la corde ſans - fin V u , u u, qui eſt reçue dans la cavité de la roue-poulie fixée ſur le milieu du treuil.

F , le cylindre de cuivre , dont les colets ſont terminés en octogone , pour recevoir une roue dentée. Cette roue eſt menée par la lanterne E fixée ſur l'axe de la manivelle. C , poignée de la manivelle , du centre de laquelle partent les quatre bras terminés par des boules de plomb , qui compoſent le volant : trois de ces quatre boules , de forme lenticulaire , ſont viſibles ; la quatrieme eſt cachée par les montans de la machine. 2 , 2 , vis à pitons qui fixent le collier qui ſuſpend le rouleau ſupérieur à l'entre-toiſe d d. Au-devant de la machine eſt le rouleau ʒ , chargé de la piece d'étoffe que l'on veut cylindrer.

L'analogie de cette machine eſt facile à trouver en multipliant par ordre les analogies particulieres de chaque levier ; ainſi l'effort du poids r eſt à l'effort qui ſe fait en O , comme M O eſt à M R , le levier étant du premier genre. L'effort fait en O eſt le même que celui fait en o o , extrêmité du levier inférieur K o o , qui eſt du ſecond genre ; & par la nature de ce levier , on aura que l'effort fait en o o , eſt à celui fait en H , comme K H eſt à K o o. Voici donc les deux analogies ou proportions, nommant r le poids ſuſpendu à l'extrêmité R du levier ſupérieur , & O , l'effort de ce poids réduit à l'extrêmité ſupérieure du tirant vertical O o o, qui unit les deux leviers , & H, l'effort fait en H pour comprimer les cylindres, le premier levier donne cette proportion ,

$$r \cdot O :: M O \cdot M R$$

Le ſecond levier donne celle-ci ,

$$O \cdot H :: K H \cdot K o o$$

multipliant par ordre & diviſant les deux premiers termes par O , on aura

$$r \cdot H :: M O + K H \cdot M R + K o o$$

proportion qui exprime le rapport de la puiſſance r , à l'effort fait en H; effort qui eſt la meſure de la compreſſion des cylindres.

Dans les figures les diſtances M O & K H, ſont chacune de 13 pouces & demi, le bras de levier M R a

2 toiſes 1 pied 6 pouces ⹀ 162 pouces , & le levier inférieur K o o, 1 toiſe 2 pieds 5 pouces ⹀ 101 pouces. Subſtituant donc ces valeurs dans la proportion précédente, elle deviendra r . H : : 13 ½ × 13 ½ 162 × 101 , d'où on tire que le poids r eſt à l'effort fait en H , comme 182 ¼. 16362. Diviſant le conſéquent de ce rapport par ſon antécédent, on aura celui de l'unité 1 à 89 $\frac{567}{729}$: rapport qui ne differe que très-peu de celui d'1 à 90; prenant donc ce dernier rapport , la proportion ci-deſſus deviendra celle-ci r . H : : 1 . 90 , par laquelle on voit que ſi le poids r eſt de 1000 livres, la force avec laquelle les cylindres ſont comprimés ſera de quatre-vingt-dix milliers.

PLANCHE CXXXV , ſignée u u u u.

Fig. 1. Elévation antérieure de la machine à cylindrer les étoffes. a a , a : a a , a , montans antérieurs ſignalés des mêmes lettres dans les Planches précédentes. K L , barre de fer qui traverſe ces montans & ſert d'hipomoclion ou point d'appui aux leviers inférieurs. k & l , extrêmités des leviers inférieurs placés au-deſſous du rez - de - chauſſée où ils ſont recouverts de planches. H I , ſommier qui ſoutient les ſupports des tourillons du cylindre de bois f g. E , D , lanternes qui communiquent le mouvement aux roues dentées qui terminent le cylindre de cuivre F G. Entre la machine & la muraille , on voit la manivelle A B C D , réunie en D à l'axe commun des deux lanternes. A , pivot de la manivelle , près duquel eſt fixé le volant. e , e , chapeaux qui aſſemblent les montans & les contiennent dans la ſituation verticale. M N , barre de fer qui ſert de point d'appui aux leviers ſupérieurs. O , P , extrêmité des leviers ſupérieurs au-deſſus deſquels on voit les clavettes qui fixent les tirans.

2. Elévation perſpective d'un des deux ſupports des tourillons du cylindre inférieur & d'une partie du ſommier auquel ils ſont aſſemblés , on voit dans cette figure les languettes qui coulent dans les rainures des montans.

3. Elévation d'une partie de la roue & du cylindre de cuivre , pour faire voir comment la roue eſt aſſemblée ſur le tourillon du cylindre : ce tourillon eſt de forme octogone dans la partie qui reçoit la roue. F , ouverture par laquelle on introduit les barres de fer rougies ſur un fourneau à grille , où elles ſont chauffées avec du charbon; cette figure, ainſi que la ſuivante , ſont deſſinées ſur une échelle double.

4. Autre maniere de conſtruire le cylindre. Il a quatre trous dans leſquels on introduit des barres d'une groſſeur convenable. Cette conſtruction procure l'avantage d'avoir des tourillons de fer & d'un plus petit diametre ; ce qui diminue conſidérablement les frottemens.

Pl. I.

Fig. 2

Fig. 1

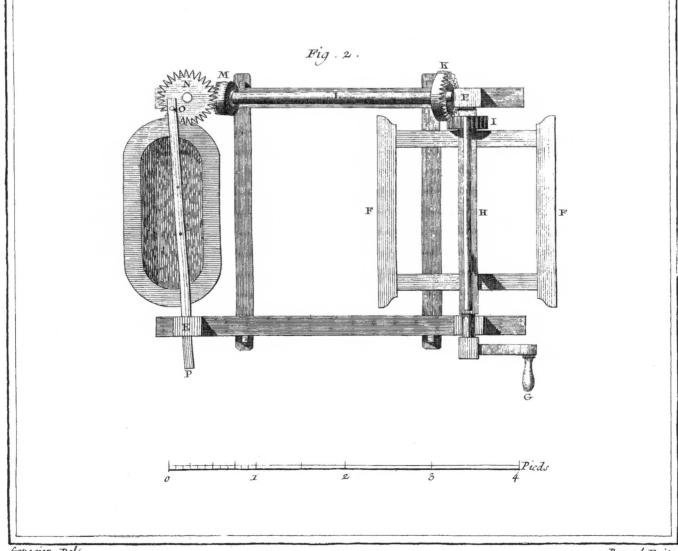

Fig. 2

Picds

0   1   2   3   4

Goussier Del.

Benard Fecit

Soierie, Tirage de la Soie et Plan du Tour de Piémont.

A

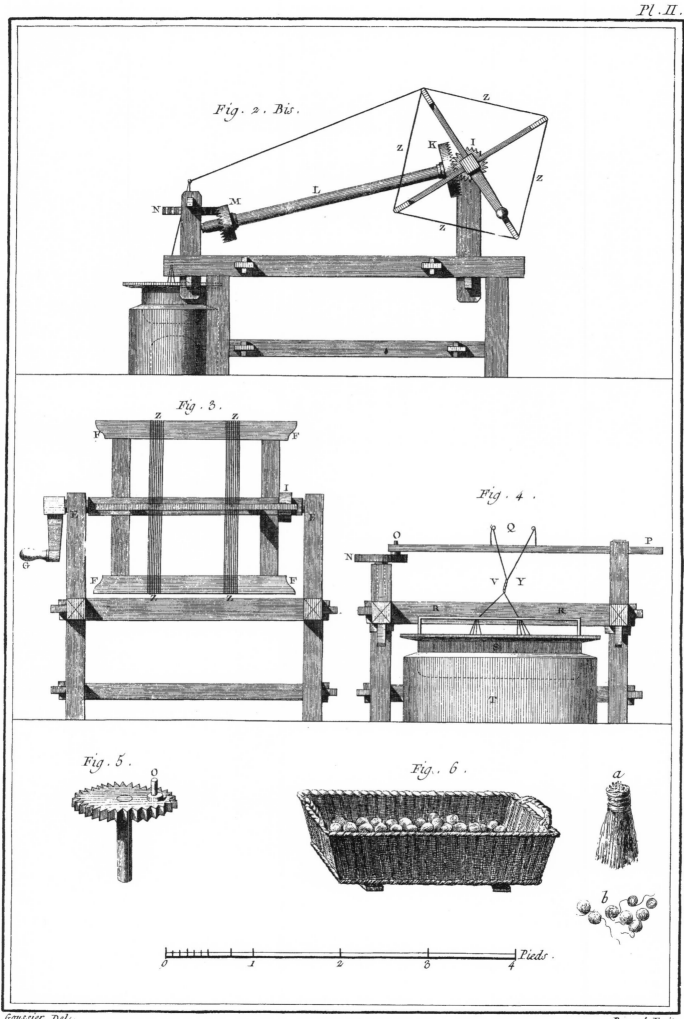

Pl. II.

Fig. 2. Bis.

Fig. 3.

Fig. 4.

Fig. 5.

Fig. 6.

Pieds.

0   1   2   3   4

Goussier Del.

Benard Fecit.

Soierie, Développements du Tour de Piémont.

B

Pl. III.

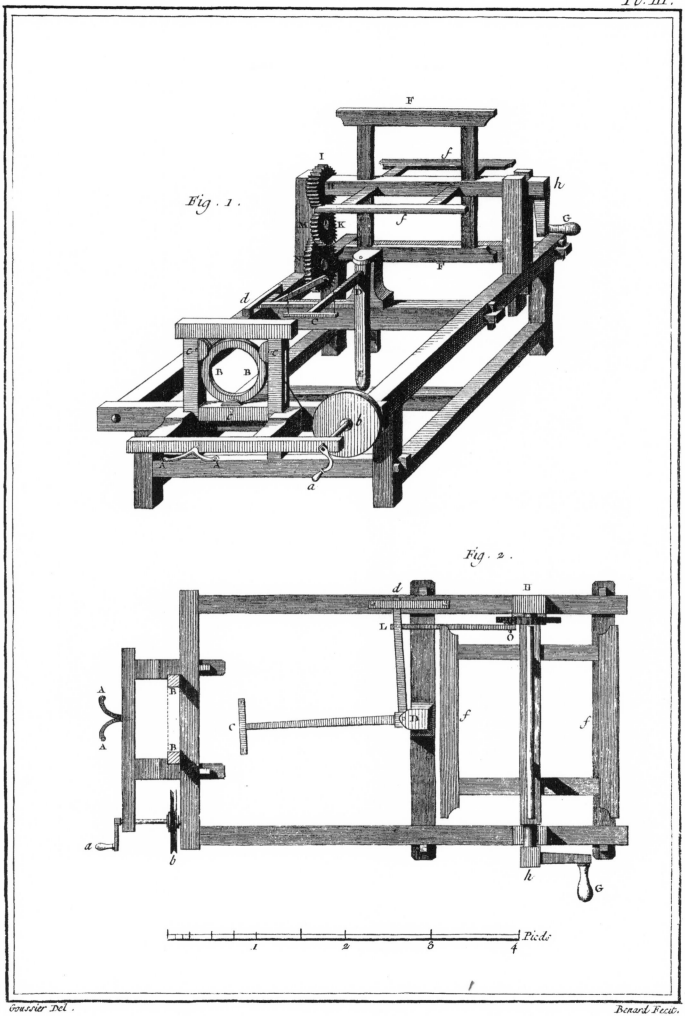

Fig. 1.

Fig. 2.

Picds

Goussier Del.

Benard Fecit.

Soierie, Tour de M.ʳ de Vaucanson

Pl. IV.

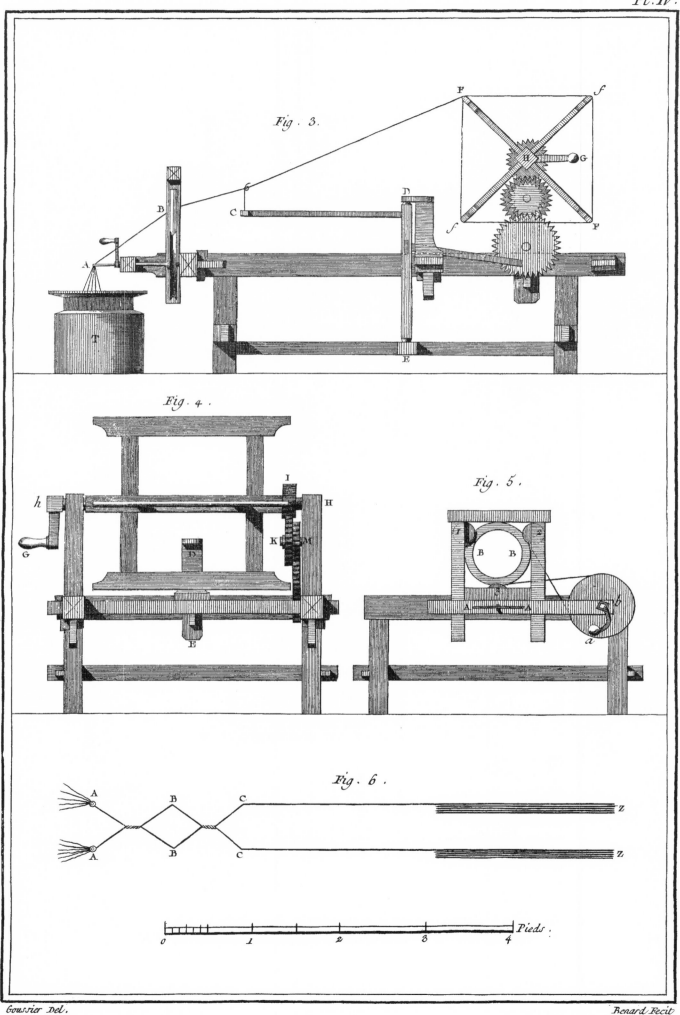

Fig. 3.

Fig. 4.

Fig. 5.

Fig. 6.

Pieds.

0   1   2   3   4

Goussier Del.

Renard Fecit.

Soierie, *Développemens du Tour de M.ʳ de Vaucanson*.

D

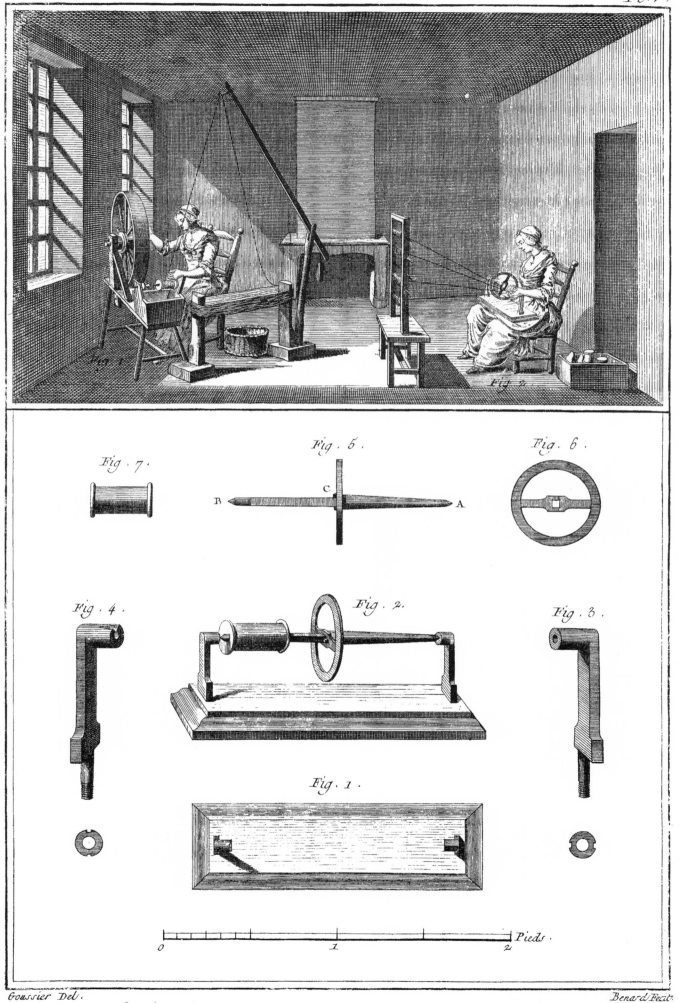

Pl. V.

Fig. 7.

Fig. 5.

Fig. 6.

B C A

Fig. 4.

Fig. 2.

Fig. 3.

Fig. 1.

0 1 2 Pieds.

Goussier Del.

Benard Fecit.

Soierie, Dévidage de la Soie sur le Tour d'Espagne,
Doublage et développement de l'Escaladou.

E

Pl. VI.

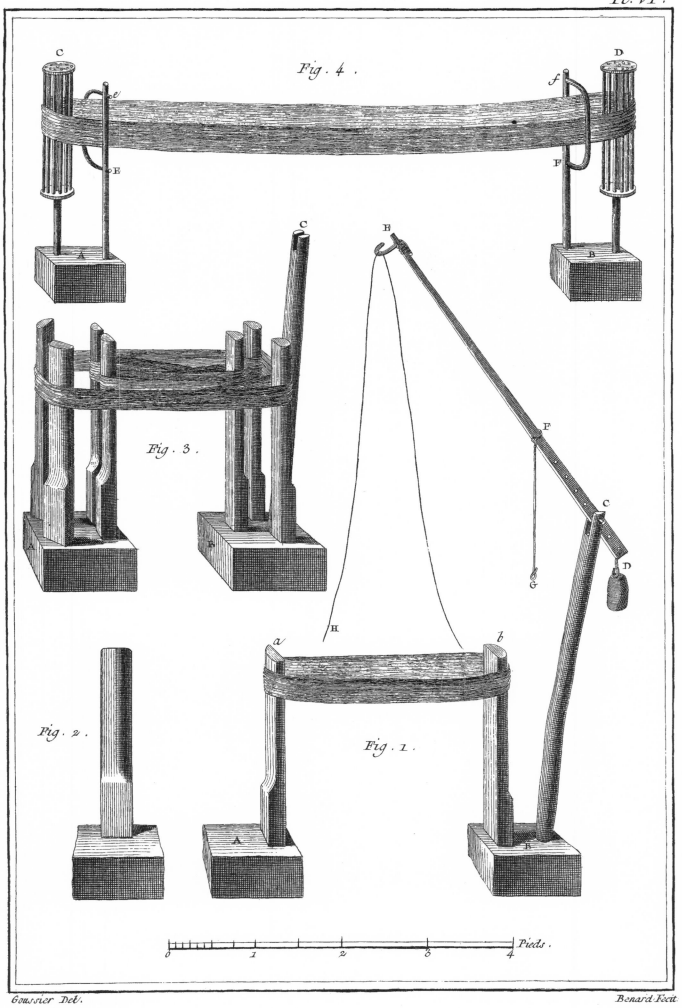

Fig. 4.

Fig. 3.

Fig. 2.

Fig. 1.

Pieds.

0 1 2 3 4

Goussier Del.

Benard Fecit.

Soierie, Dévidage de la Soie, Tour d'Espagne, Campanes &c.

F

Pl. VII.

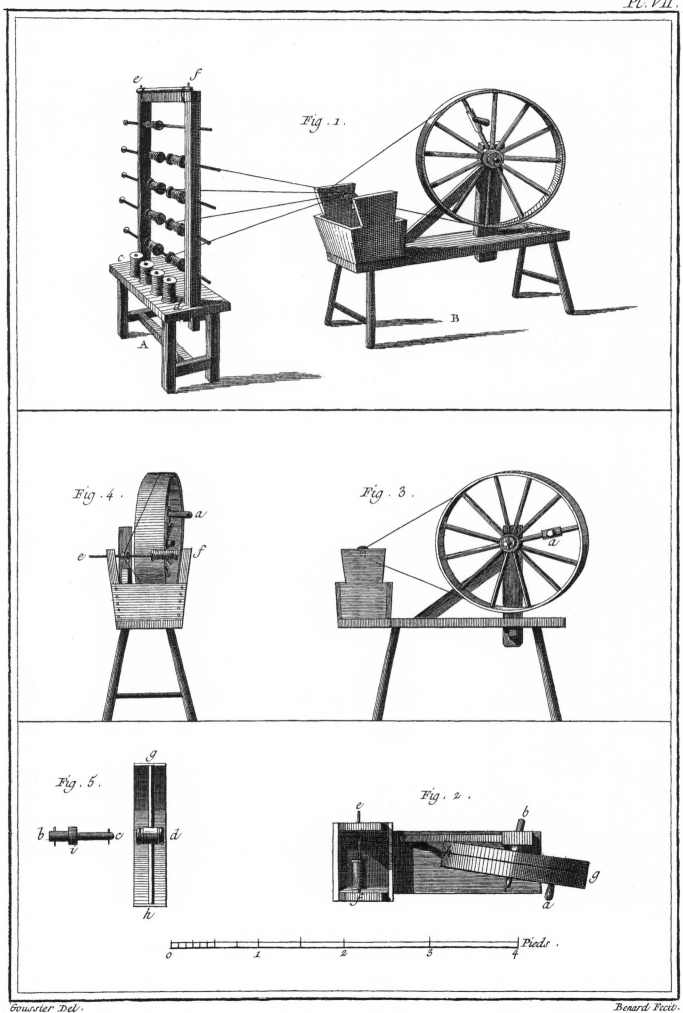

Fig. 1.

Fig. 4.

Fig. 3.

Fig. 5.

Fig. 2.

Pieds.

0   1   2   3   4

Goussier Del.

Benard Fecit.

Soierie, *Doublage des Soies, Construction du Rouet.*

G

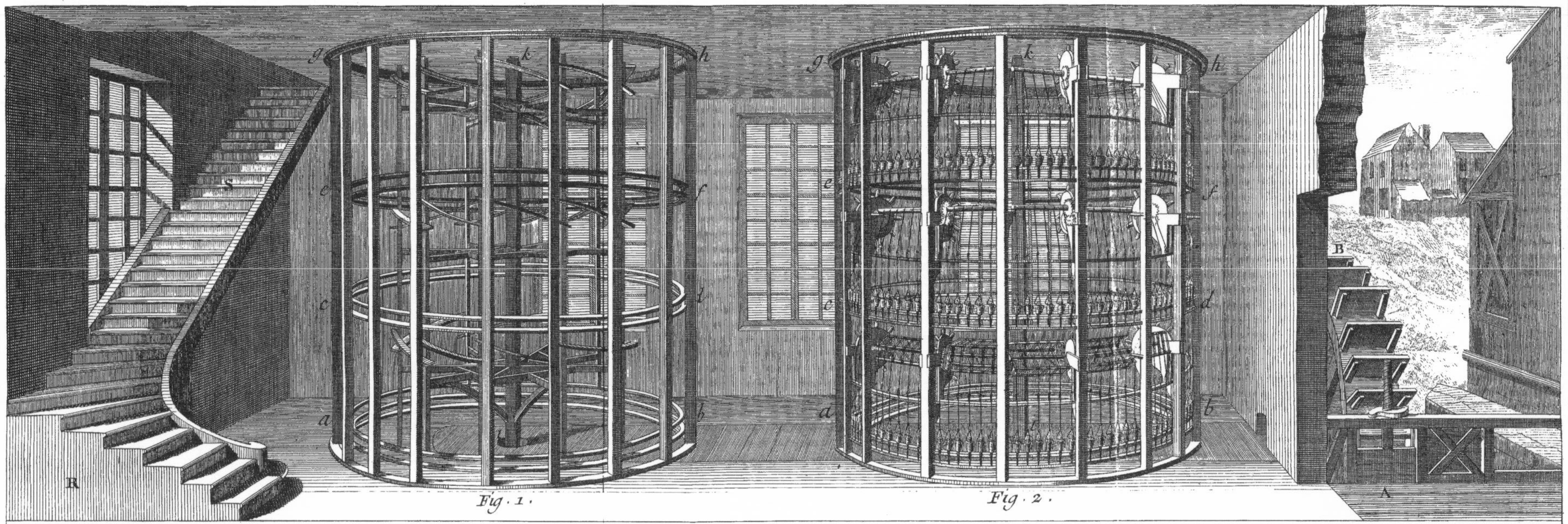

Pl. VIII.

Fig. 2.

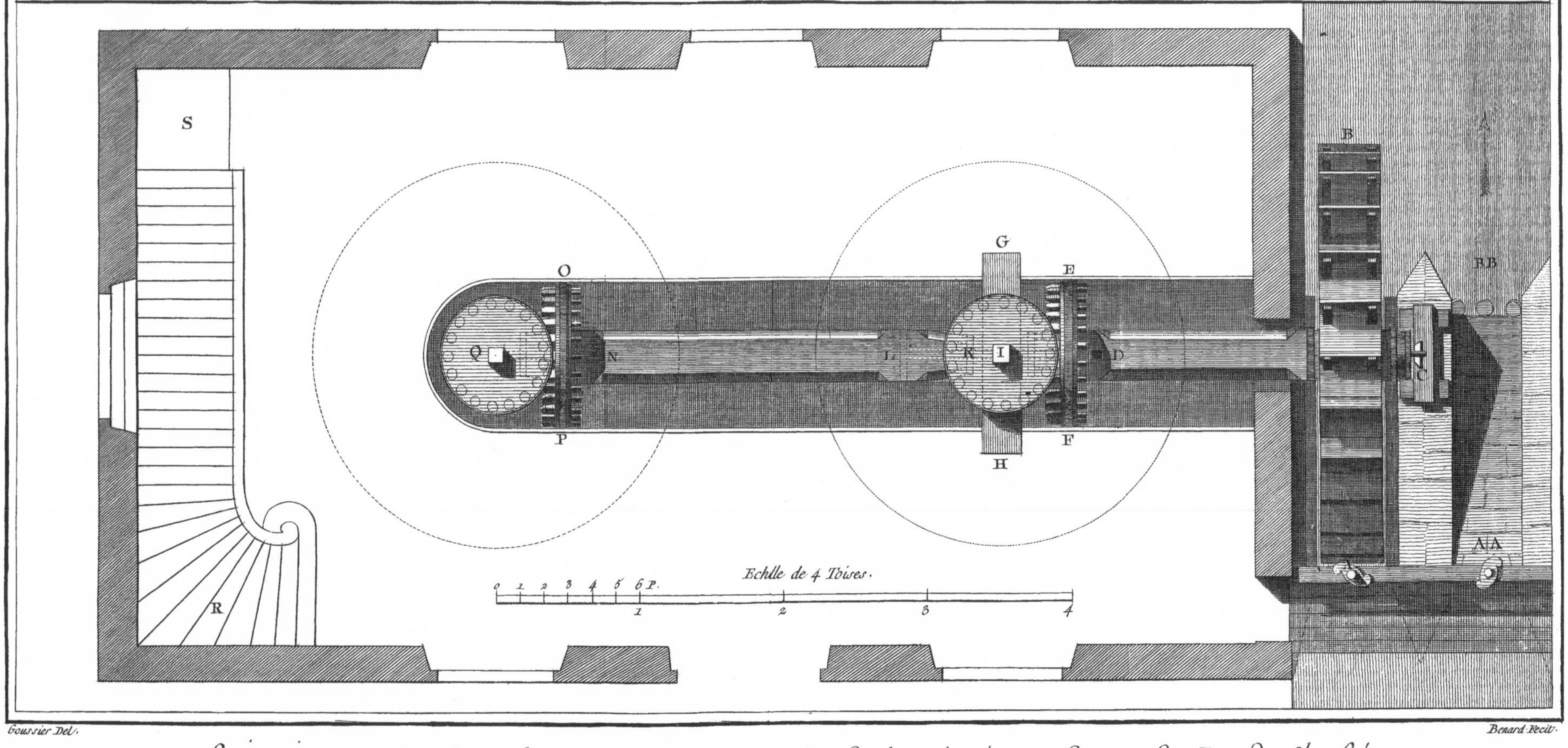

Fig. 1.

Fournier Del.

Bouard Fecit.

Echelle de 4 Toises.

Soierie, Moulins de Piedmont en Perspective et Plan de la Mécanique au dessous du Rez de Chaussée.

H

Pl. IX.

Fig. 2.

Fig. 3.

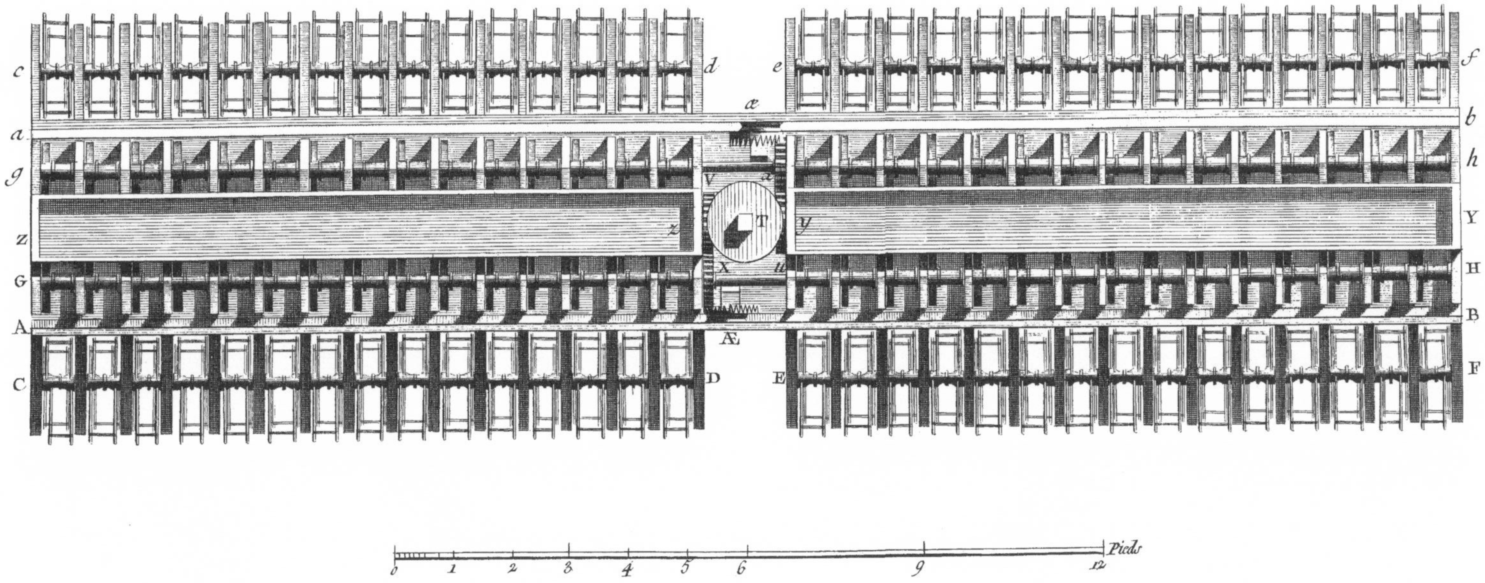

Fig. 1.

Grassier Del.

Benard Fecit

Pieds

Soierie , Elévation perspective d'un grand Dévidage placé au dessus des Moulins representés cy devant

Pl. X.

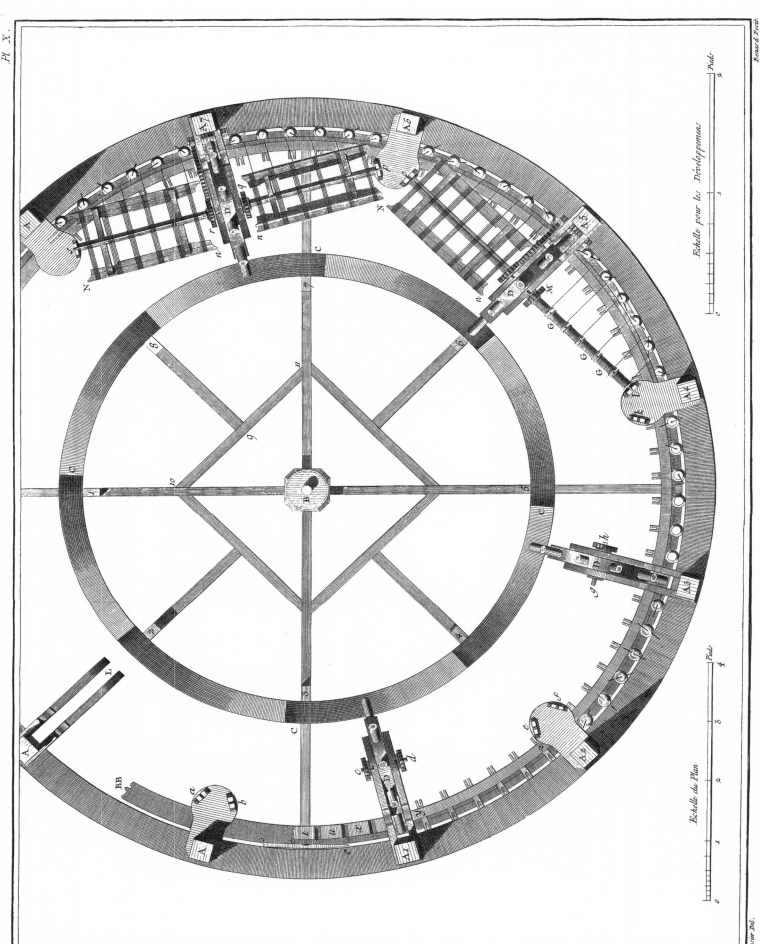

Echelle pour les Développemens.

Pieds
0   1   2

Gousier Del.

Soierie, Plan du Moulin de Piémont, à Strasins pour Organsiner les Soies.

Echelle du Plan

Pieds
0   1   2   3   4

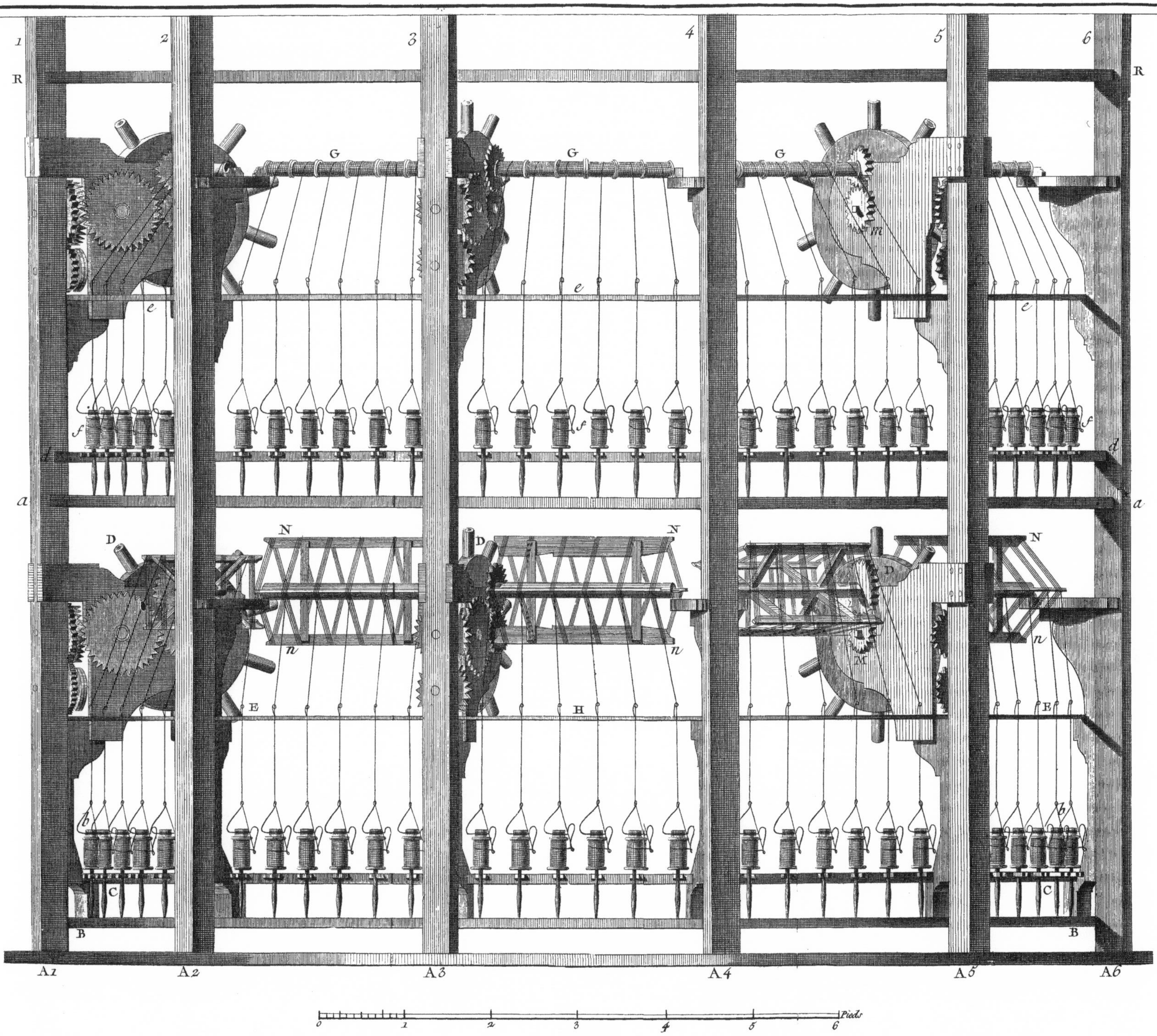

Pl. XI.

L.

Gousier Del.

Soierie, Elévation géometralle du Moulin de Piémont, pour Organsiner les Soies.

Benard Fecit.

Pl. XII.

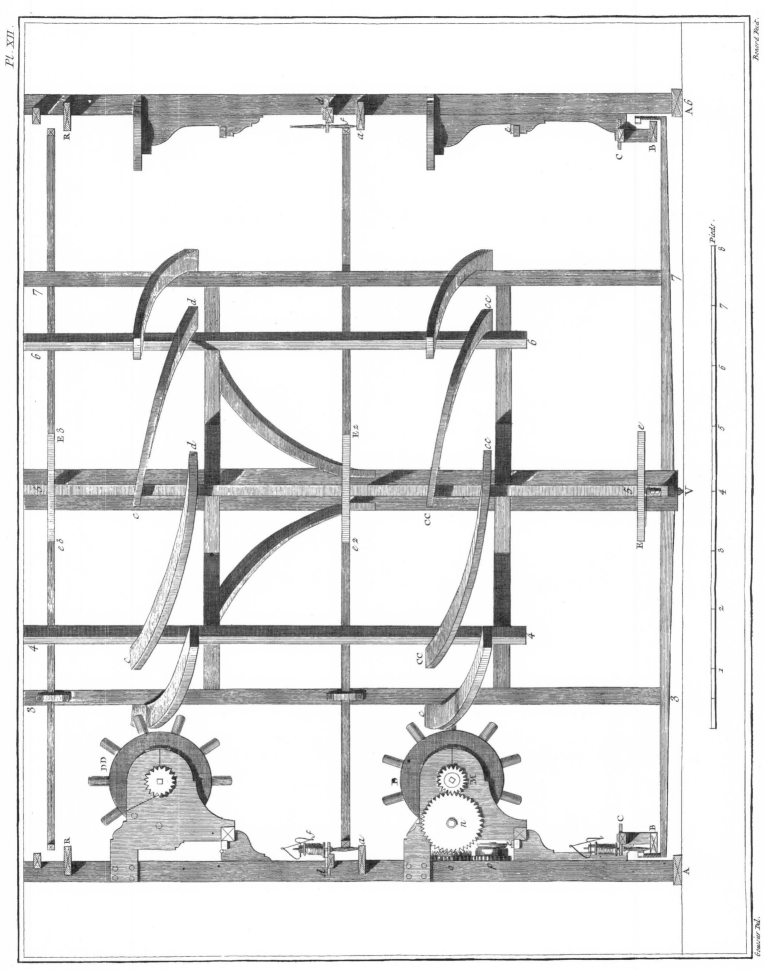

Benard Fecit.

Gouvier Del.

Soierie, Coupe Diamétrale du Moulin de Piémont et Elévation de la Lanterne qui est dans l'Intérieur.

M

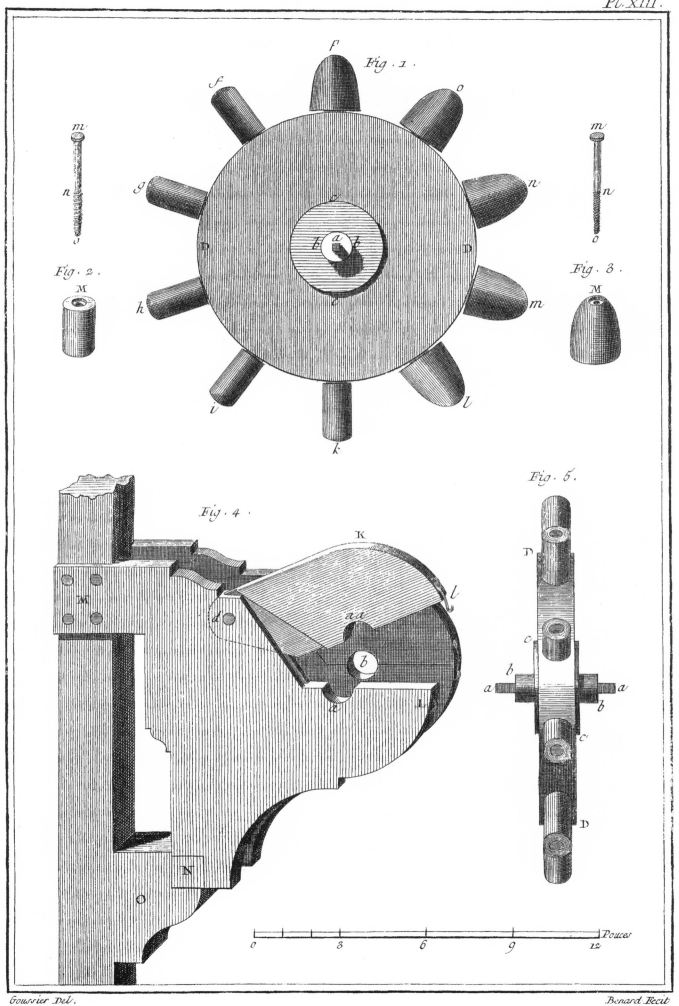

Pl. XIII.

Fig. 1.

Fig. 2.

Fig. 3.

Fig. 5.

Fig. 4.

Pouces

Goussier Del.

Benard Fecit.

Soierie, Moulin de Piémont pour Organsiner les Soies, Construction
et Développement des Ponssonelles.

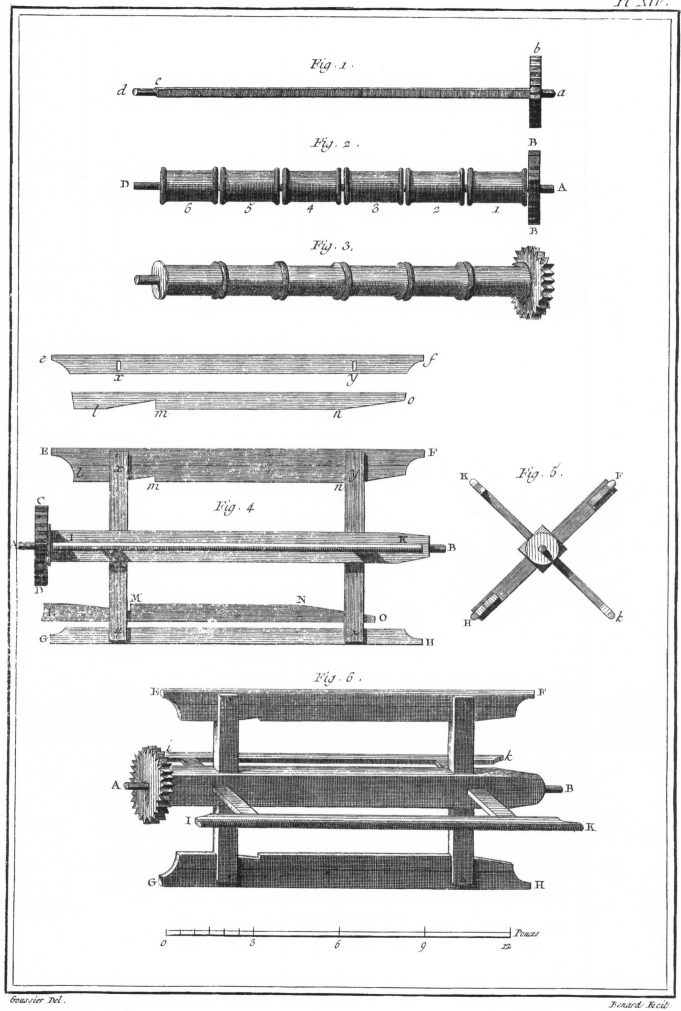

Pl. XIV.

Fig. 1.

Fig. 2.

Fig. 3.

Fig. 4.

Fig. 5.

Fig. 6.

Goussier Del.

Benard Fecit.

Soierie, Moulin pour Organßiner les Soies Construction et Développement des Asples.

O

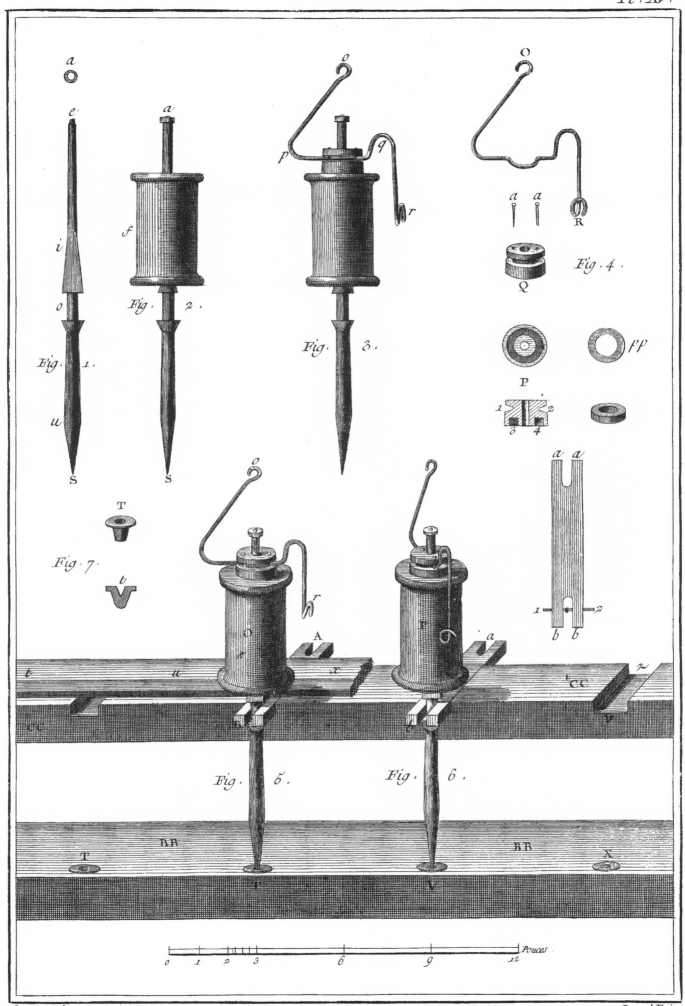

Pl. XV.

Fig. 1.

Fig. 2.

Fig. 3.

Fig. 4.

Fig. 7.

Fig. 5.

Fig. 6.

Pouces

Goussier Del.

Benard Fecit.

Soierie, Moulin pour Organsiner les Soies, Construction et Développement des Fuseaux.

P

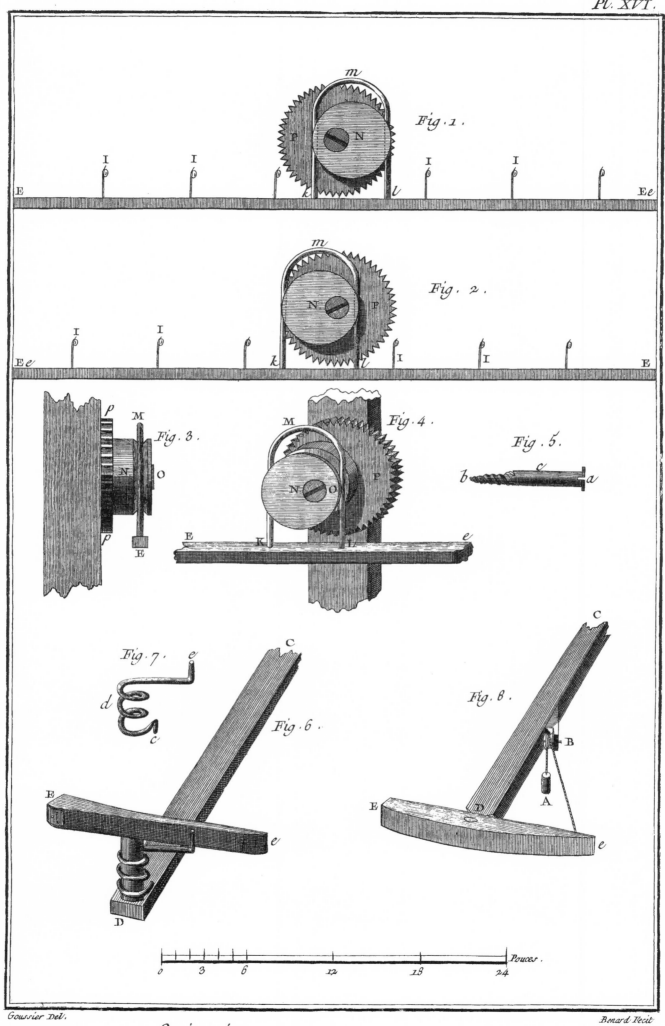

Pl. XVI.

Soierie, *Moulin pour Organsiner les Soies*,
Développement du Va-et-Vient et des Sirasins.

Q

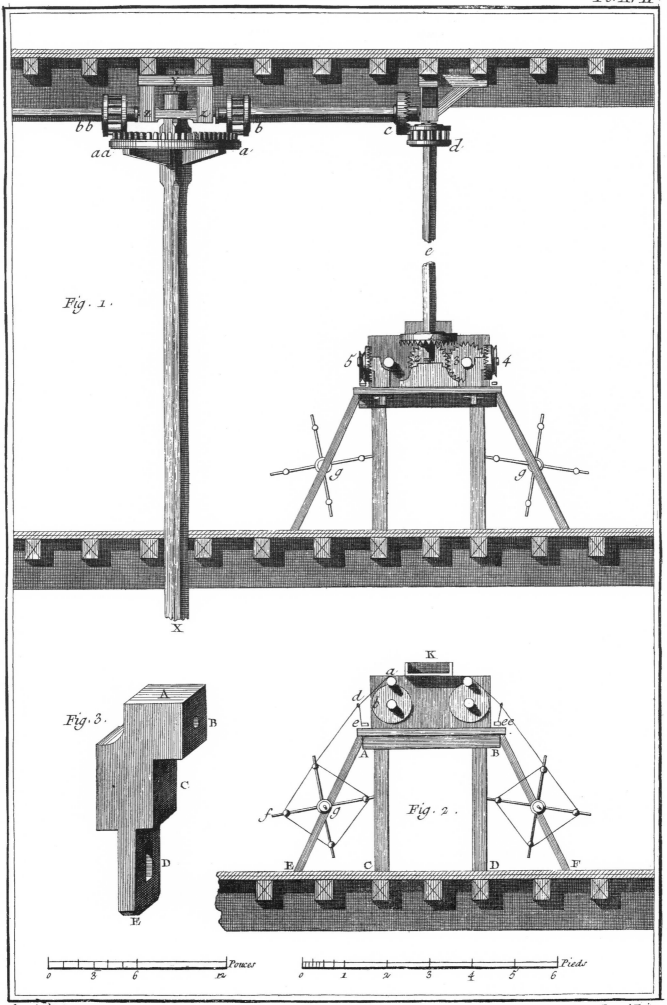

Pl. XVII.

Fig. 1.

Fig. 3.

Fig. 2.

Pouces

Pieds

Goussier Del.

Benard Fecit.

R

Soierie, Profils du Devidage qui est au dessus des Moulins à Organsiner les Soies

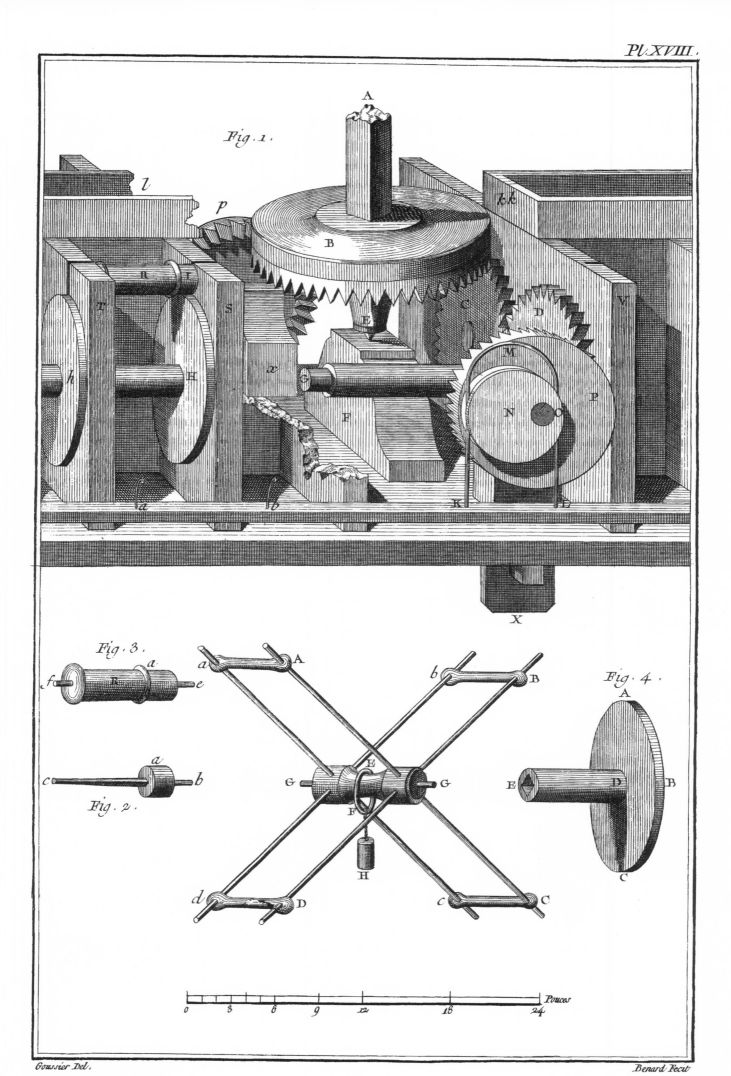

Pl. XVIII.

Fig. 1.

Fig. 3.

Fig. 2.

Fig. 4.

Pouces

0   3   6   9   12   18   24

Goussier Del.

Benard Fecit.

Soierie, Développement du Va- et- Vient du Devidage &c. S

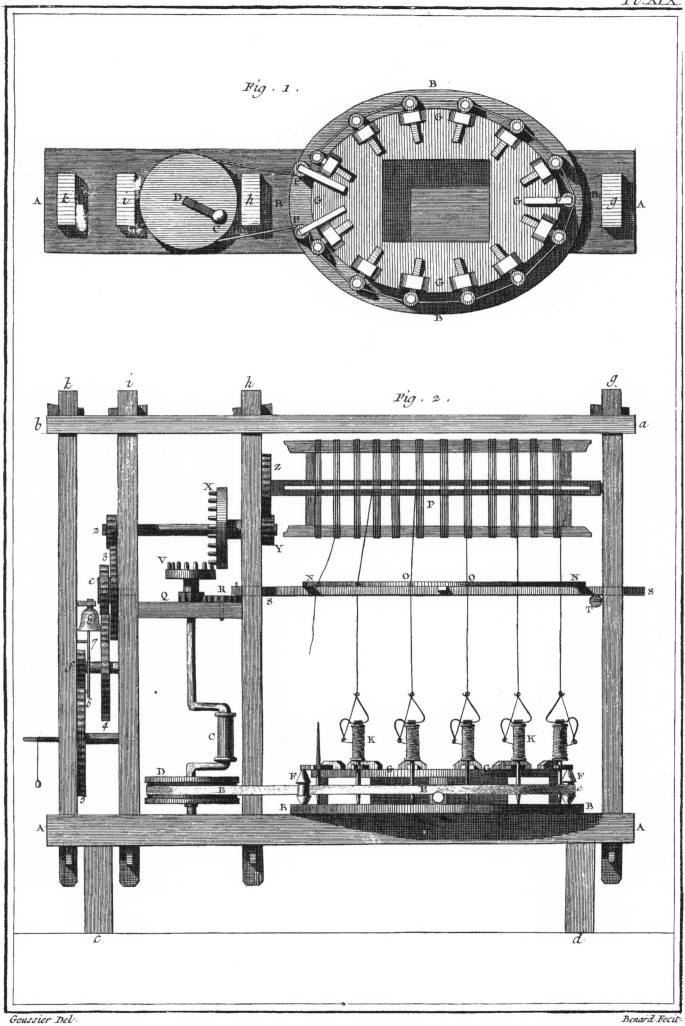

Pl. XIX.

Fig. 1.

Fig. 2.

Soierie, Ovale Plan et Elévation.

T

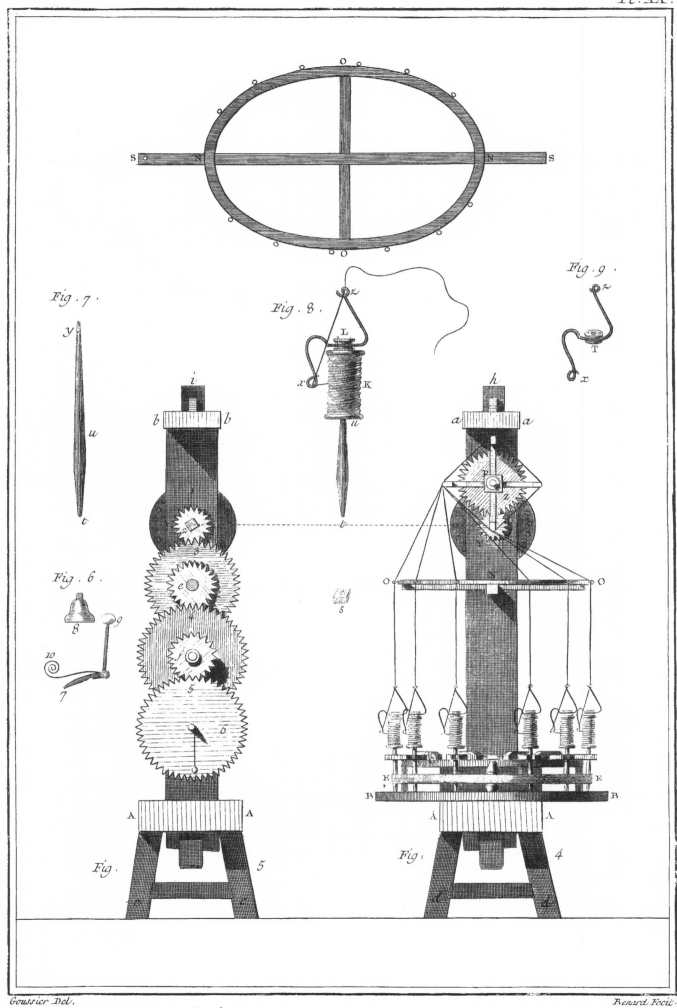

Pl. XX.

Fig. 9.

Fig. 7.

Fig. 8.

Fig. 6.

Fig. 5.

Fig. 4.

Goussier Del.

Benard Fecit.

Soierie, Ovale, Coupes Transversalles
et Développemens de plusieurs Parties.

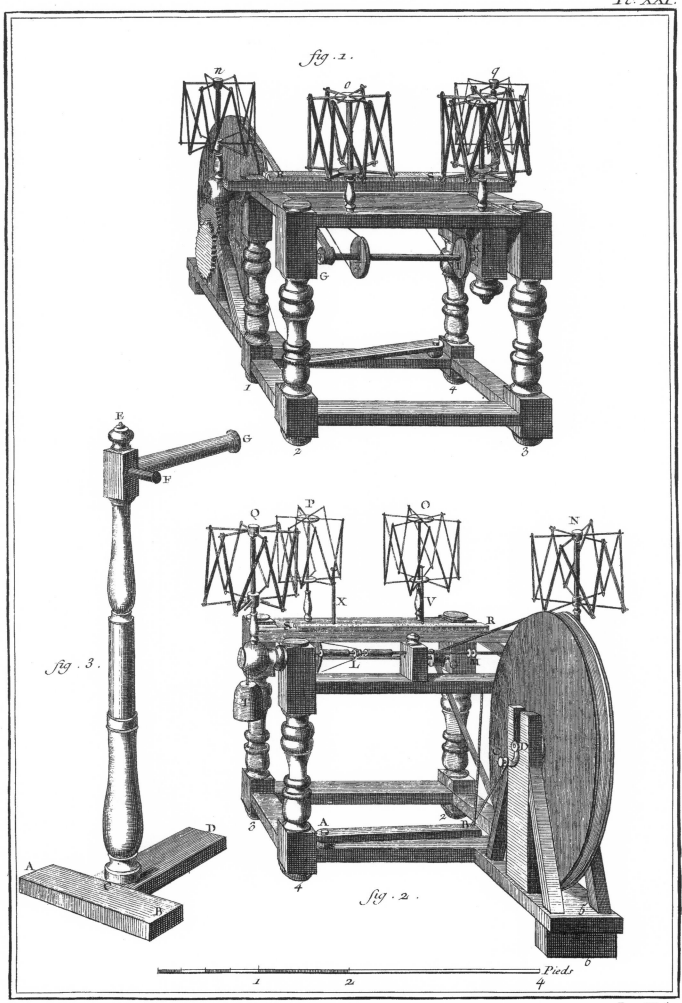

Pl. XXI.

fig. 1.

fig. 3.

fig. 2.

Pieds

Goussier del.

Benard Fecit.

Soierie, Rouet de Lion en Perspective vu des deux côtés.

X

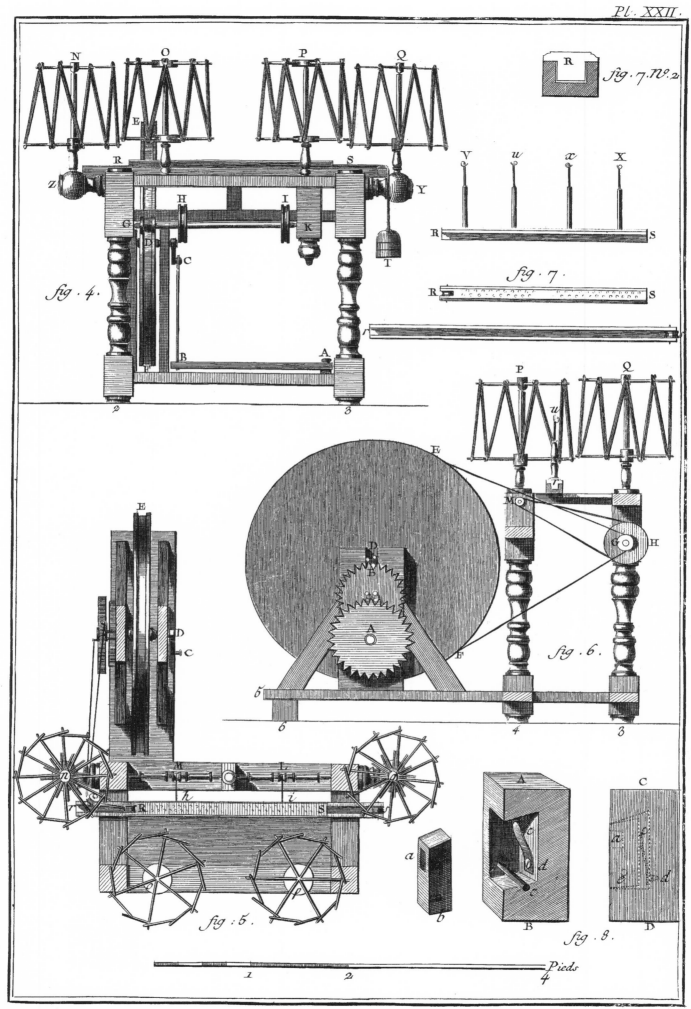

Pl. XXII.

fig. 7. Nº 2.

fig. 4.

fig. 7.

fig. 6.

fig. 5.

fig. 8.

Pieds

Goussier del.

Benard Fecit.

Soierie, Rouet de Lion, Développemens.

Y

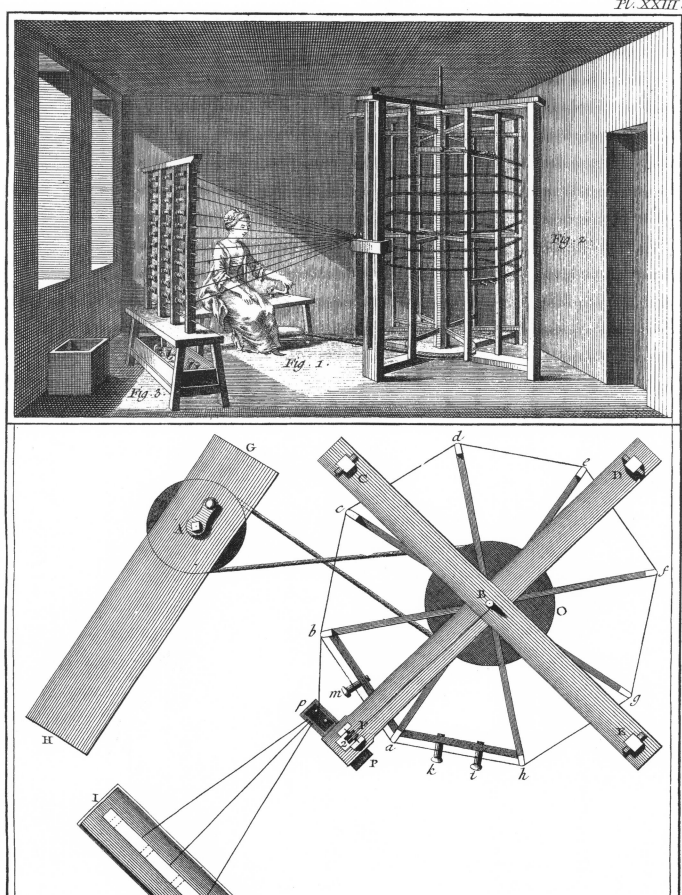

Pl. XXIII.

Fig. 2.

Fig. 1.

Fig. 3.

G

d

e

D

c

A

b

B

O

f

m

g

p

a

E

P

k

i

h

H

I

K

0   1   2   3   4   Pieds

Goussier Del.

Benard Fecit.

Soierie, l'Opération d'Ourdir la Chaine des Étoffes.

Z

Pl. XXIV.

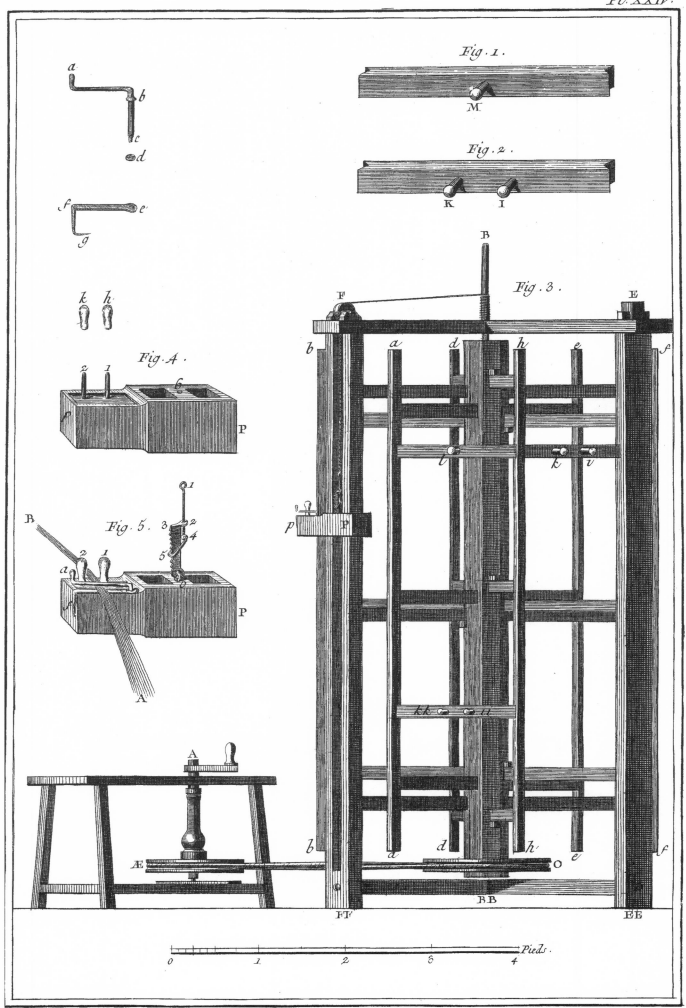

Fig. 1.

Fig. 2.

Fig. 3.

Fig. 4.

Fig. 5.

Pieds.

0   1   2   3   4

Goussier Del.

Benard Fecit.

Soierie, Développement de l'Ourdissoir.

AA

Pl. XXV.

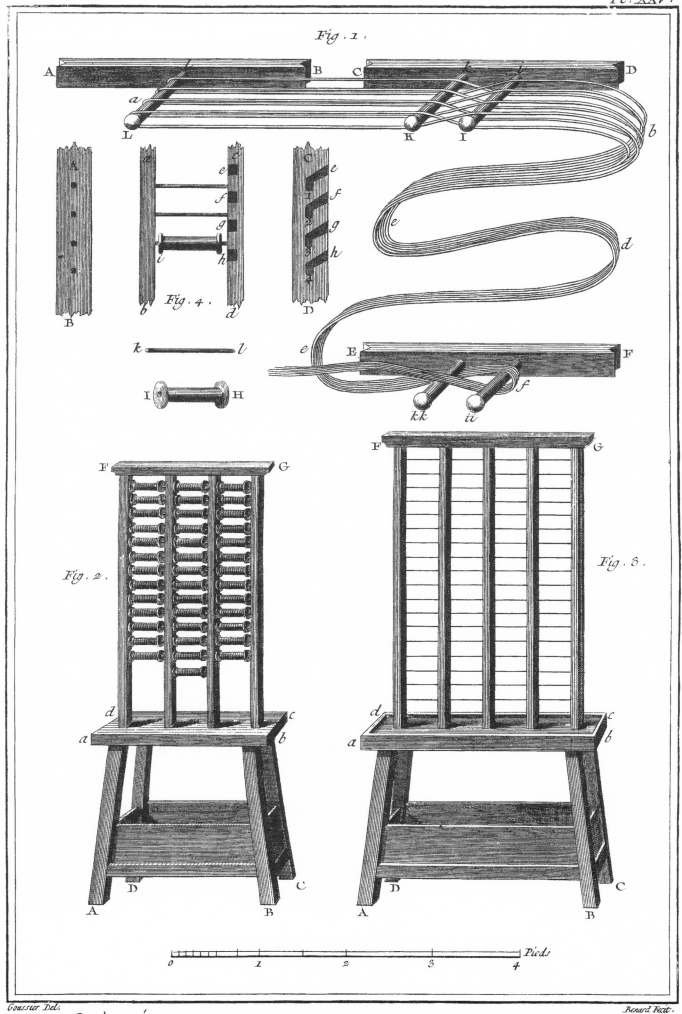

Fig. 1.

Fig. 4.

Fig. 2.

Fig. 3.

Pieds

Goussier Del.

Benard Fecit.

Soierie, Développement de la Canthre ou Banque et de l'Encroix
par Fils et par Portées

B.B

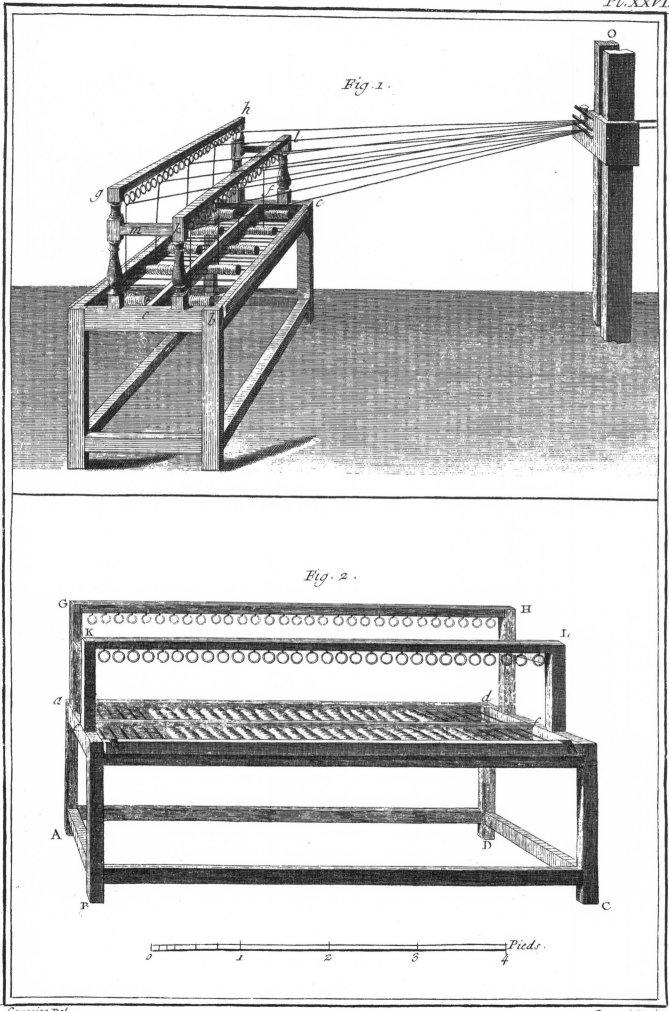

Pl. XXVI.

Fig. 1.

Fig. 2.

Pieds.

Goussier Del.

Benard Fecit.

Soierie, Cantre à la Lionoise Vue en Perspective.

C C

Pl. XXVII.

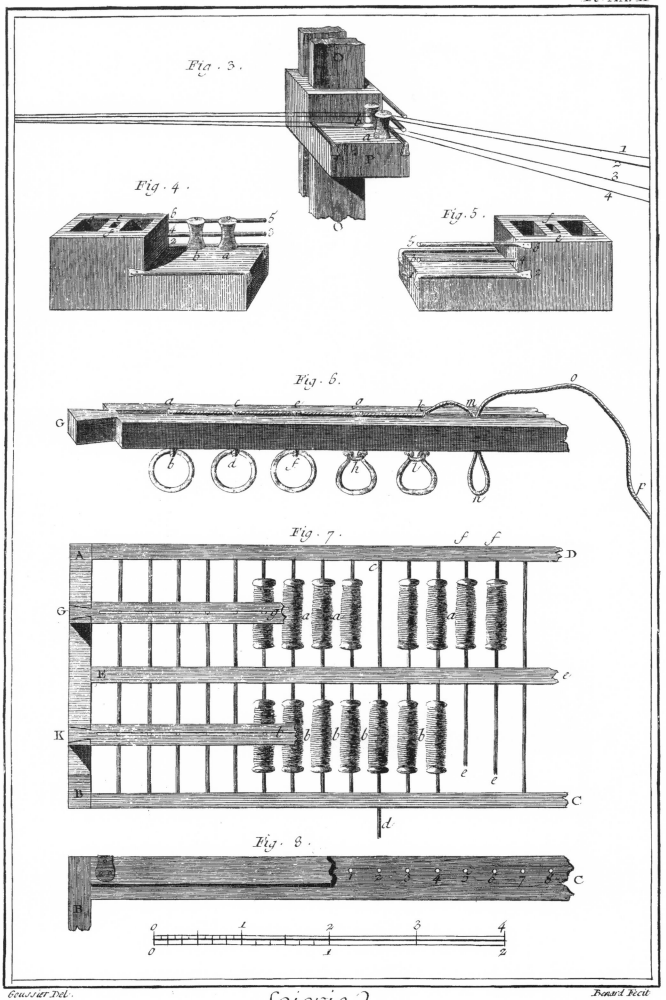

Fig. 3.

Fig. 4.

Fig. 5.

Fig. 6.

Fig. 7.

Fig. 8.

Goussier Del.

Benard Fecit.

Soierie,

Cantre à la Lionoise; Développemens de la Cantre et du Plot à trois tringles.

DD

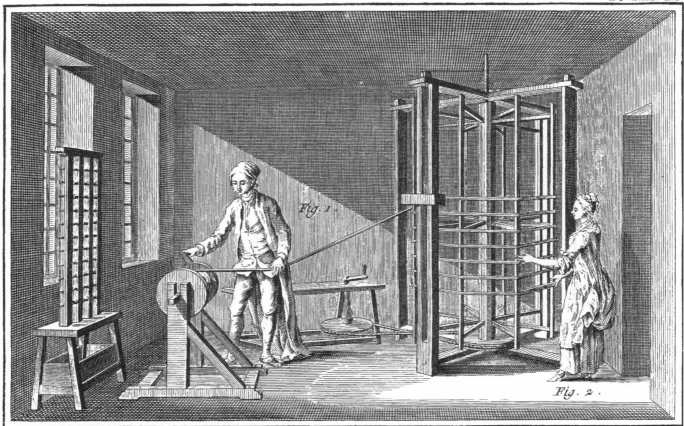

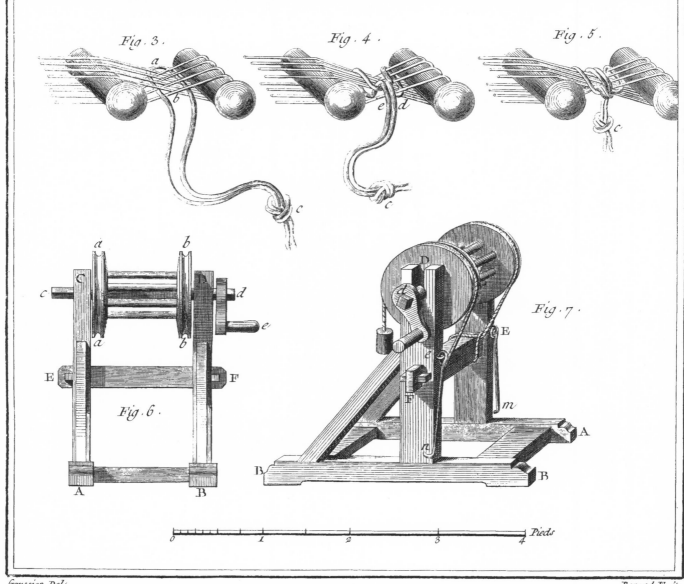

Pl. XXVIII.

Fig. 1.

Fig. 2.

Fig. 3.

Fig. 4.

Fig. 5.

Fig. 6.

Fig. 7.

Pieds

Goussier Del.

Benard Fecit.

Soierie, l'opération de Relever.

EE

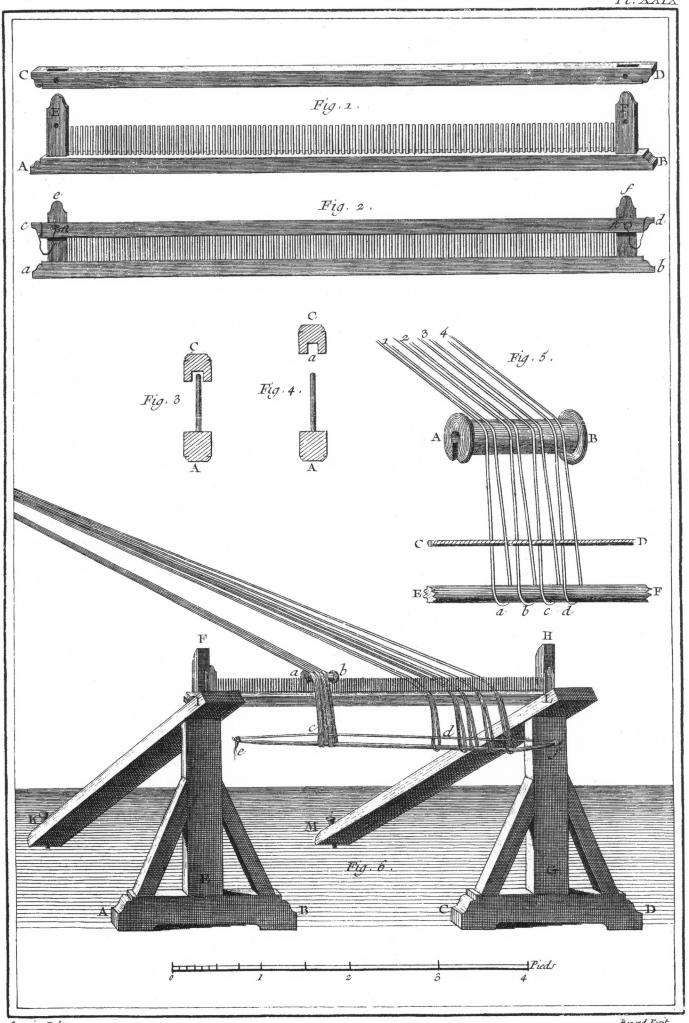

Pl. XXIX

Fig. 1.

Fig. 2.

Fig. 3.

Fig. 4.

Fig. 5.

Fig. 6.

Pieds

Goussier Del.

Benard Fecit.

Soierie, l'Opération de Ployer et Développement du Rateau.

FF

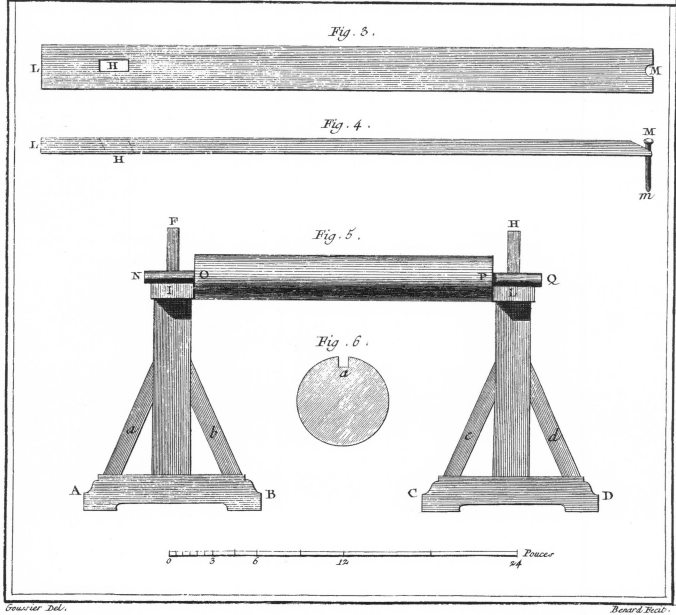

Pl. XXX.

Fig. 3.

Fig. 4.

Fig. 5.

Fig. 6.

Pouces

0   3   6   12   24

Goussier Del.

Benard Fecit.

Soierie, l'Opération de Ployer la Chaine des Etoffes sur l'Ensuple.

GG

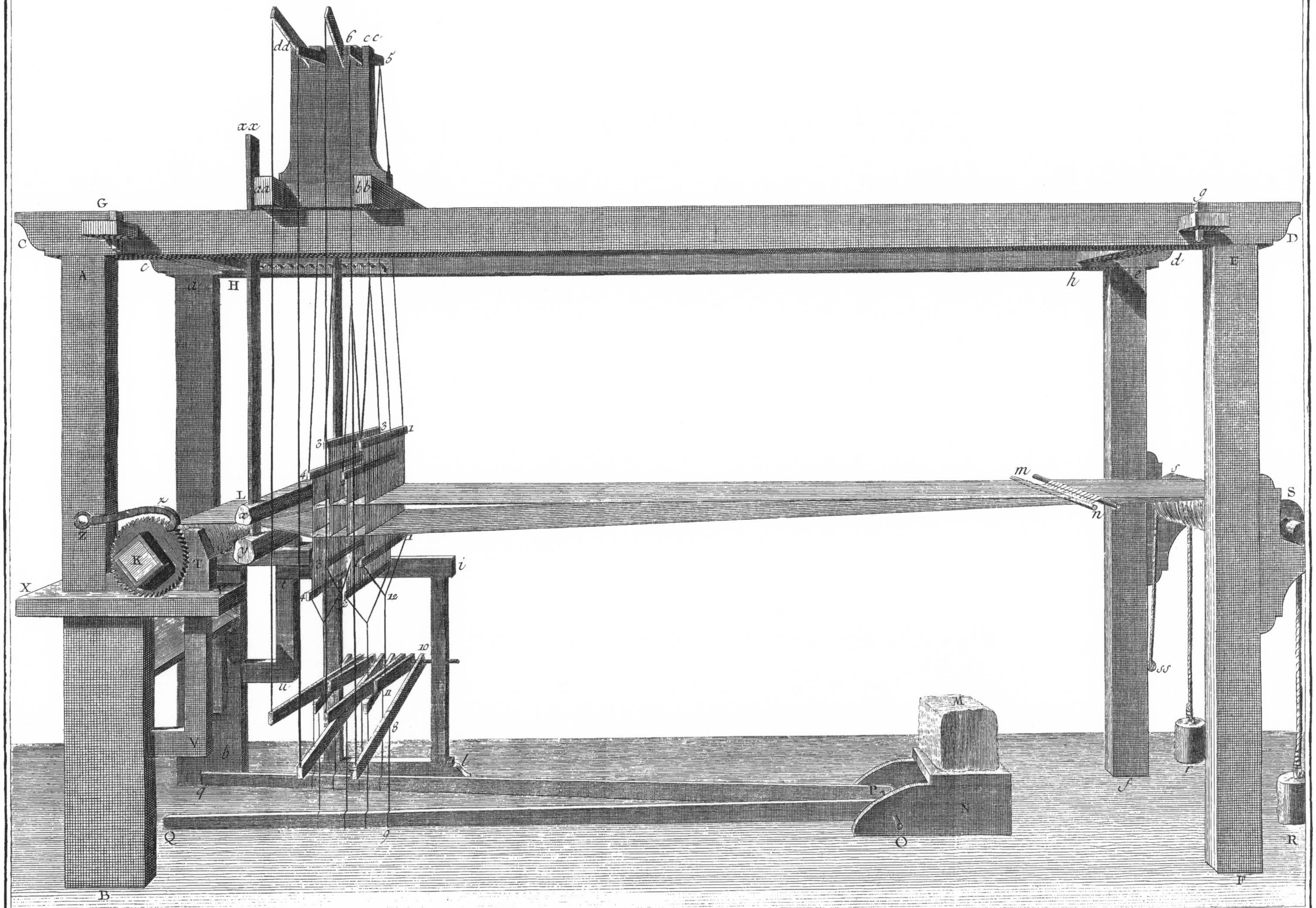

Pl. XXXI

Gousier Del.

Bonard Fecit.

Soierie, Vue Perspective du métier pour fabriquer les Etoffes unies, Comme Taffetas, Satin et Serge, la Chaîne ouverte au premier Coup du Taffetas.

HH

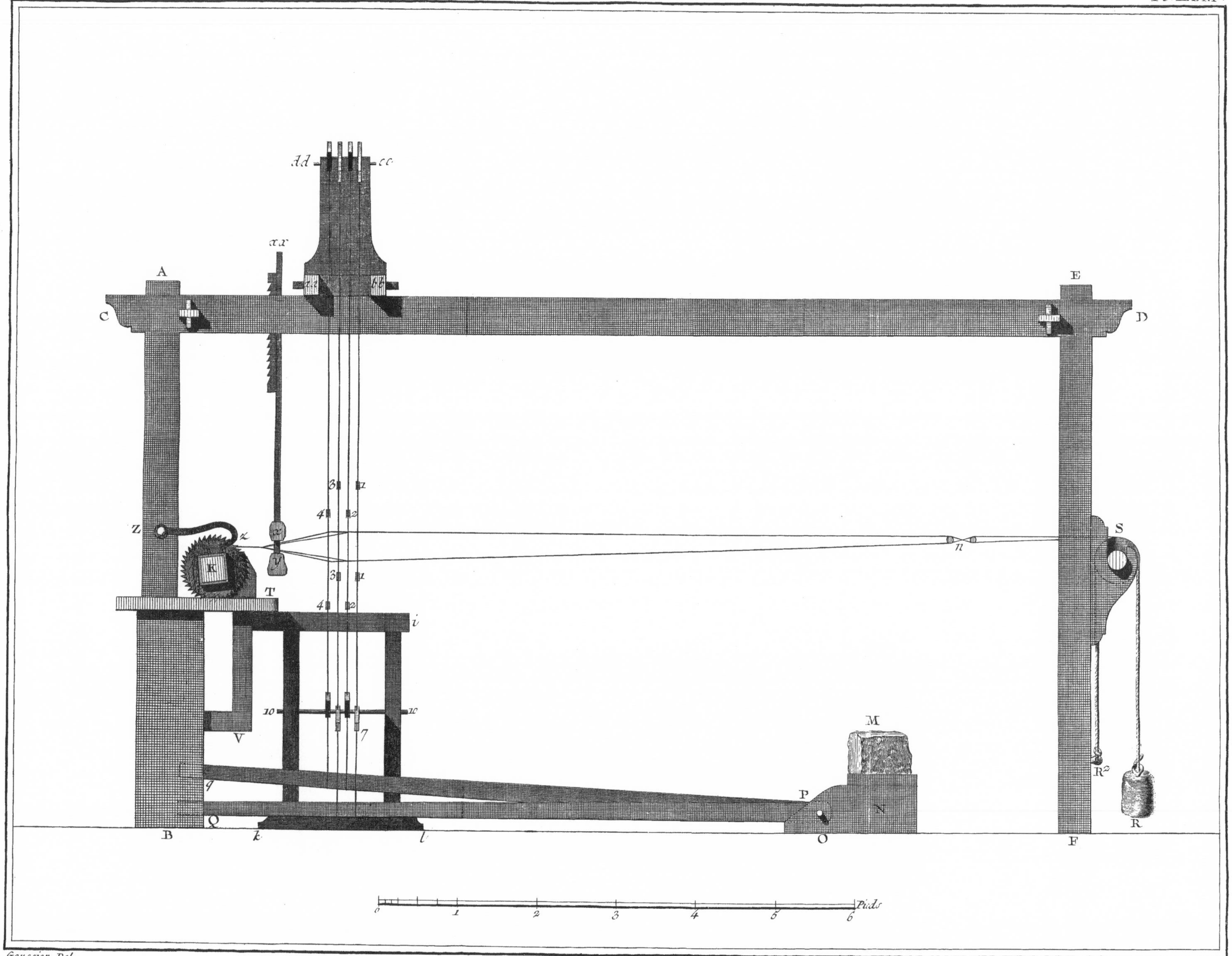

Pl. XXII.

Gourner Del.

Benard Fecit

Soierie, Elévation Géométrale de la partie Latteralle du métier pour fabriquer les Etoffes unies comme Taffetas, Satin et Serge.

Pl. XXXIII.

Soierie, *Élévation Géométralle de la partie antérieure*
du Métier pour fabriquer les Étoffes unies, comme Taffetas, Satin, et Serge

Goussier Del.

Benard Fecit.

KK

Pl. XXXIV.

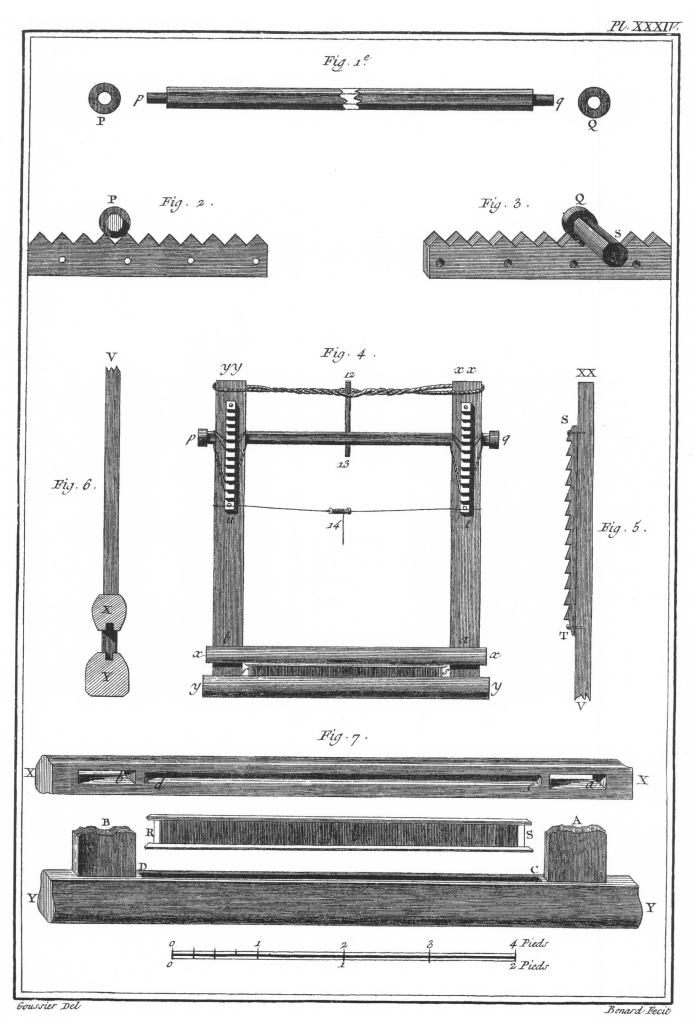

Fig. 1.ᵉ

Fig. 2.

Fig. 3.

Fig. 4.

Fig. 6.

Fig. 5.

Fig. 7.

4 Pieds

2 Pieds

Goussier Del.

Benard Fecit.

Soierie, Développement du Batant du Metier pour fabriquer les Etoffes.

LL.

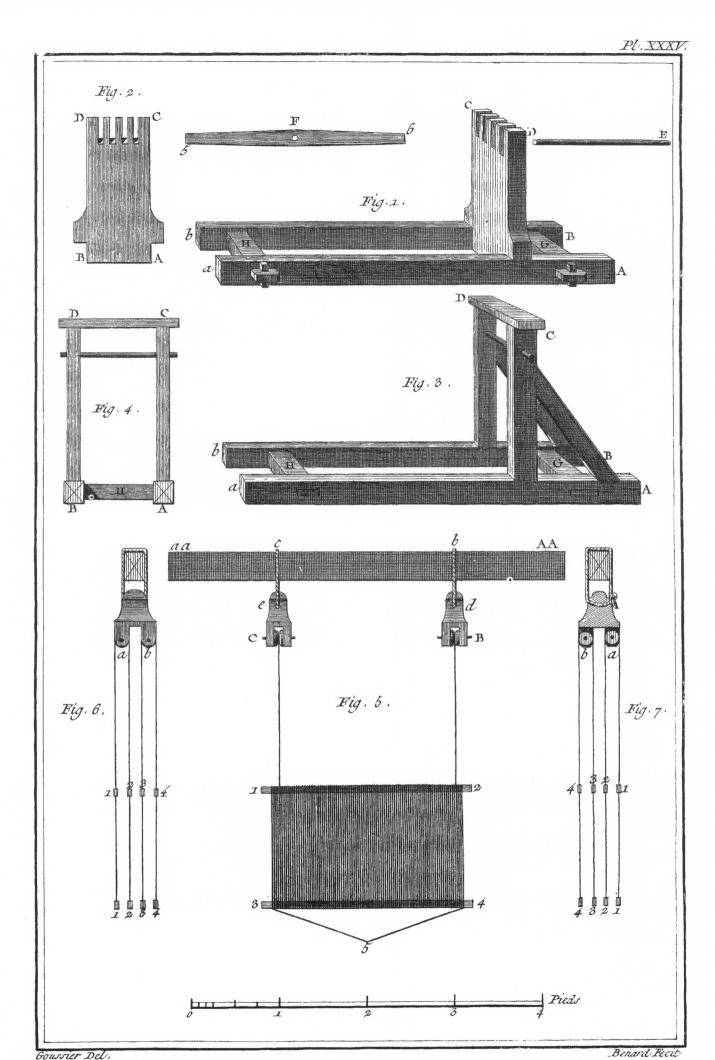

Pl. XXXV.

Fig. 2.

Fig. 1.

Fig. 3.

Fig. 4.

Fig. 6.

Fig. 5.

Fig. 7.

Pieds

Goussier Del.

Benard Fecit.

Soierie, Développement de la Carette et du Porte-Lisse.

MM

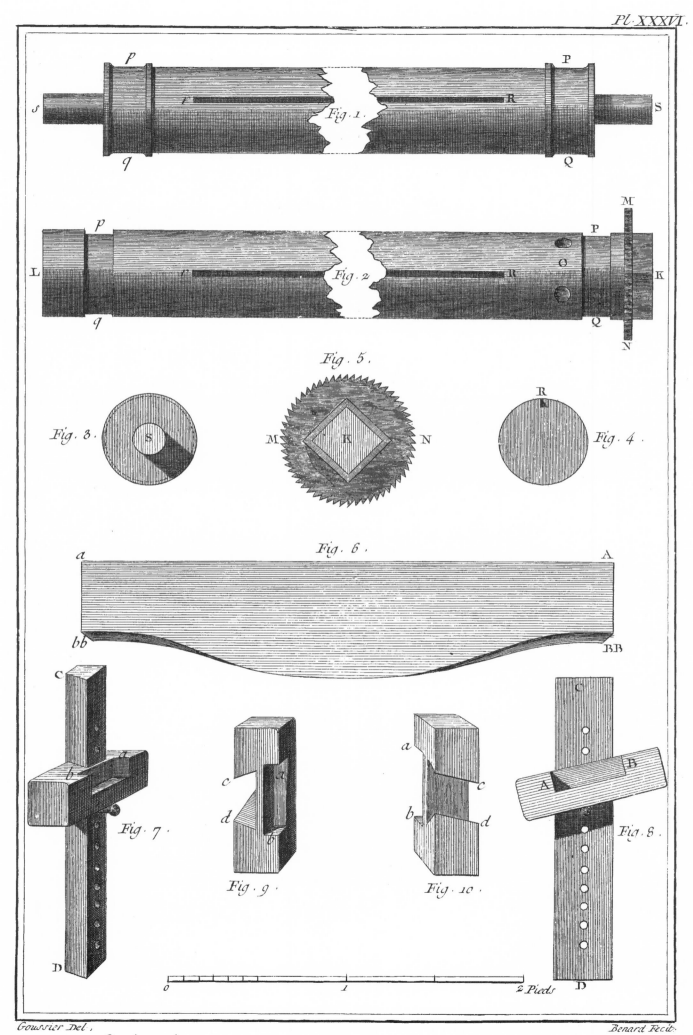

Pl. XXXVI.

Fig. 1.

Fig. 2.

Fig. 5.

Fig. 3.

Fig. 4.

Fig. 6.

Fig. 7.

Fig. 9.

Fig. 10.

Fig. 8.

0   1   2 Pieds

Goussier Del.

Benard Fecit.

Soierie, Développement des Ensuples du Métier pour fabriquer les Étoffes, et Construction du Banc de l'Ouvrier.

NN

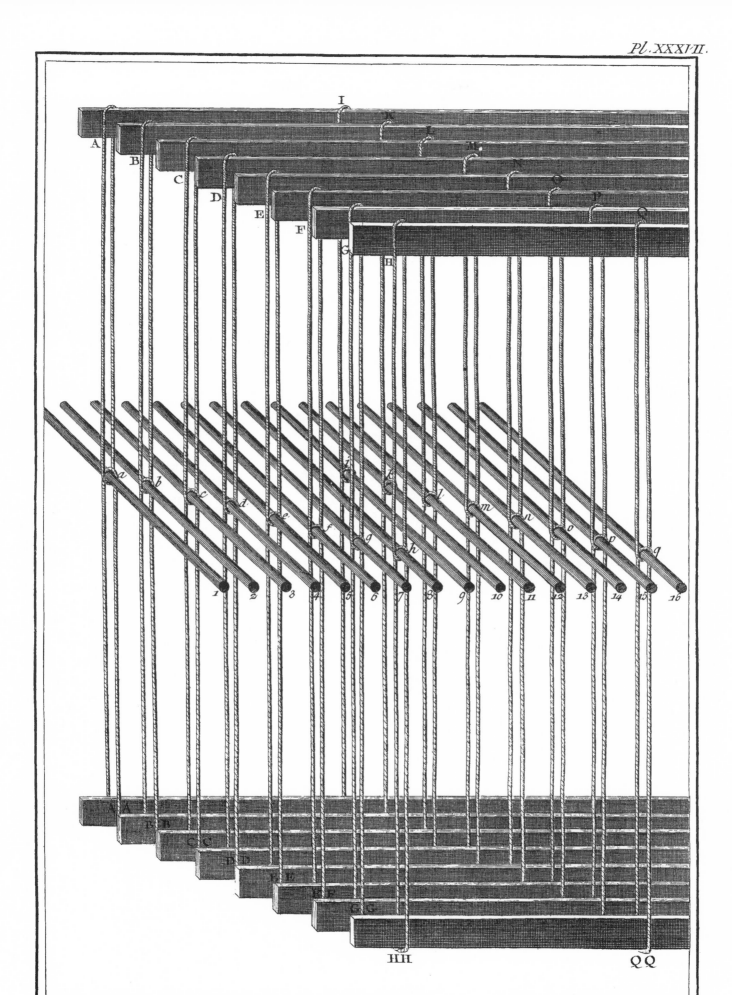

Pl. XXXVII.

Goussier Del.

Benard Fecit.

OO

Soierie, Remetage ou Passage des Fils de la Chaine dans les Lißes.

Pl. XXXVIII.

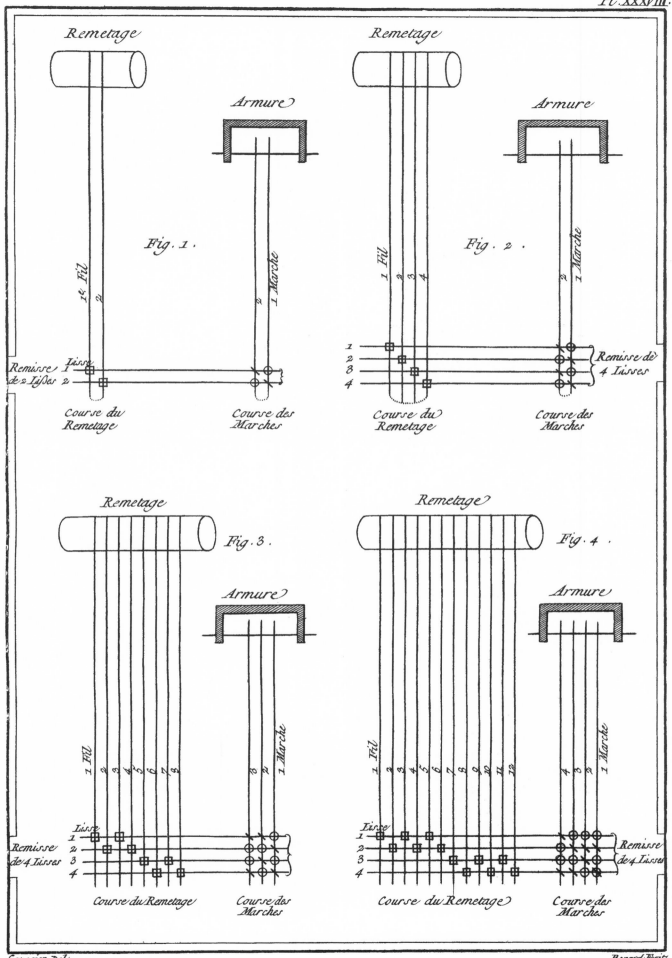

Remetage — Remetage

Armure — Armure

Fig. 1. — Fig. 2.

Course du Remetage — Course des Marches

Remetage — Remetage

Armure — Armure

Fig. 3. — Fig. 4.

Course du Remetage — Course des Marches

Soierie, Armures du Taffetas à 2 Lisses ou Armosin, autre
Armure génèralle pour toutes sortes de Taffetas et Gros de Tours : Armure de
l'Etoffe nommée Peau de Poulle, et Armure pour la Siamoise.

PP

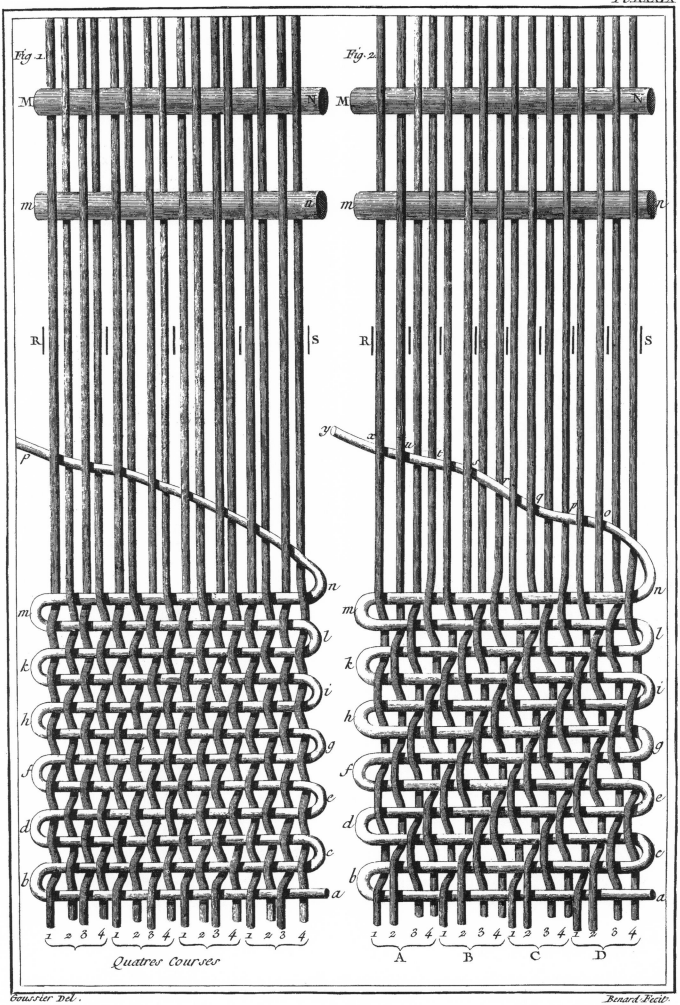

Soierie, Étoffes en Plein, le Taffetas et le Raz de St. Cir.

Pl. XI.

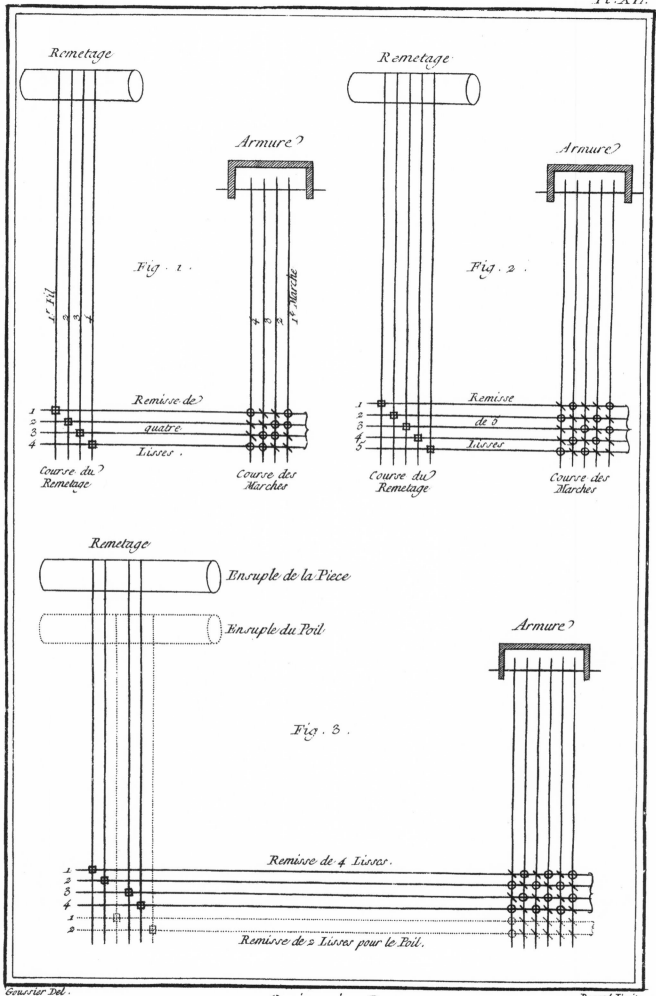

Remetage

Remetage

Armure

Armure

Fig. 1.

Fig. 2.

1.er Fil   2   3   4

4   3   2   1.e Marche

Remisse de

Remisse

quatre

de 5

Lisses.

Lisses.

Course du Remetage

Course des Marches

Course du Remetage

Course des Marches

Remetage

Ensuple de la Piece

Ensuple du Poil

Armure

Fig. 3.

Remisse de 4 Lisses.

Remisse de 2 Lisses pour le Poil.

Goussier Del.

Benard Fecit.

Soierie.

1.º Raz de S.t Maur, 2.º Etoffe qui est Gros de Naples d'un côté et Raz
de S.t Maur de l'autre, 3.º Canelé à Poil.

RR

Pl. XLI.

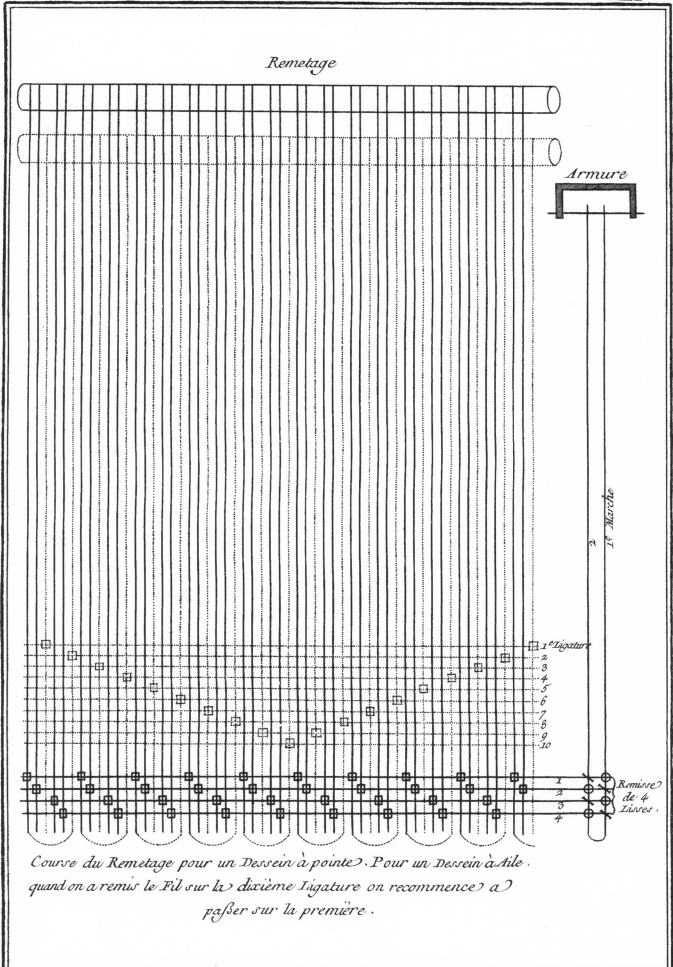

Remetage

Armure

Course du Remetage pour un Dessein à pointe. Pour un Dessein à Aile,
quand on a remis le Fil sur la dixième Ligature on recommence à
paſſer sur la première.

Goussier Del

Benard Fecit

Soierie,
Taffetas Façoné Simpleté, à Ligature

Pl. XLII.

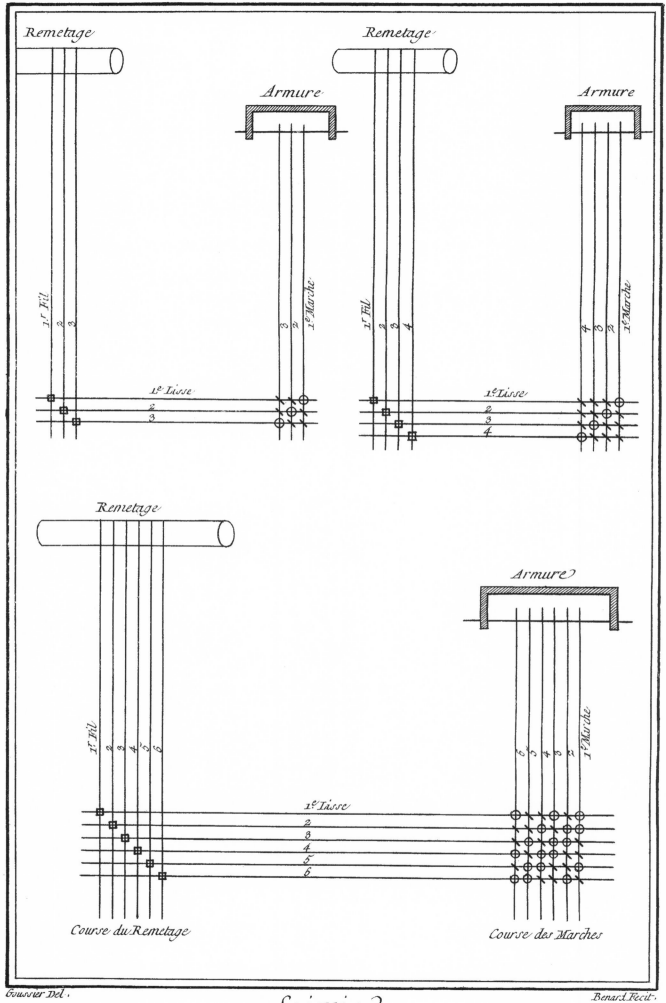

Remetage

Remetage

Armure

Armure

1.ᵉ Fil 2 3

3 2 1.ᵉ Marche

1.ᵉ Fil 2 3 4

4 3 2 1.ᵉ Marche

1.ᵉ Lisse
2
3

1.ᵉ Lisse
2
3
4

Remetage

Armure

1.ᵉ Fil 2 3 4 5 6

6 5 4 3 2 1.ᵉ Marche

1.ᵉ Lisse
2
3
4
5
6

Course du Remetage

Course des Marches

Soierie,
Serge à 3 à 4 et a six Lisses.

TT

Pl. XLIII.

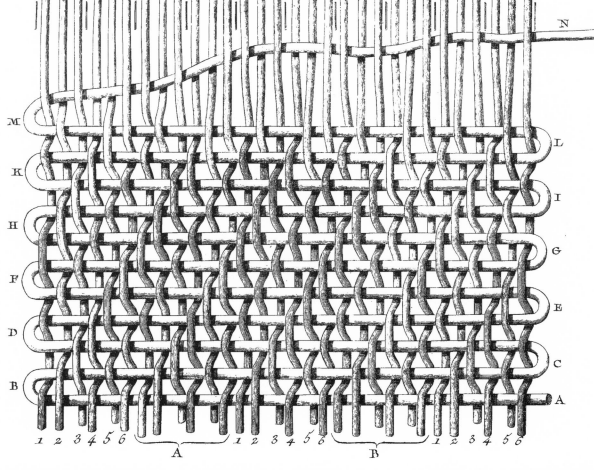

Fig.1.

R   S

P

N   O

M

L

K

I

H

G

F

E

D

C

B

A

4 3 2 1   4 3 2 1

B   A

Fig.2.

R   S

o   n   m

l

k

i

h

f

e

d

c

b

a

1 2 3 4   1 2 3 4

A   B

Fig.3.

N

M

L

K

I

H

G

F

E

D

C

B

A

1 2 3 4 5 6   1 2 3 4 5 6   1 2 3 4 5 6

A   B

Goussier Del.   Benard Fecit.

Soierie,
Étoffes en Plein, la Serge satinée et la Serge à 6 Lisses.

VV

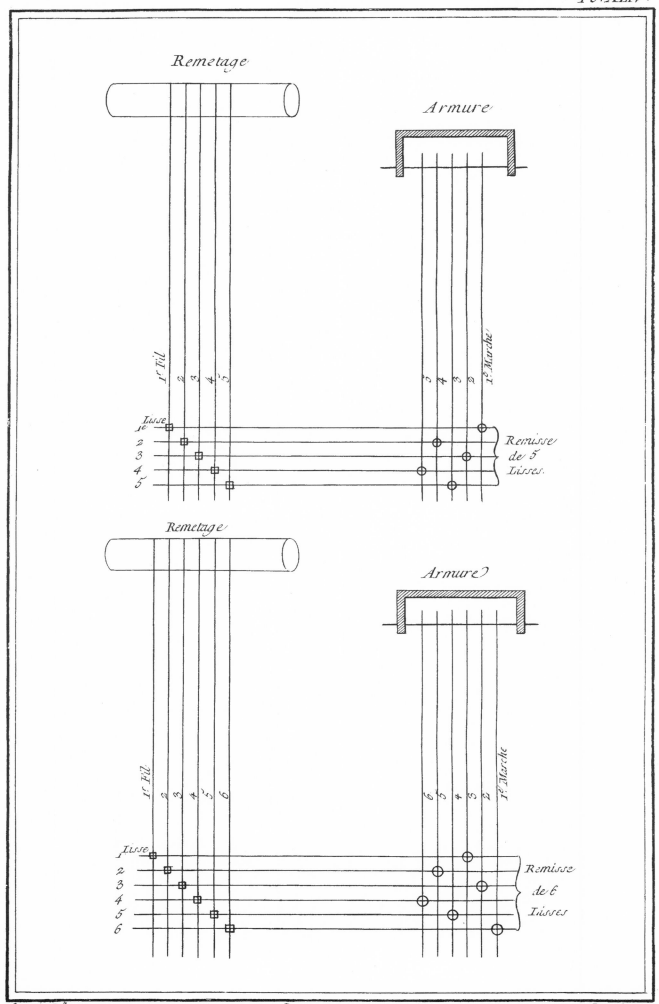

Pl. XLIV.

Remetage

Armure

Remetage

Armure

Soierie

Satin à 5 Lisses et Satin à 6 Lisses.

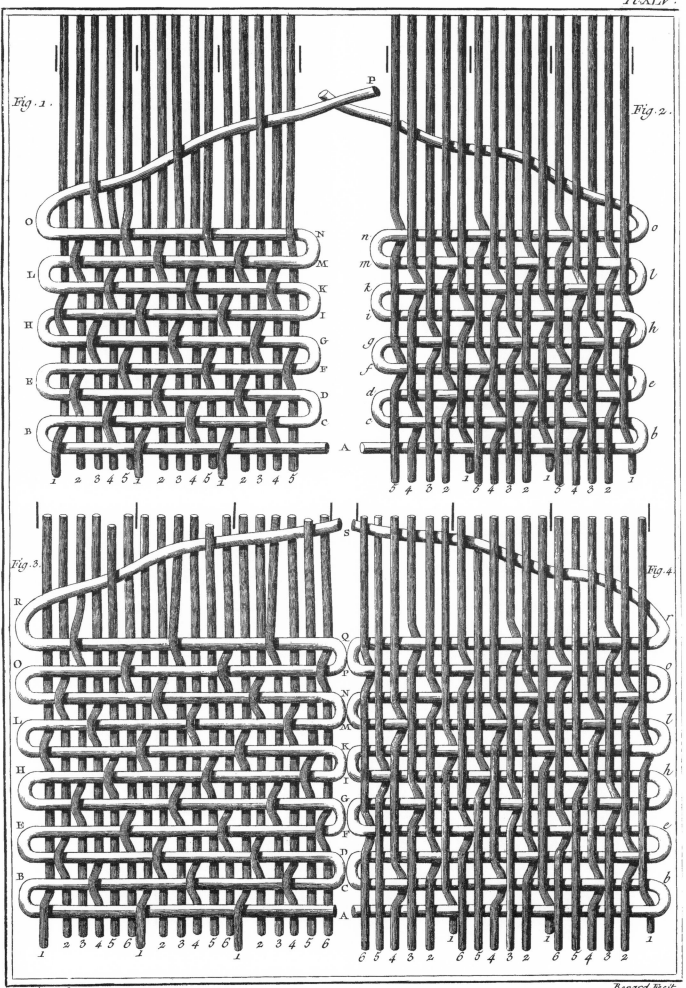

Pl. XLV.

Fig. 1.

Fig. 2.

Fig. 3.

Fig. 4.

Goussier Del.

Benard Fecit.

Soierie, Étoffes en Plein, Satin à 5, à 6 Lisses vu du coté de l'envers et du coté de l'endroit.

YY

Pl. XLVI.

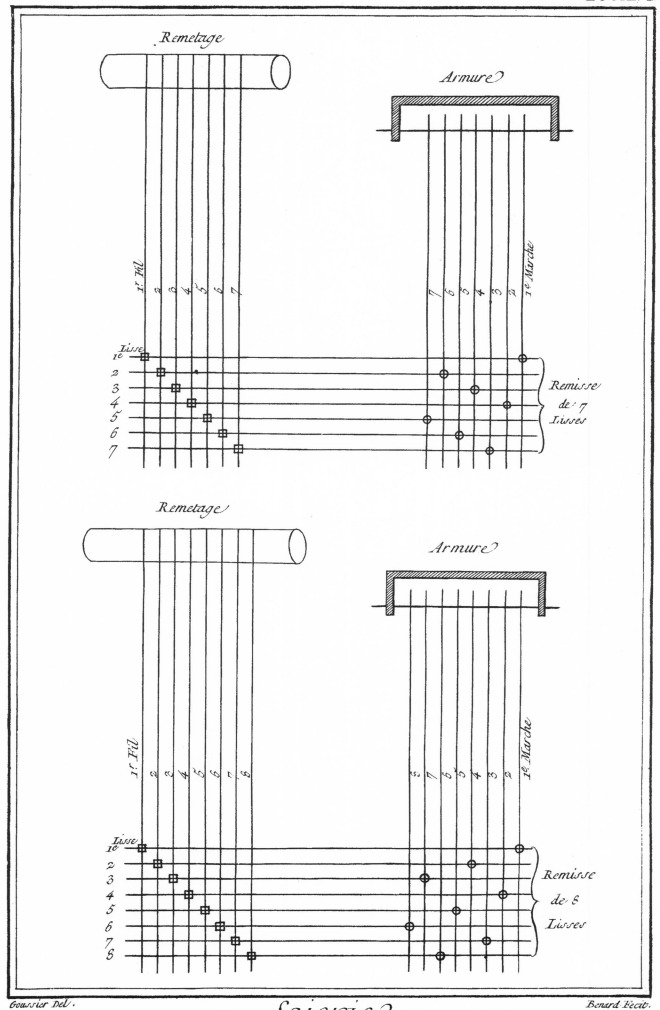

Soierie
Satin à 7 Lisses et Satin à 8 Lisses.

Goussier Del.

Benard Fecit.

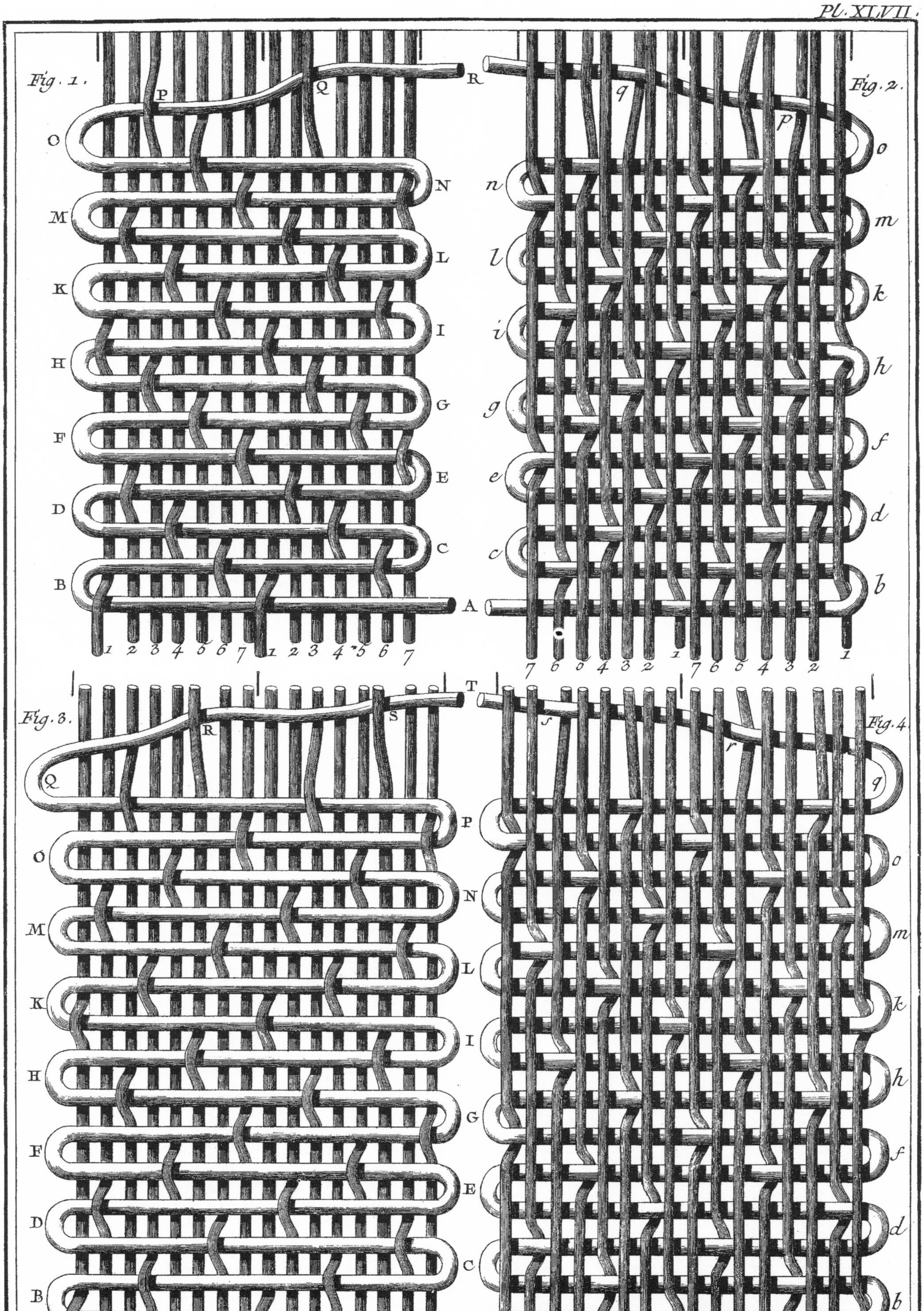

Pl. XLVII.

Fig. 1.

Fig. 2.

Fig. 3.

Fig. 4.

Goussier Del.

Benard Fecit.

Soierie,

Étoffes en Plein, Satin à 7 Lisses et Satin à 8, Vus par l'Envers et l'Endroit.

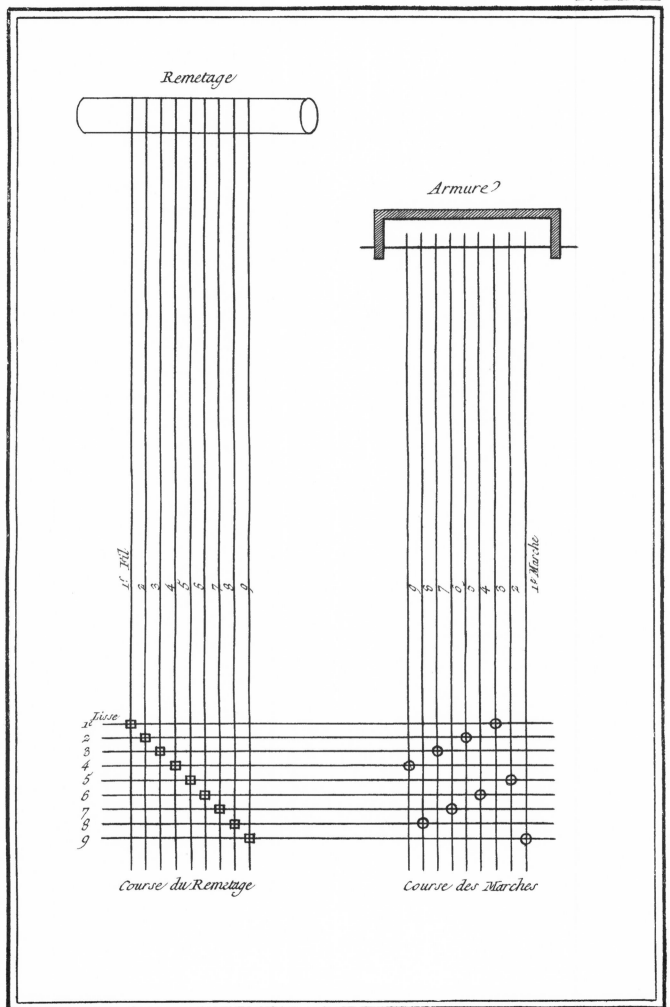

Pl. XLVIII.

Remetage

Armure

1.ᵉ Fil 2 3 4 5 6 7 8 9

9 8 7 6 5 4 3 2 1.ᵉ Marche

Lisse
1
2
3
4
5
6
7
8
9

Course du Remetage

Course des Marches

Goussier Del.

Benard Fecit.

Soierie, Satin à 9 Lisses.

b

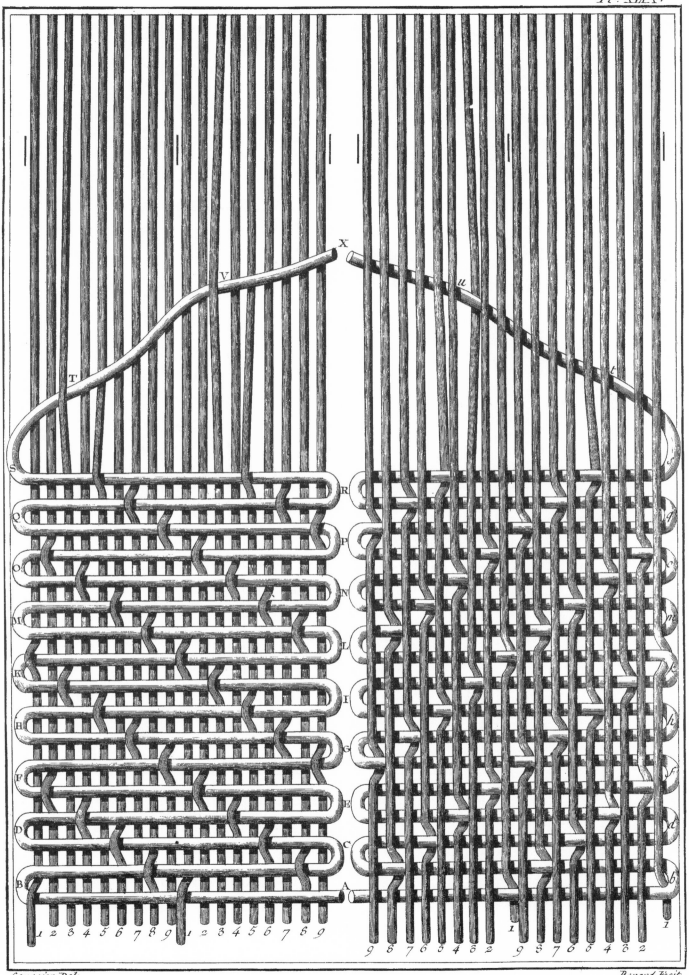

Pl. XLIX.

Goussier Del.

Benard Fecit.

Soierie, Satin à 9 Lißes vu du coté de l'envers et du coté de l'endroit.

Pl. L.

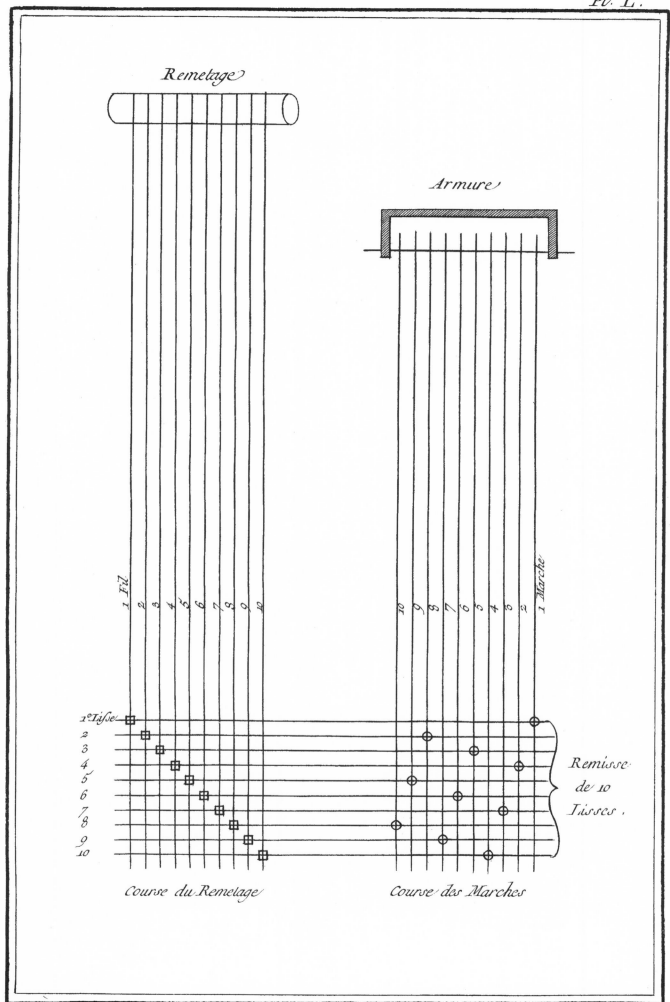

Remetage

Armure

1 Fil 2 3 4 5 6 7 8 9 10

10 9 8 7 6 5 4 3 2 1 Marche

1.ᵉ Lisse
2
3
4
5
6
7
8
9
10

Remisse de 10 Lisses.

Course du Remetage

Course des Marches

Goussier Del.

Benard Fecit.

Soierie,
Satin à dix Lisses.

d

Pl. LI.

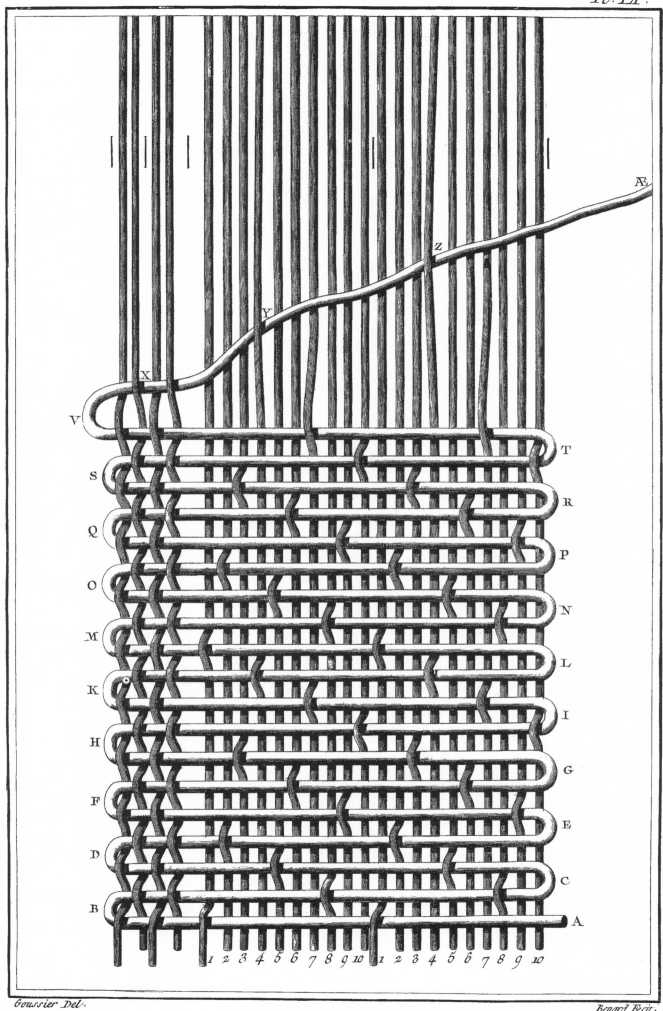

Soierie, *Etoffes en Plein*, *Satin à dix Lisses Vu du coté de l'envers.*

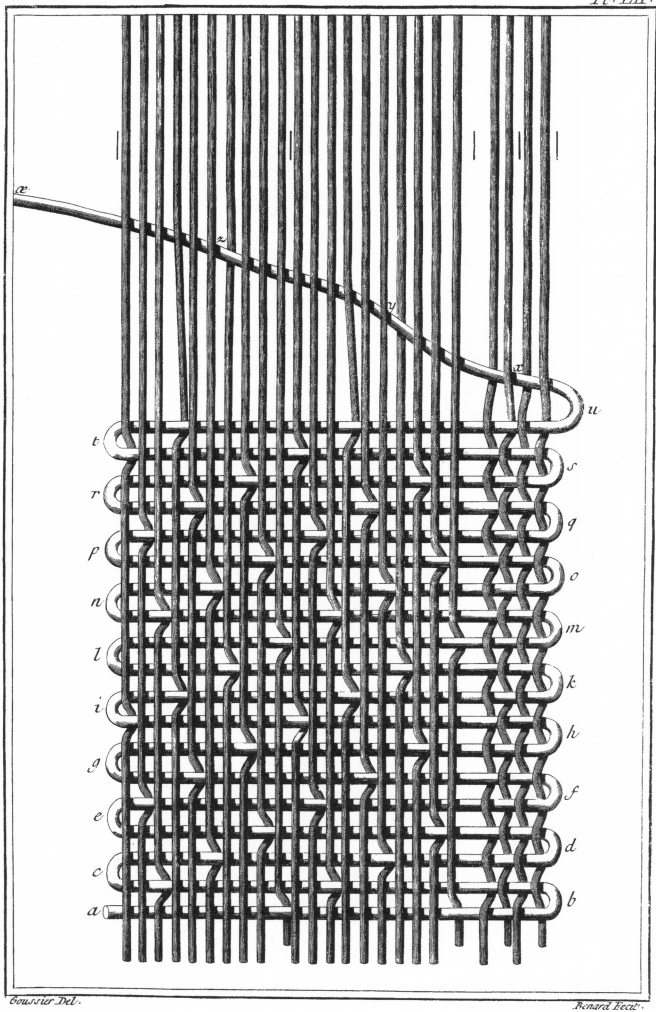

Goussier Del.

Benard Fecit.

Soierie, Etoffes en Plein, Satin à dix Lisses Vu du coté de l'endroit

Pl. LIII.

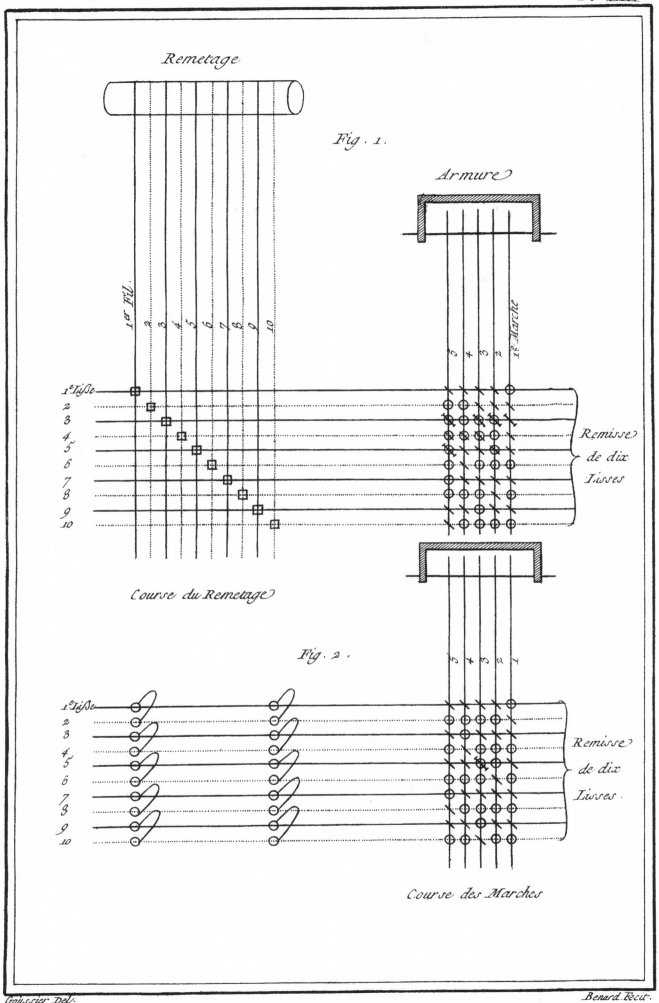

Remetage

Fig. 1.

Armure

Course du Remetage

Fig. 2.

Course des Marches

Goussier Del.

Benard Fecit.

Soierie,
Satin à deux faces Blanc d'un coté et Noir de l'autre.

9

Pl. LIV.

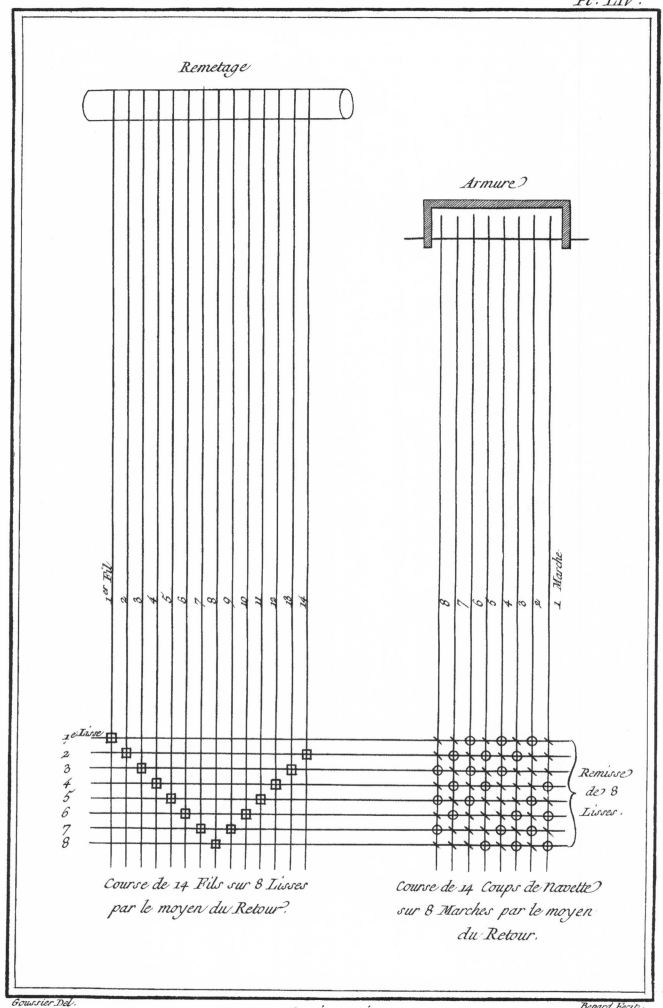

Remetage

Armure

Course de 14 Fils sur 8 Lisses
par le moyen du Retour.

Course de 14 Coups de Navette
sur 8 Marches par le moyen
du Retour.

Goussier Del.

Benard Fecit.

Soierie,
Chenelle sans Poil, qui conduit à plusieurs petites façons dans le fond des Etoffes.

Pl. LV.

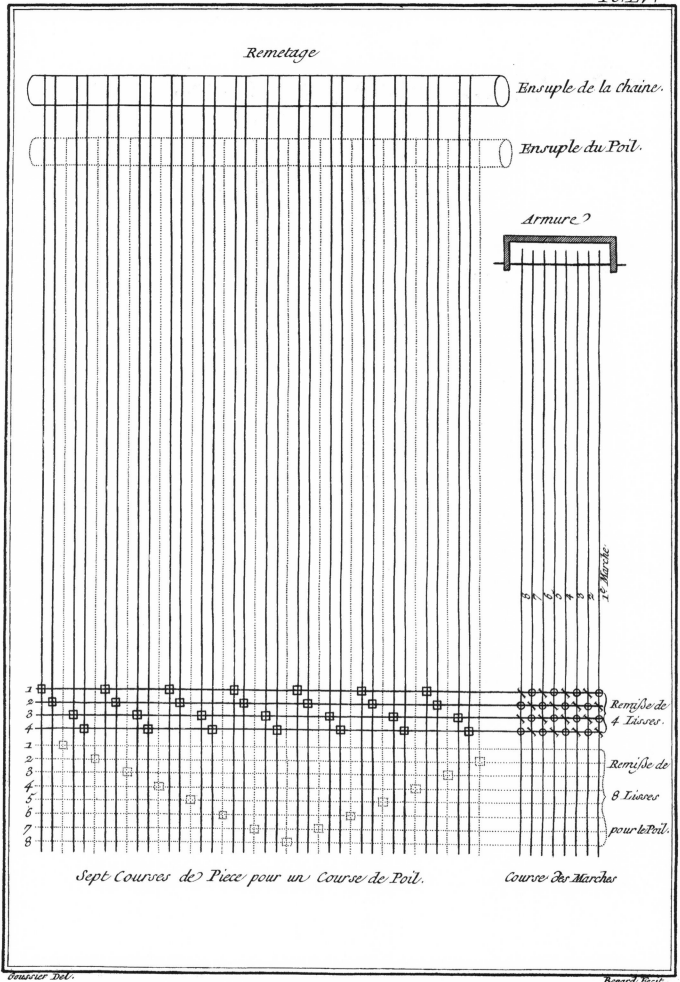

Remetage

Ensuple de la chaine.

Ensuple du Poil.

Armure

1e. Marche.

Remisse de 4 Lisses.

Remisse de 8 Lisses pour le Poil.

Sept Courses de Piece pour un Course de Poil.

Course des Marches

Soierie,

Etoffe à petite Chainette dans laquelle on peut faire plusieurs petites façons de la grosseur d'un Pois.

Pl. LVI.

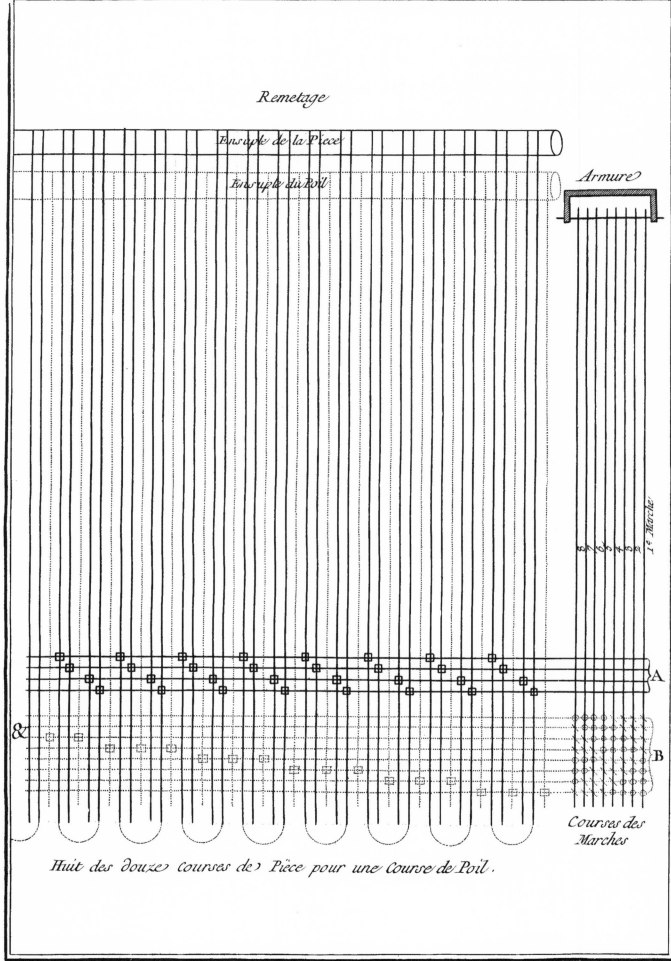

Remetage

Ensuple de la Pièce

Ensuple du Poil

Armure

1.ᵉ Marche.

Courses des Marches

A

B

&

Huit des douze Courses de Pièce pour une Course de Poil.

Goussier Del.

Benard Fecit.

Soierie, Etoffe appellée Maubois.

k

Pl. LVII.

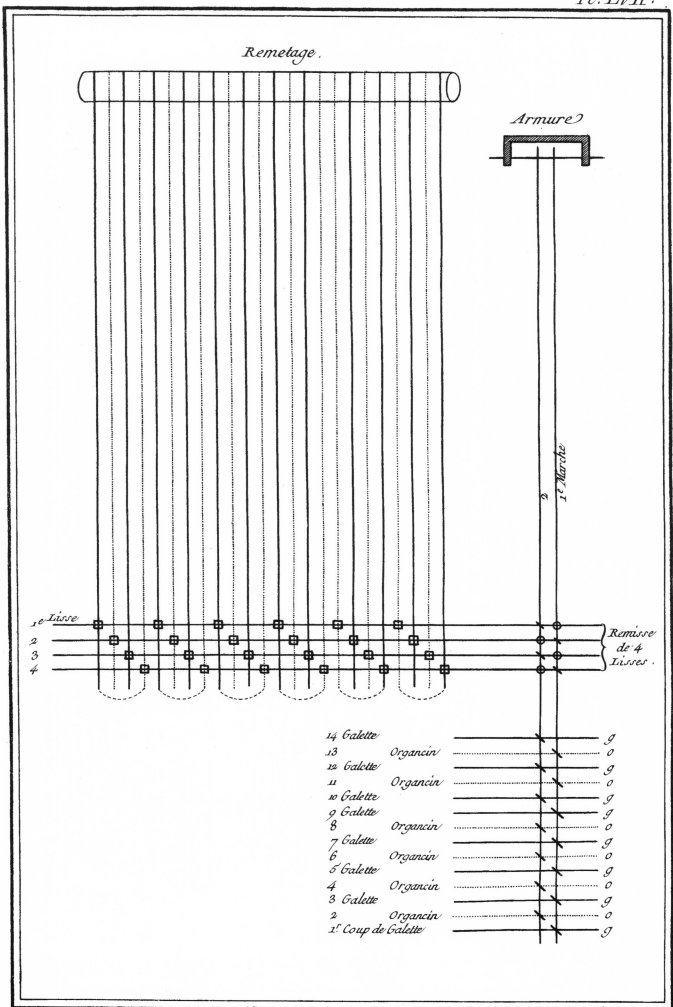

Remetage.

Armure

1e. Marche

1e. Lisse
2
3
4

Remisse
de 4
Lisses.

14 Galette
13   Organcin
12 Galette
11   Organcin
10 Galette
9 Galette
8   Organcin
7 Galette
6   Organcin
5 Galette
4   Organcin
3 Galette
2   Organcin
1e. Coup de Galette

Goussier Del.

Benard Fecit.

Soierie, Carele en deux Couleurs

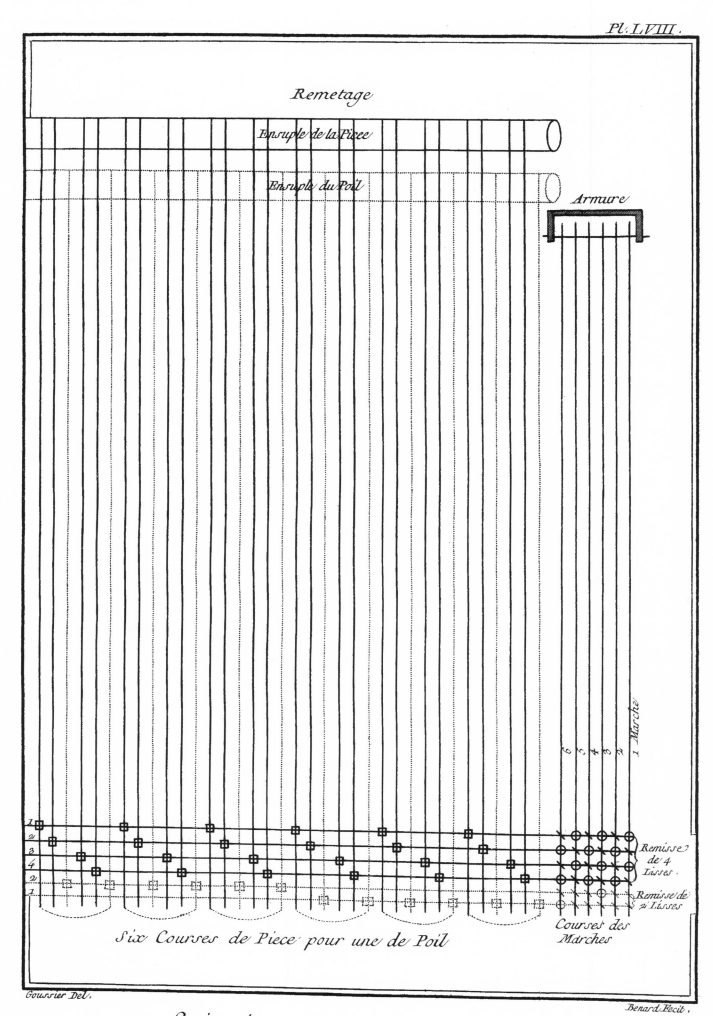

Pl. LVIII.

Remetage

Ensuple de la Piece

Ensuple du Poil

Armure

1 Marche

6 5 4 3 2

Remisse de 4 Lisses.

Remisse de 2 Lisses

Courses des Marches

Six Courses de Piece pour une de Poil

Goussier Del.

Benard Fecit.

Soierie, Carrele à Poil ou Paillettes.

Pl. LIX.

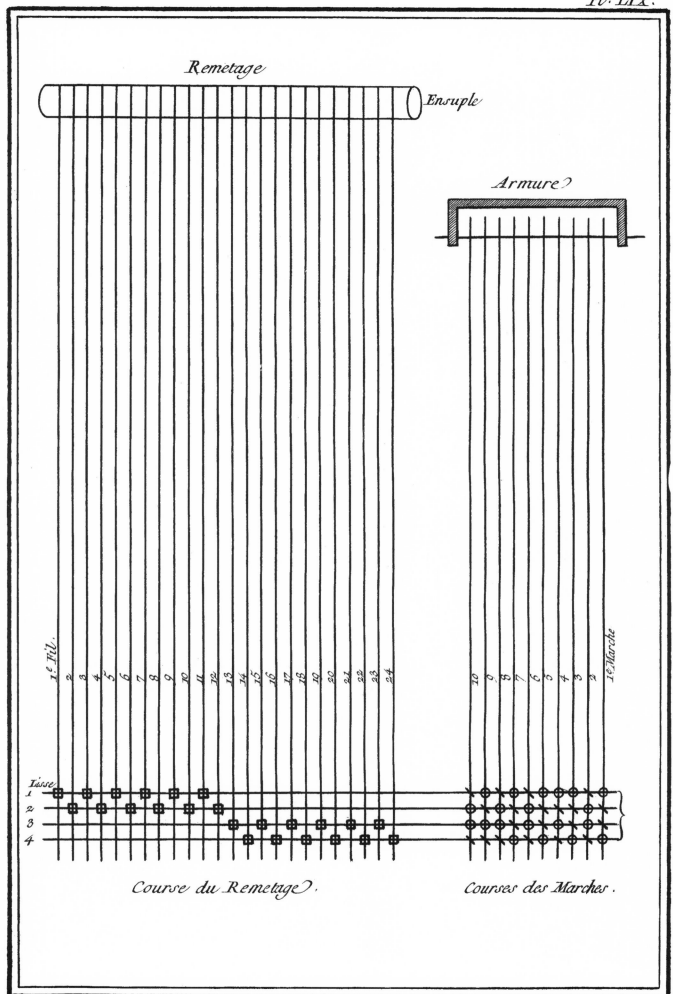

Remetage

Ensuple

Armure

1.e Fil. 2 3 4 5 6 7 8 9 10 11 12 13 14 15 16 17 18 19 20 21 22 23 24

10 9 8 7 6 5 4 3 2 1.e Marche

Lisse
1
2
3
4

Course du Remetage.

Courses des Marches.

Goussier Del.

Benard Fecit.

Soierie,
Chagrin ou Siamoise pour faire la Paillette plus large.

n

Pl. LX.

Venevier Del.

Benard Fecit.

Soierie, *Etoffes Brochées*. *Elevation Perspective du Métier pour fabriquer les Etoffes Brochées, garni de tous les Cordages et agrès*.

Fig. 2.

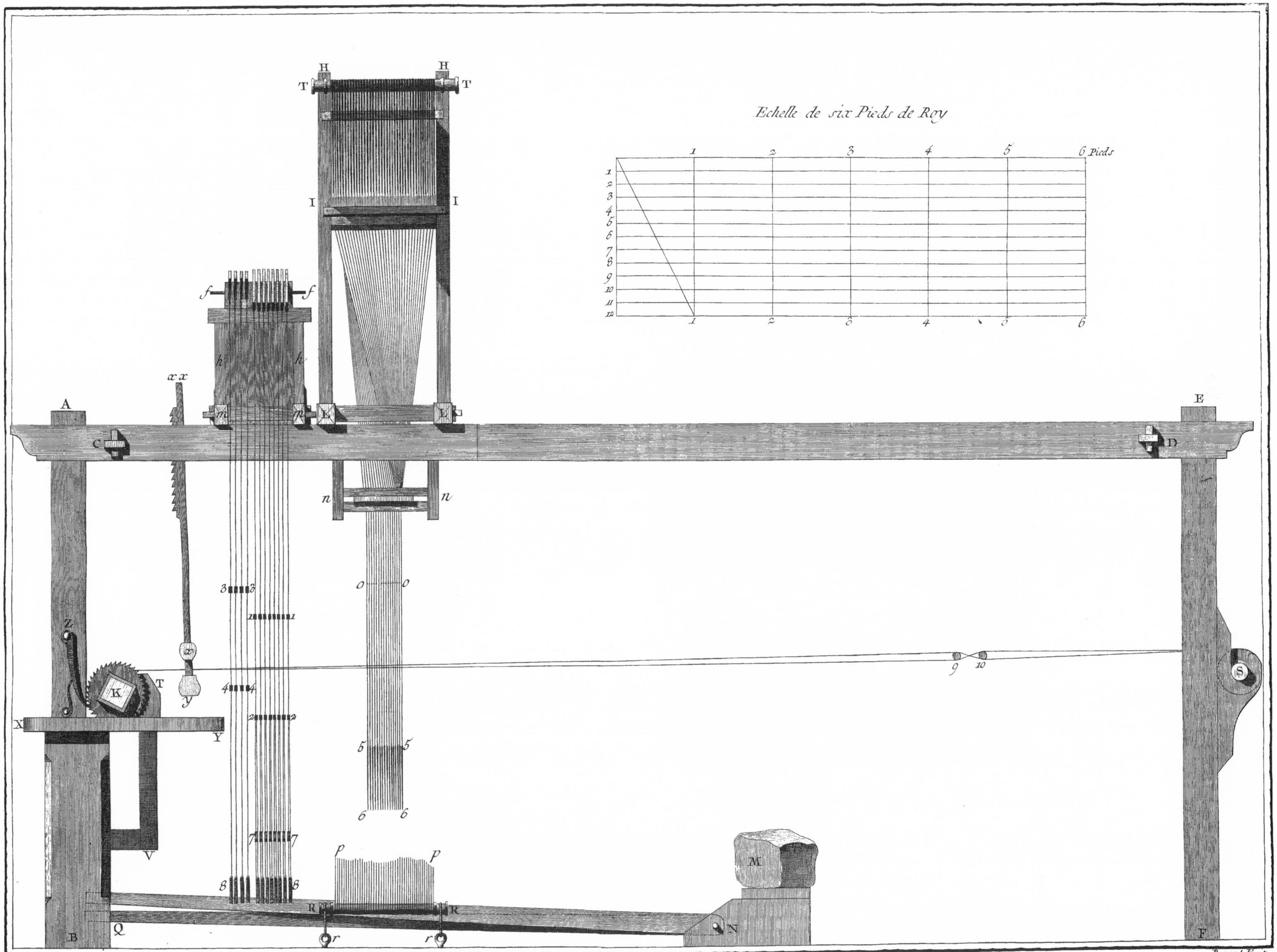
Echelle de six Pieds de Roy
6 Pieds
A
B
C
D
E
F
H
I
K
L
M
N
Q
R
S
T
V
X
Y
Z
x x
y
f
h
m
n
o
p
r
9
10

Goussier Del.

Benard Fecit.

Soierie, Étoffes Brochées Élévation Latéralle du Métier pour fabriquer les Étoffes Brochées.

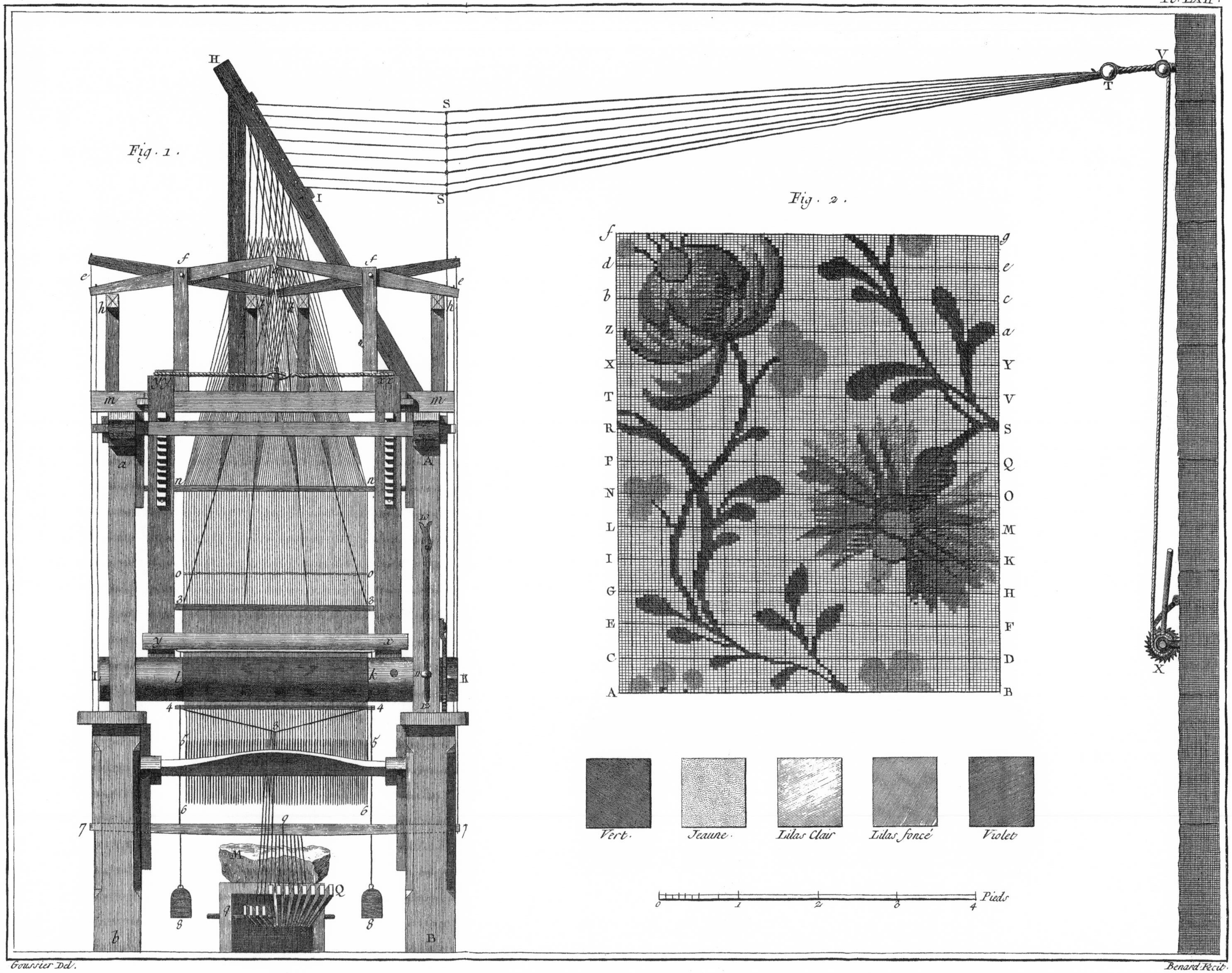

Pl. LXII.

Fig. 2.

g e c a Y V S Q O M K H F D B
f d b z X T R P N L I G E C A

Violet

Iulas foncé

Iulas Clair

Jaune

Vert.

Pieds
0 1 2 3 4

Fig. 1.

Grassier Del.

SOIERIE, Etoffes Brochées, Élévation Géométralle du devant du Métier pour fabriquer les Étoffes Brochées.

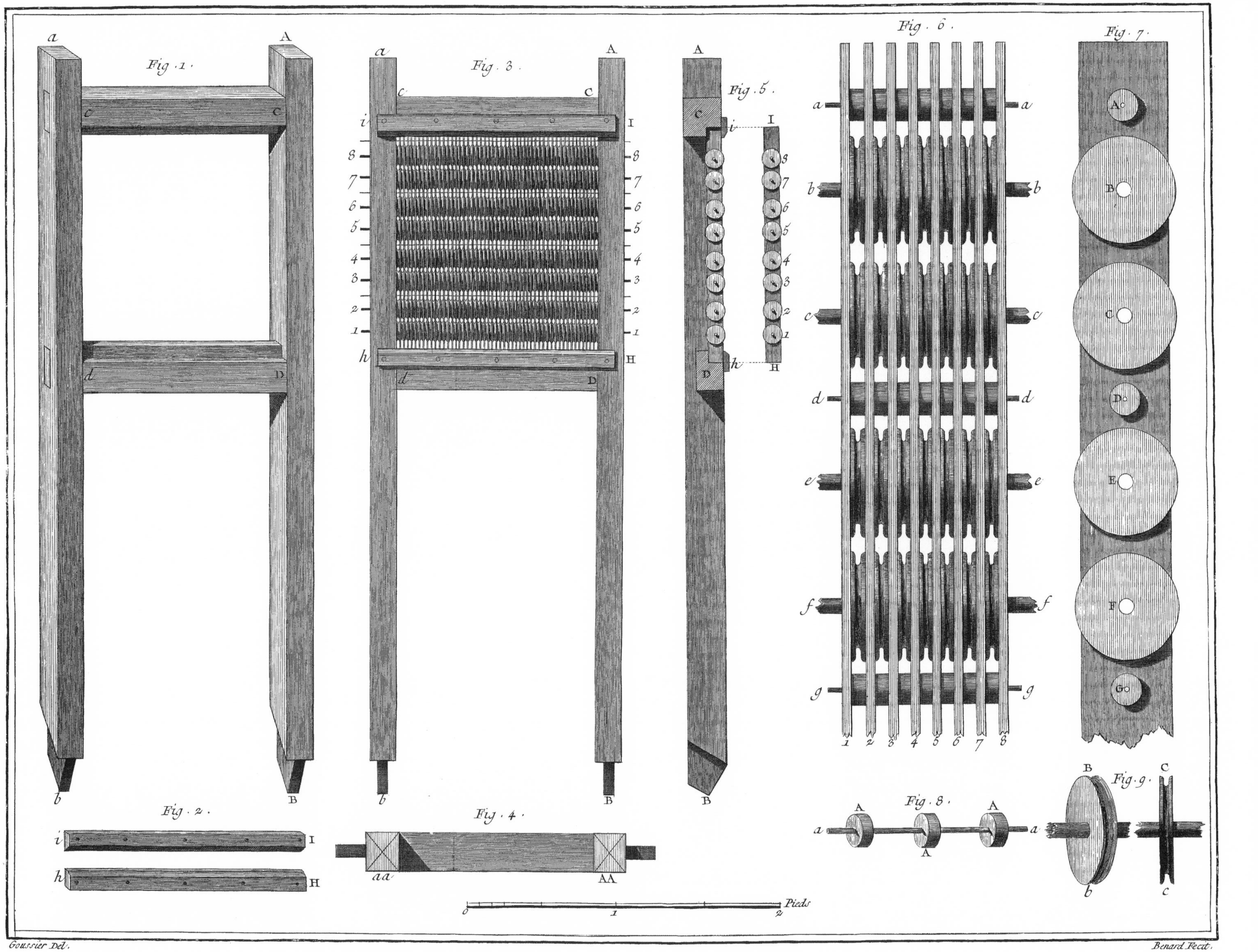

Pl. LXIII.

Fig. 7.

Fig. 9.

Fig. 6.

Fig. 8.

Fig. 5.

Fig. 3.

Fig. 4.

Fig. 1.

Fig. 2.

Pieds

Soierie, Étoffes Brochées, Élévation et Développemens du Cassin.

Pl. LXIV.

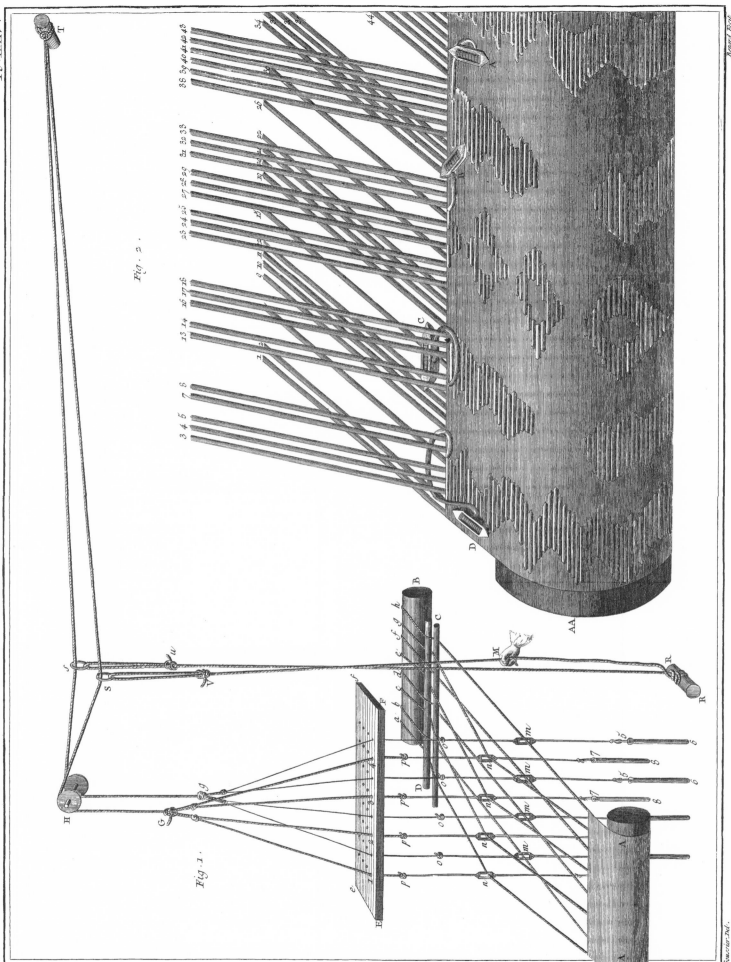

Fig. 2.

Fig. 1.

Benard Fecit.

Louster Del.

Soierie, Développement des Cordes de Rame et de Sample et leur action sur les Fils de la Chaine des Étoffes
Brochées ou le Poil des Velours frizés et Coupés. Partie d'Étoffe Brochée Vue du coté de l'envers et au Microscope.

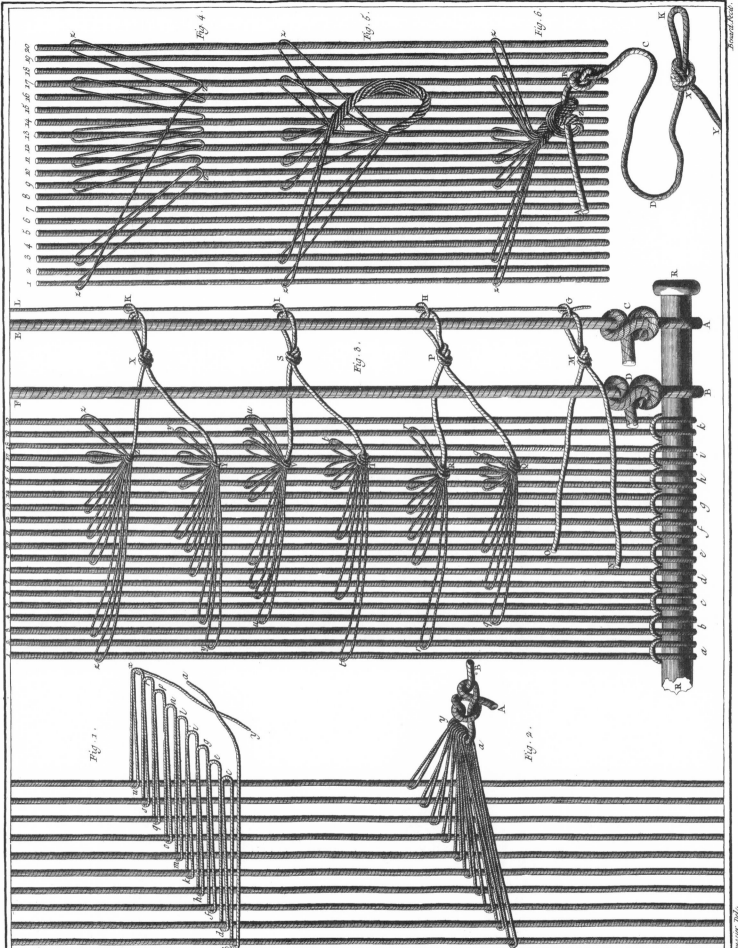

Pl. LXV.

Fig. 4.

Fig. 5.

Fig. 6.

Fig. 3.

Fig. 1.

Fig. 2.

Gousier Del.

Benard Fecit.

Soierie, Lacqs. Lacq à l'Angloise, Lacqs du Sample, Cavassine et formation d'un Lacq.

Pl. LXVI

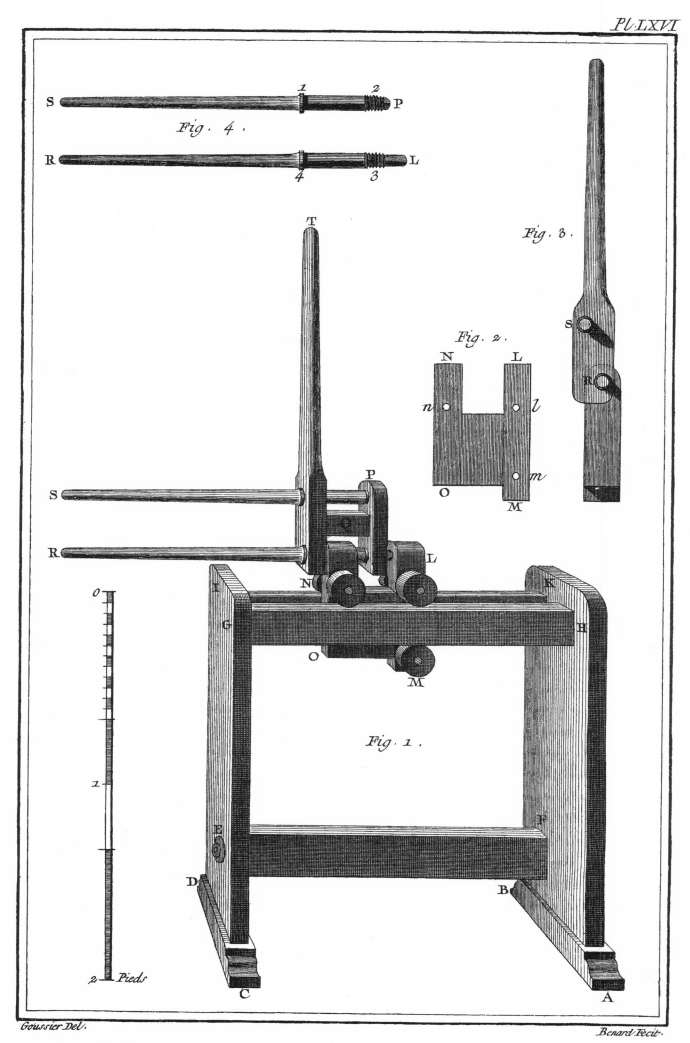

Fig. 4.

Fig. 3.

Fig. 2.

Fig. 1.

Pieds

Goussier Del.

Benard Fecit.

Soierie, construction de la Machine pour la Tire.

u

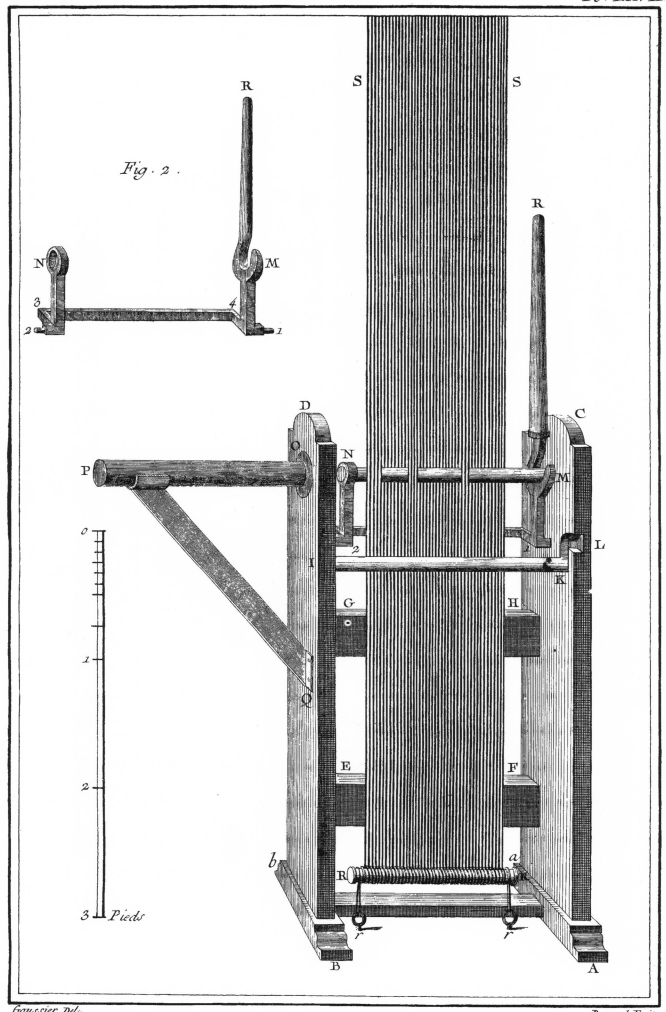

Pl. LXVII.

Fig. 2.

Goussier Del.   Benard Fecit.

Soierie, *Nouvelle Machine pour la Tire*.

x

Pl. LXVIII.

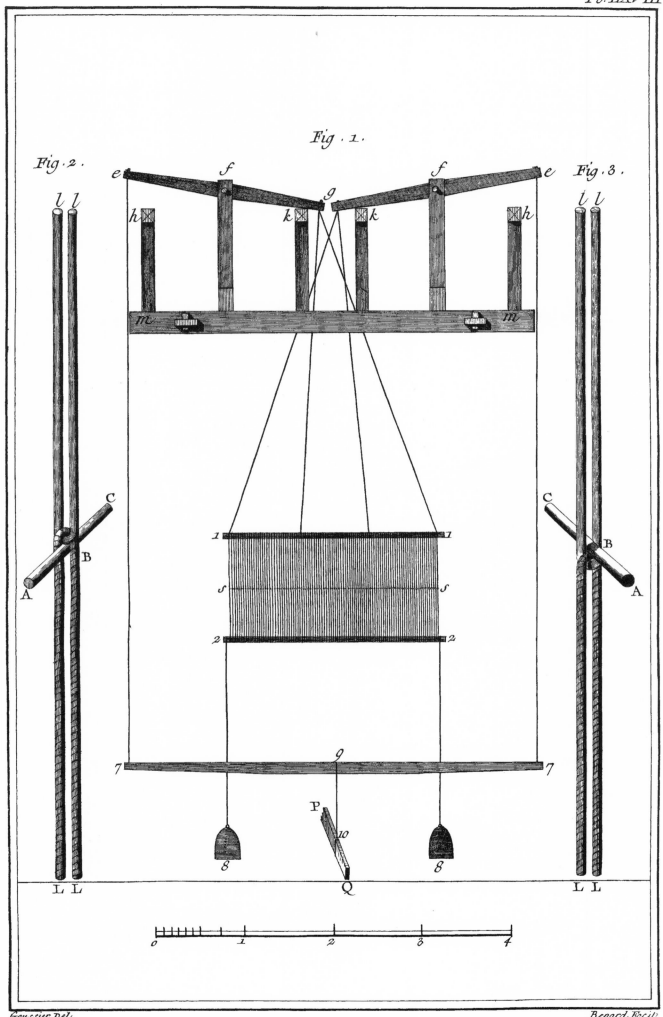

Fig. 2.

Fig. 1.

Fig. 3.

Soierie, Étoffes Brochées. Développement des Lisses de fond.

y

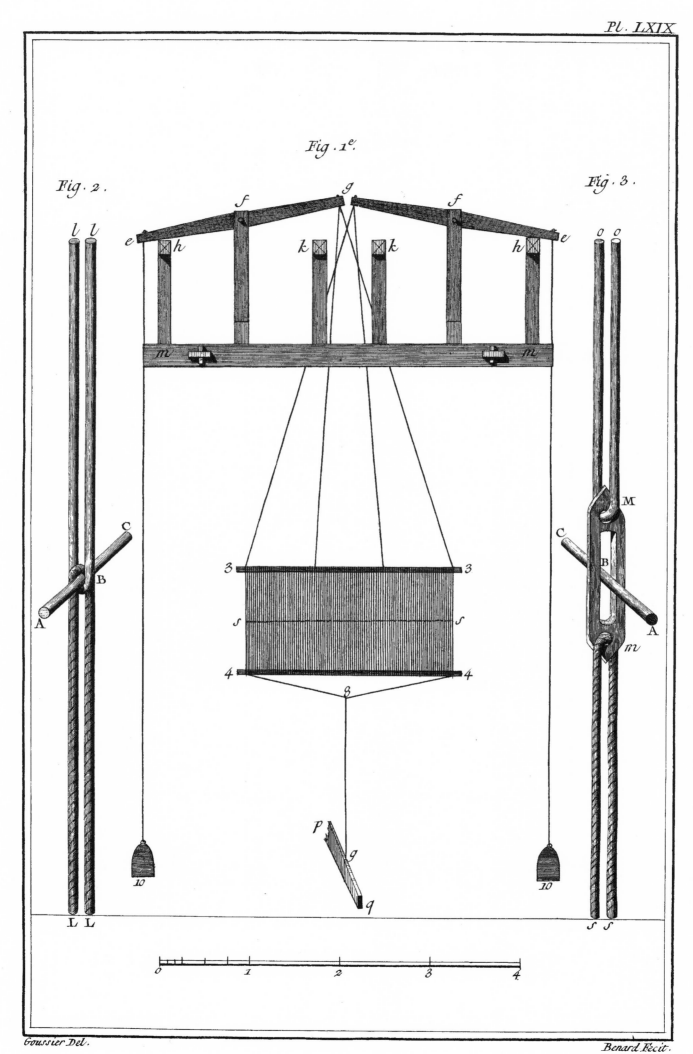

Pl. LXIX

Fig. 1e.

Fig. 2.

Fig. 3.

Soierie, Étoffes Brochées, Développement des Lisses de liage.

Pl. LXX.

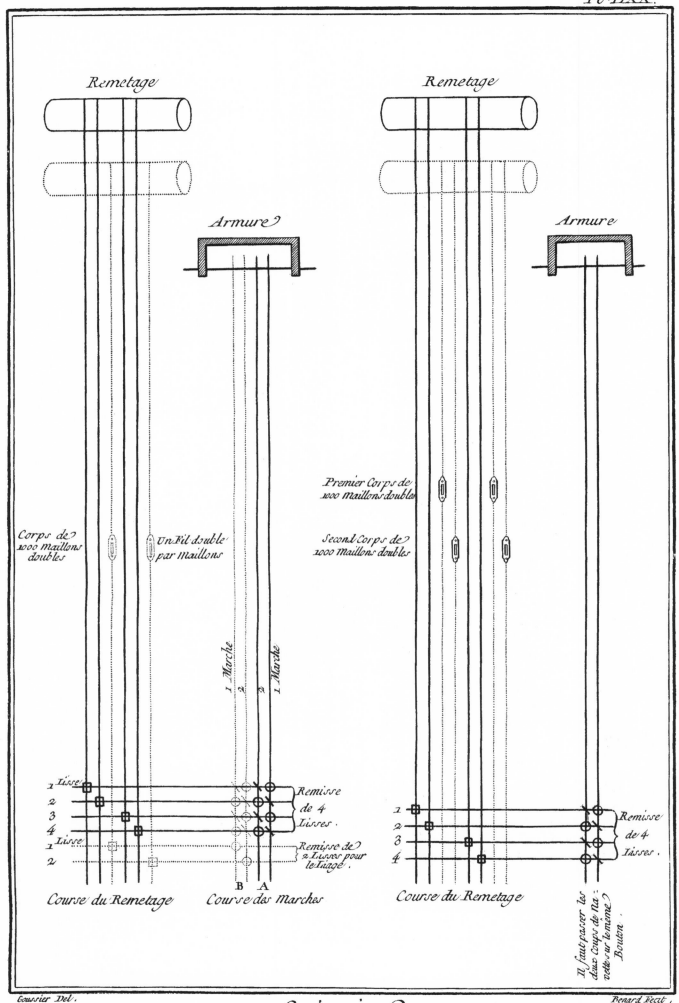

Remetage

Remetage

Armure

Armure

Corps de
1000 maillons
doubles

Un Fil double
par Maillons

Premier Corps de
1000 Maillons doubles

Second Corps de
1000 Maillons doubles

1 Marche
2
2
1 Marche

1 Lisse
2
3
4 Lisse
1 Lisse
2

Remisse
de 4
Lisses.

Remisse de
2 Lisses pour
le Tiagé.

B A

1
2
3
4

Remisse
de 4
Lisses.

Course du Remetage

Course des Marches

Course du Remetage

Il faut passer les
deux Coups de Na-
vette sur le même
Bouton.

Goussier Del.

Benard Fecit.

Soierie,
Taffetas Façoné Simpleté et Taffetas Façoné Doubleté.

aa

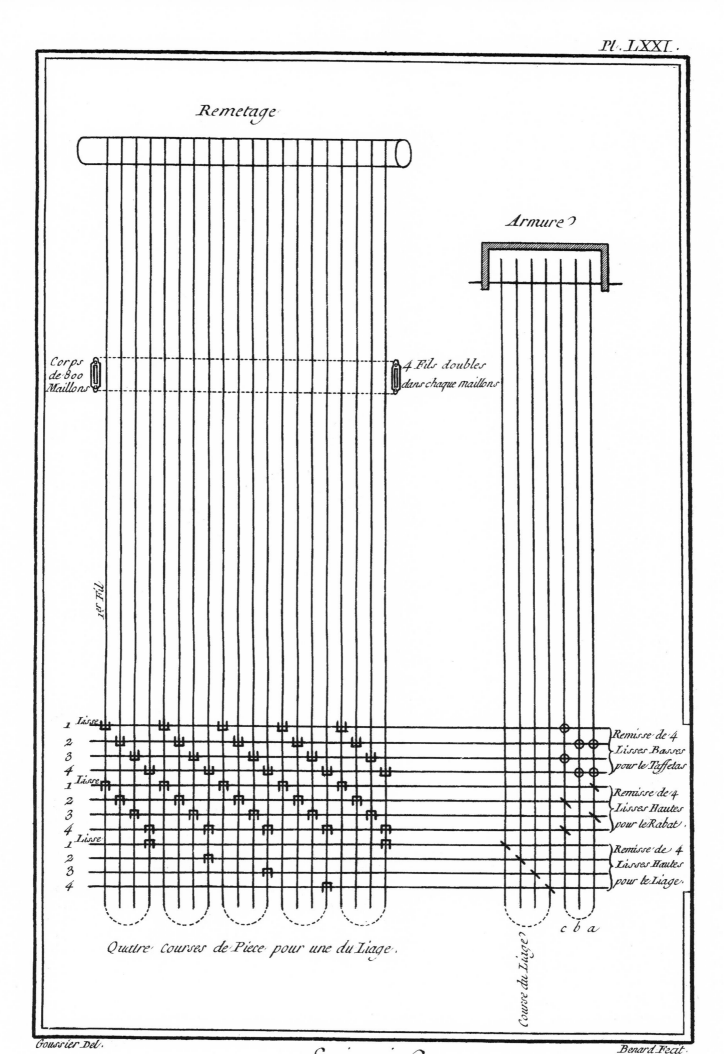

Pl. LXXI.

Remetage

Armure

Corps de 800 Maillons

4 Fils doubles dans chaque maillons

1er Fil

1 Lisse
2
3
4
1 Lisse
2
3
4
1 Lisse
2
3
4

Remisse de 4 Lisses Basses pour le Taffetas

Remisse de 4 Lisses Hautes pour le Rabat

Remisse de 4 Lisses Hautes pour le Liage.

Quatre courses de Pièce pour une du Liage.

Course du Liage

c b a

Goussier Del.

Benard Fecit.

Soierie,
Taffetas Broché et Lizéré avec un Liage de 3 le 4.

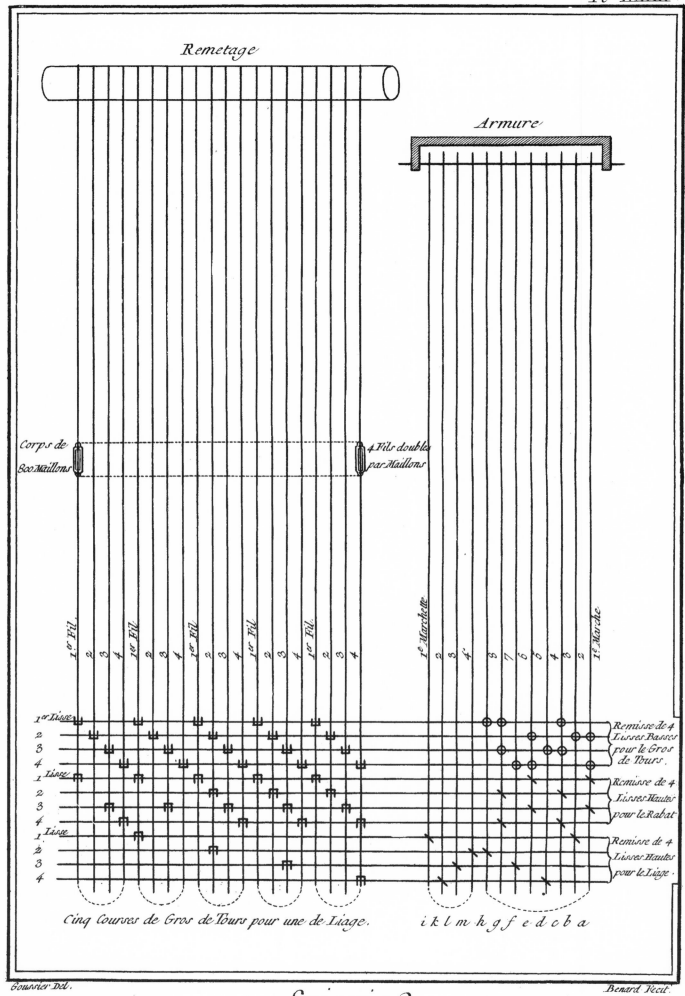

Pl. LXXII.

Remetage

Armure

Corps de 800 Maillons

4 Fils doubles par Maillons

Cinq Courses de Gros de Tours pour une de Liage.

i k l m h g f e d c b a

Soierie,
Gros de Tours Lizéré et Broché avec un Liage de 4 le 5.

Goussier Del.

Benard Fecit.

CC

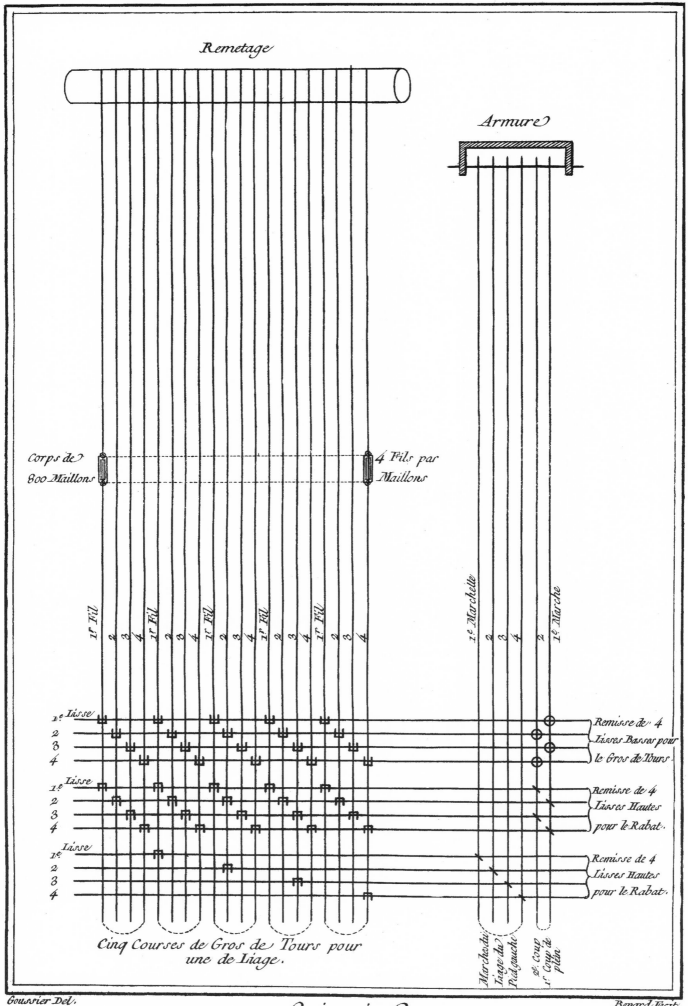

Pl. LXXIII.

Remetage

Armure

Corps de 800 Maillons

4 Fils par Maillons

Cinq Courses de Gros de Tours pour une de Liage.

Soierie,
Gros de Tours Broché avec un Liage de 4 le 5.

Goussier Del.

Benard Fecit.

dd

Pl. LXXIV.

Remetage

Armure

Corps de 1600
Maillons

Les Maillons ont 4 trous
pour separer les Fils.

2ᵉ Marche
1ᵉ Marche

1ᵉ Lisse
2
3
4
1 Lisse
2
3
4
5
6
7
8

Remisse de
4 Lisses pour
les 2 Chaines

Remisse de
8 Lisses pour
le Satin

Course du Remetage

Course de Seize Coups de Navette
qui se tirent par le Bouton pour
faire la Course du Satin

q p o n m l k i h g f e d e b a

Goussier Del.

Benard Fecit.

Soierie, Droguet Satiné.

ee

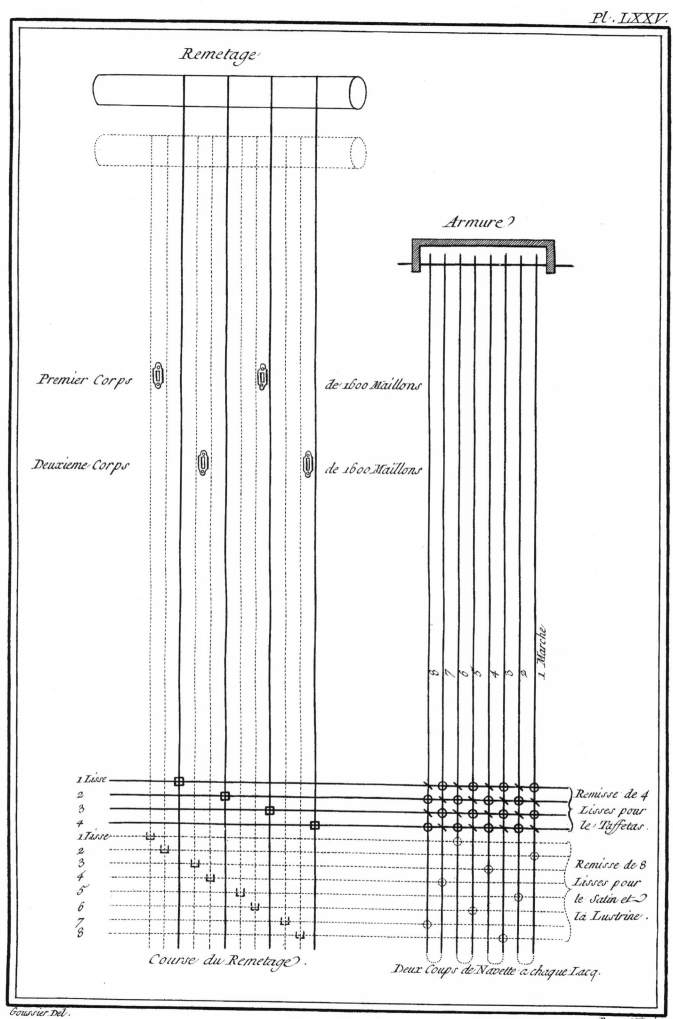

Soierie,
Droguet Lustriné Double Corps.

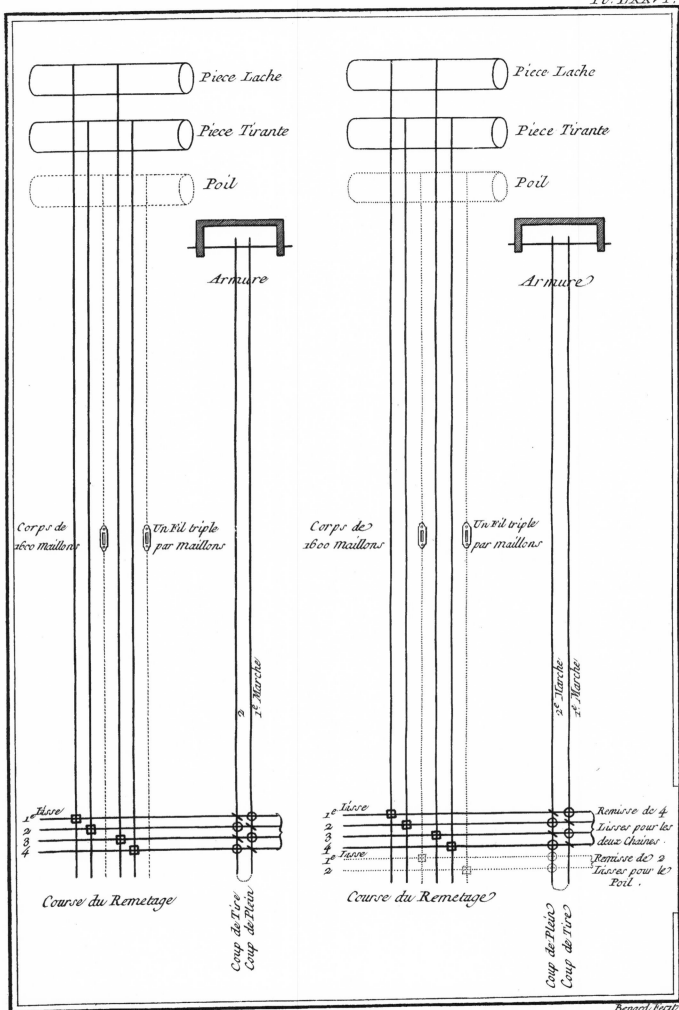

Pl. LXXVI.

Piece Lache

Piece Tirante

Poil

Piece Lache

Piece Tirante

Poil

Armure

Armure

Corps de
1600 Maillons

Un Fil triple
par maillons

Corps de
1600 Maillons

Un Fil triple
par maillons

2ᵉ Marche

1ᵉ Marche

2ᵉ Marche

1ᵉ Marche

1ᵉ Tisse
1
2
3
4

1ᵉ Tisse
1
2
3
4ᵉ Tisse
1ᵉ Tisse
2

Remisse de 4
Lisses pour les
deux Chaines.

Remisse de 2
Lisses pour le
Poil.

Course du Remetage

Coup de Tire
Coup de Plein

Course du Remetage

Coup de Plein
Coup de Tire

Goussier Del.

Benard Fecit

Soierie,
Droquet Lucoise autre Droquet Lucoise l'Endroit dessus.

99

Pl. LXVII

Remetage

Ensuple de Piece

Ensuple de Poil

Armure

Corps de   800 Maillons

3
2
1. Marche.

Lisse.
1.ere
2
3
4
   Remisse de 4
   Lisses Basses

Lisse.
1.re
2
3
4
   Remisse de 4
   Lisses Hautes.

Lisse.
1.re
2
3
4
5
   Remisse de 5
   Lisses Basses.

Course du Remetage

2.^d Coup de Navette
1.er Coup de Navette

Goussier Del.

Benard Fecit.

Soierie, Espece de Persienne Lizérée.

hh.

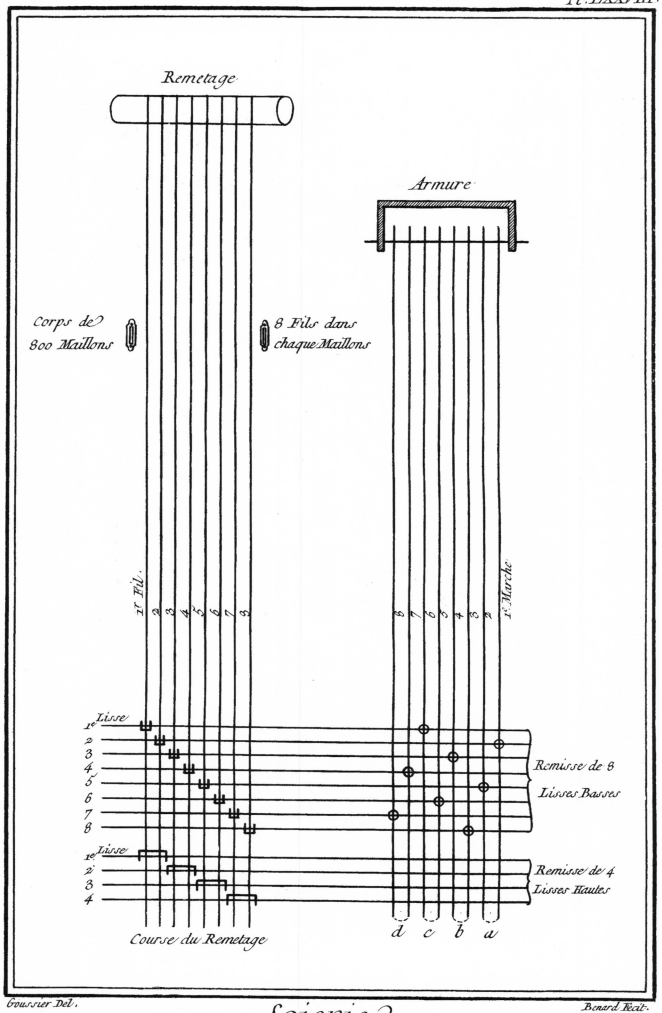

Pl. LXXVIII.

Remetage

Armure

Corps de 800 Maillons

8 Fils dans chaque Maillons

Soierie,

Lustrine courante, si on veut du Lizéré mettez un Liage de 5 le 6, ou de 9 le 10.

Goussier Del.

Benard Fecit.

Pl. LXXIX

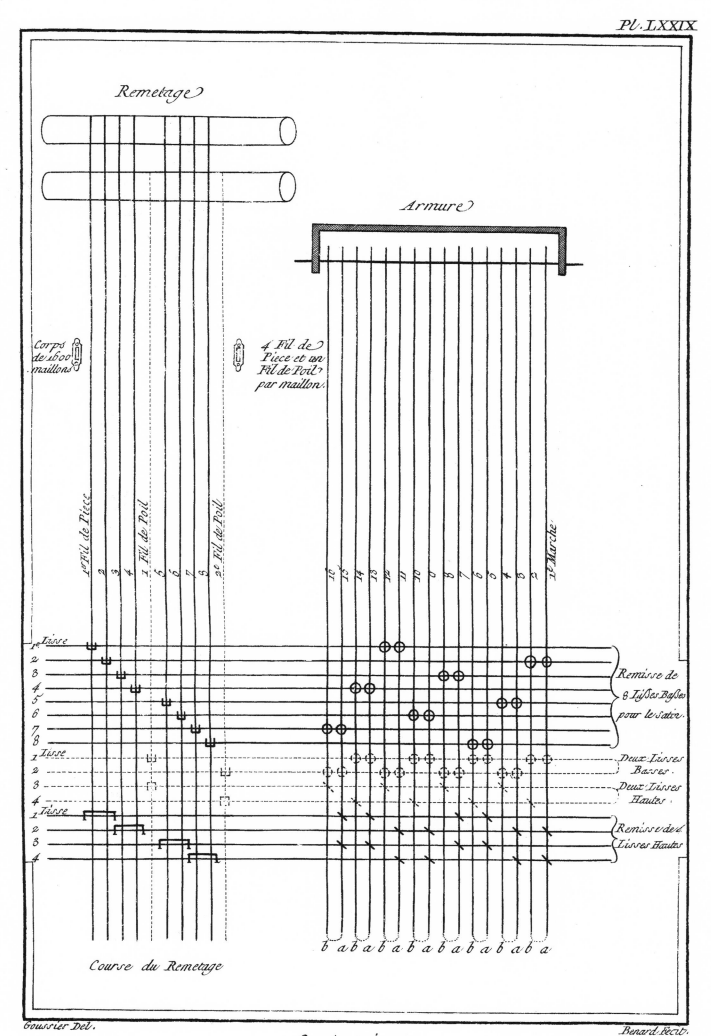

Soierie,
Lustrine Gros Grain et Persienne Petit Grain.

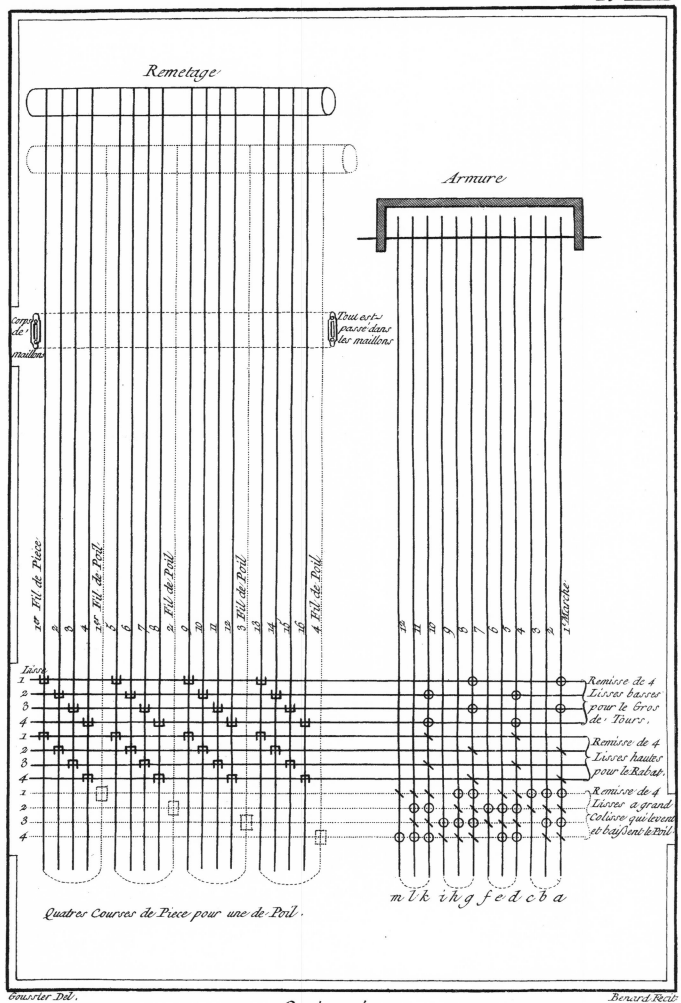

Pl. LXXX.

Remetage

Armure

Corps de maillons

Tout est passé dans les maillons

1er Fil de Piece

2

3

4

1er Fil de Poil

5

6

7

8

2 Fil de Poil

9

10

11

12

3 Fil de Poil

13

14

15

16

4. Fil de Poil.

12 11 10 9 8 7 6 5 4 3 2 1 Marche.

Lisse

1
2
3
4

Remisse de 4
Lisses basses
pour le Gros
de Tours.

1
2
3
4

Remisse de 4
Lisses hautes
pour le Rabat.

1
2
3
4

Remisse de 4
Lisses a grand
Colisse qui levent
et baissent le Poil.

m l k i h g f e d c b a

Quatres Courses de Piece pour une de Poil.

Goussier Del.

Benard Fecit

Soierie,
Tissu Argent, l'Endroit se fait dessus.

ll

Pl. LXXXI.

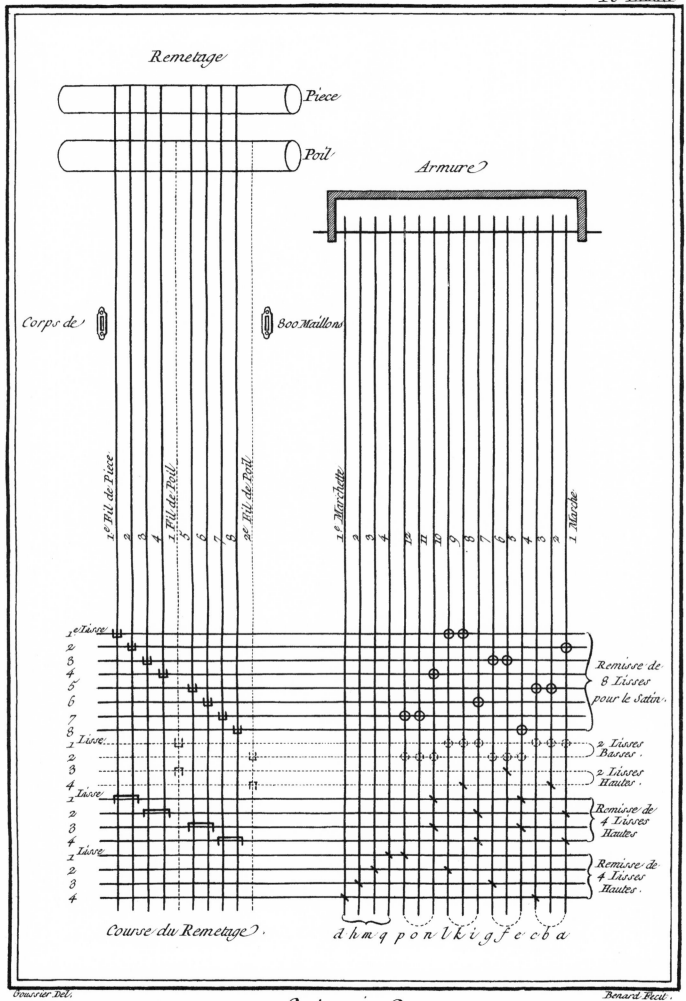

Remetage

Piece

Poil

Armure

Corps de   800 Maillons

1.e Fil de Piece
2
3
4
1.er Fil de Poil
5
6
7
8
2.e Fil de Poil

1.e Marchette
2
3
4
12
11
10
9
8
7
6
5
4
3
2
1 Marche

1.e Lisse
2
3
4
5
6
7
8 Lisse

Remisse de
8 Lisses
pour le Satin.

1 Lisse
2
3
4 Lisse

2 Lisses
Basses.

2 Lisses
Hautes.

1 Lisse
2
3
4 Lisse

Remisse de
4 Lisses
Hautes

1 Lisse
2
3
4

Remisse de
4 Lisses
Hautes.

Course du Remetage.

d h m q p o n l k i g f e c b a

Goussier Del.   Benard Fecit.

Soierie,
Lustrine et Persienne Lizérée et Brochée.

m m

Pl. LXXXII.

Remetage

Armure

Corps   de Maillons

1.r Fil de Piece

2

1.r Fil de Poil.

3.e Fil de Piece

4

2.e Fil de Poil.

4

3

2

1 Marche

1   Lisses   Remisse de quatre
2
3   Lisses Basses pour le
4   Gros de Tours.

1   Lisse   Remisse de 2 Lisses Basses
2   pour le Taffetas

1   Remisse de quatre Lisses
2   Hautes pour le Rabat du
3   Gros de Tours
4

1   Remisse de deux Lisses
2   Hautes pour le Rabat
                     du Taffetas.

Course du Remetage

idem

2.e Navette Coup de Tire

1.e Navette Coup de Plein

Goussier Del.

Benard Fecit.

Soierie, Raz de Sicile Courant.   nn

Pl. LXXXIII.

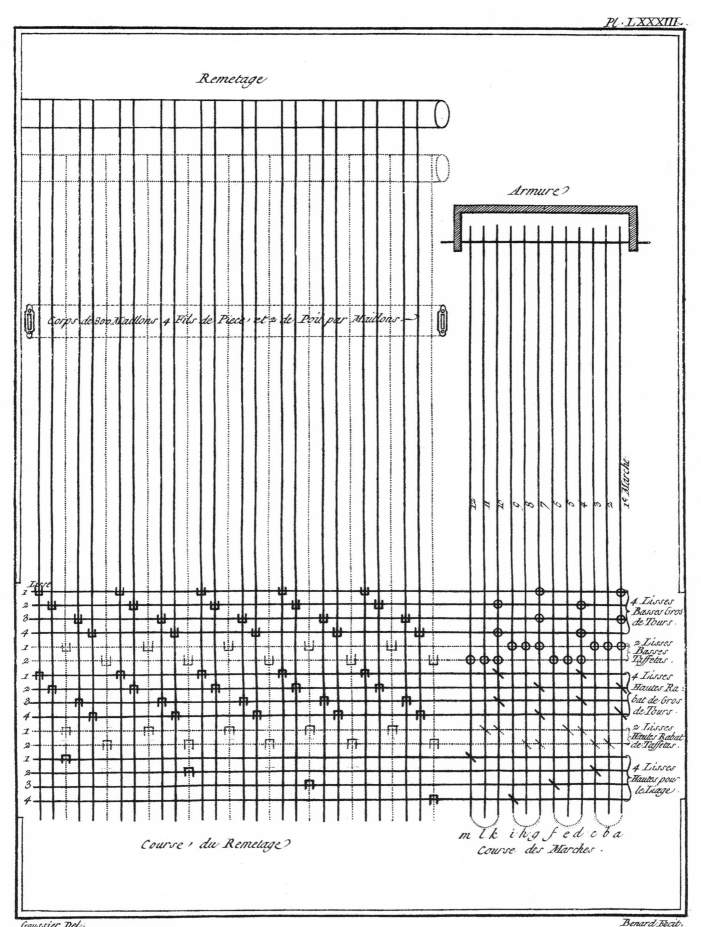

Remetage

Armure

Corps de 800 Maillons 4 Fils de Piece et 2 de Poil par Maillons

1.re Marche

12 11 10 9 8 7 6 5 4 3 2

Lisse

4 Lisses Basses Gros de Tours.

2 Lisses Basses Taffetas.

4 Lisses Hautes Rabat de Gros de Tours.

2 Lisses Hautes Rabat de Taffetas.

4 Lisses Hautes pour le Liage.

Course du Remetage

m l k i h g f e d c b a
Course des Marches.

Goussier Del.

Benard Fecit.

Soierie, *Ras de Sicile lizéré de 40 Portées. Double Chaine pour la Piece, 20 Portées simples pour le Poil, le Liage est pris sur le Poil.*

OO

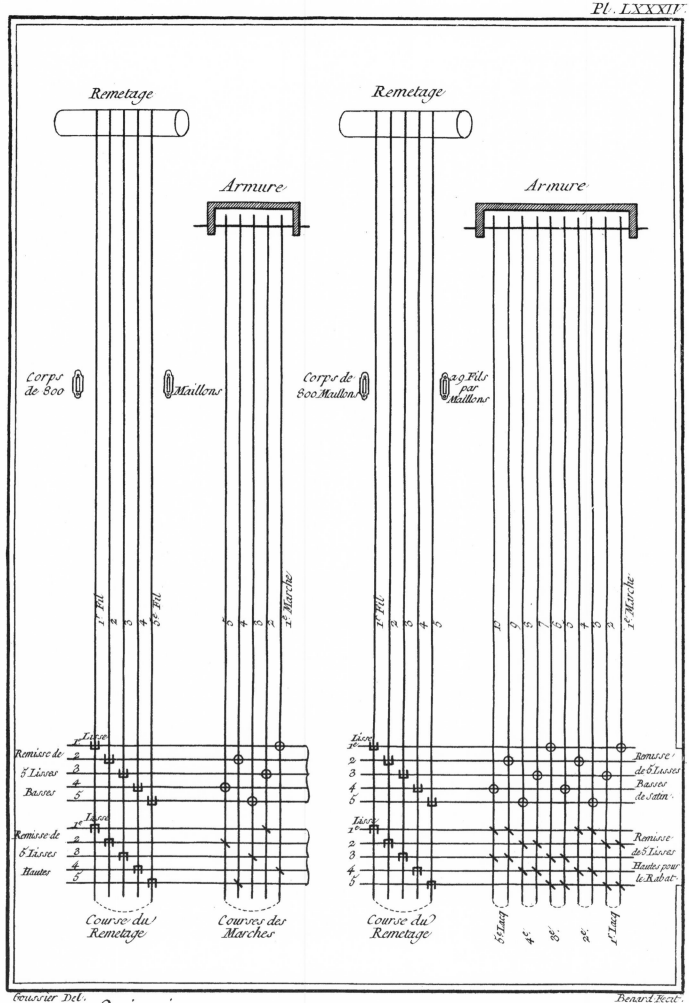

Pl. LXXXIV.

Soierie, Damas Courant toute la Chaine est passée dans le Corps et Damas Gros Grain de Lustrine.

Goussier Del.

Benard Fecit.

PP

Pl. LXXXV.

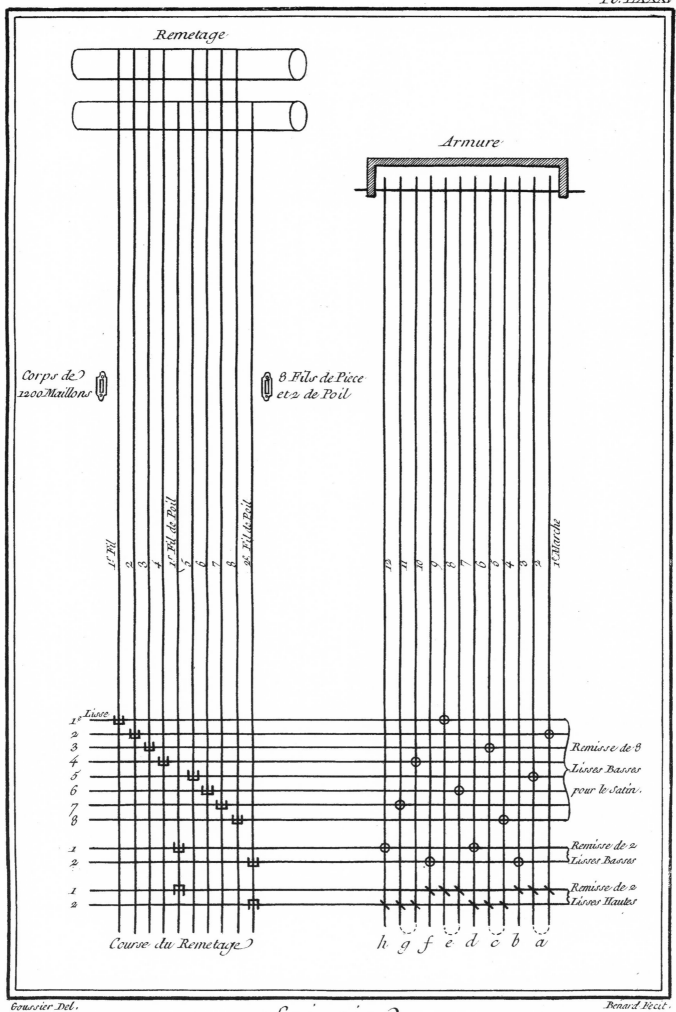

Remetage

Armure

Corps de 1200 Maillons

8 Fils de Pièce et 2 de Poil

1.er Fil
2
3
4
1.er Fil de Poil
5
6
7
8
2.e Fil de Poil

12
11
10
9
8
7
6
5
4
3
2
1.e Marche

Lisse
1.e
2
3
4
5
6
7
8

Remisse de 8
Lisses Basses
pour le Satin.

1
2

Remisse de 2
Lisses Basses

1
2

Remisse de 2
Lisses Hautes

Course du Remetage

h g f e d c b a

Goussier Del.

Benard Fecit.

Soierie,
Damas Lizéré pour Meubles, Largeur $\frac{5}{8}$ d'Aune.

Pl. LXXXVI.

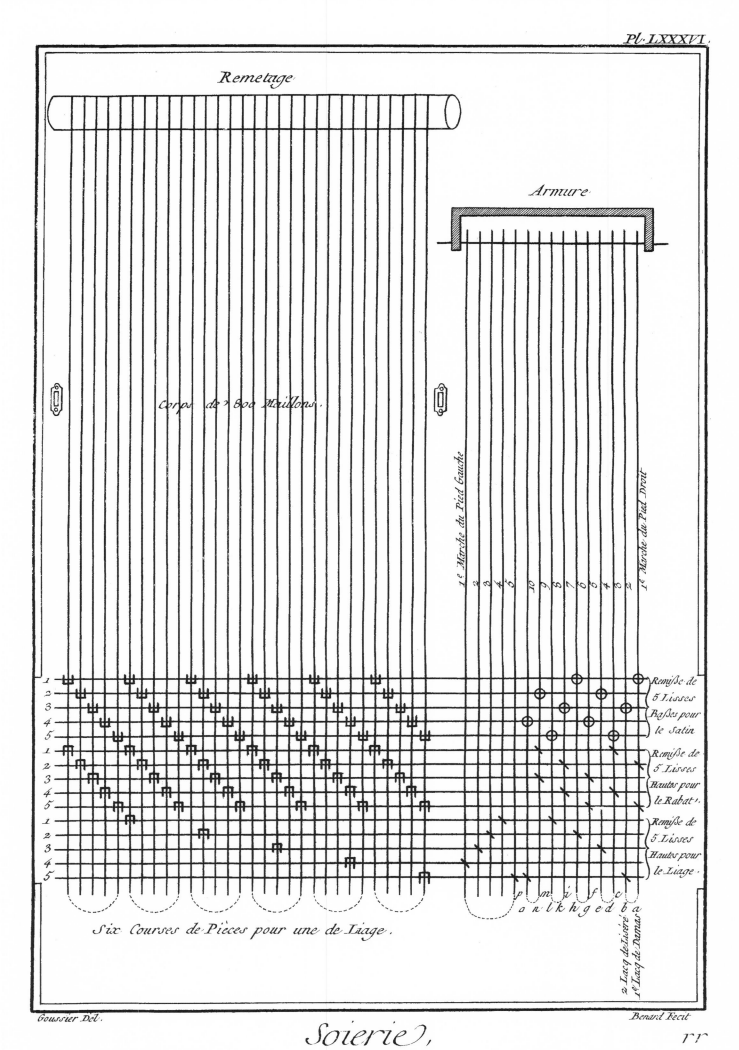

Remetage

Armure

Corps de 800 Maillons.

1. Marche du Pied Gauche

1.e Marche du Pied Droit

Remiße de
5 Lisses
Baßes pour
le Satin

Remiße de
5 Lisses
Hautes pour
le Rabat.

Remiße de
5 Lisses
Hautes pour
le Liage.

Six Courses de Pièces pour une de Liage.

2.e Lacq deßicoré
1.e Lacq de Damas

Goussier Del.

Benard Fecit.

rr

Soierie,

Damas Broché Gros Grains et Lizéré avec un Liage de 5 le 6.

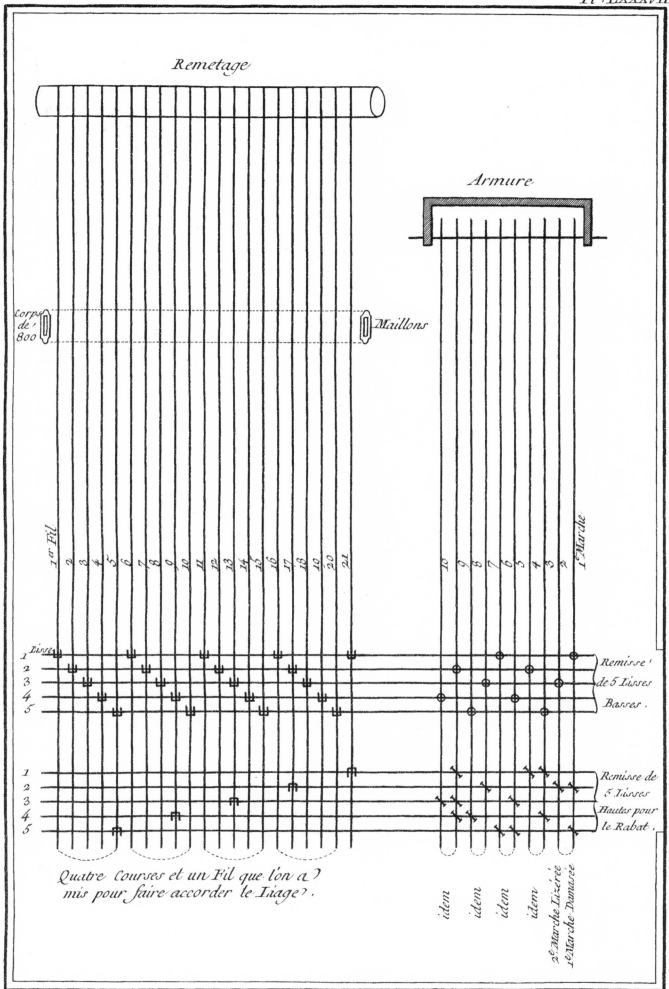

Remetage

Armure

Corps de 800

Maillons

1.er Fil
2 3 4 5 6 7 8 9 10 11 12 13 14 15 16 17 18 19 20 21

10 9 8 7 6 5 4 3 2 1.re Marche

Lisse
1 2 3 4 5

Remisse de 5 lisses Basses .

1 2 3 4 5

Remisse de 5 lisses Hautes pour le Rabat .

Quatre Courses et un Fil que l'on a mis pour faire accorder le Liage .

idem idem idem idem 2.e Marche Lizéré 1.re Marche Damasée

Goussier Del .

Benard Fecit .

Soierie ,
Florentine Damaßée avec un Lizéré

SS

Pl. LXXXVIII.

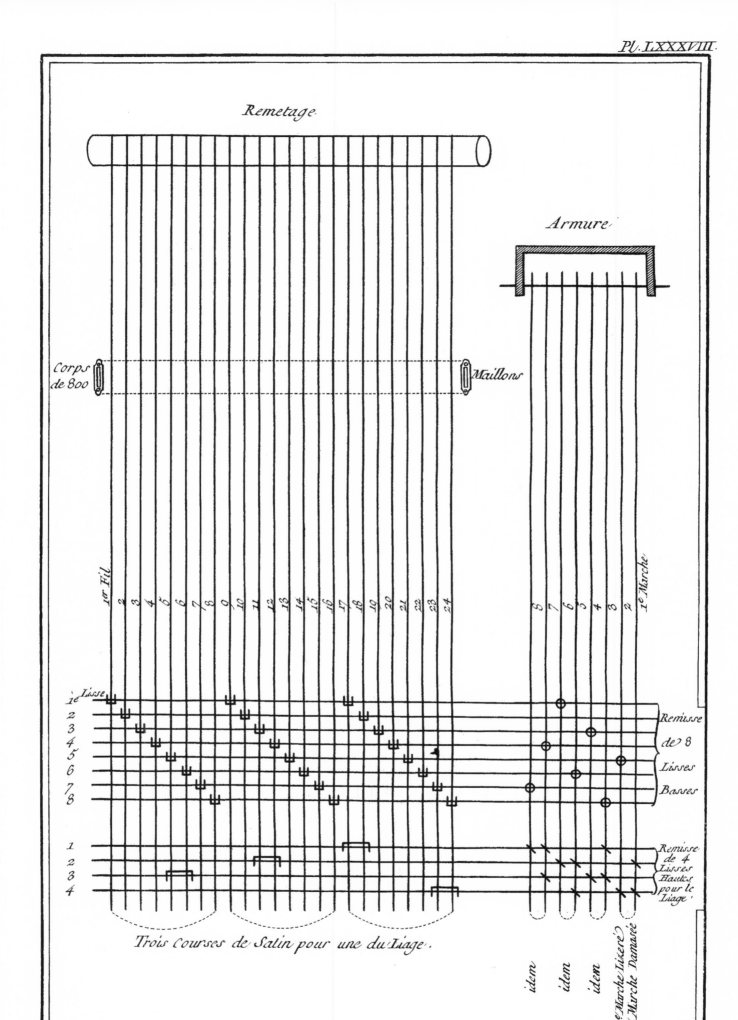

Remetage.

Armure.

Corps de 800

Maillons

1er Fil.

1e Lisse

Remisse de 8 Lisses Basses

Remisse de 4 Lisses Hautes pour le Liage.

Trois Courses de Satin pour une du Liage.

idem

idem

idem

2.e Marche lizieré

1.e Marche Damassé

Goussier Del.

Benard Fecit.

Soierie,
Florentine Damassée avec un Lizéré et un Liage.

Pl. LXXXIX

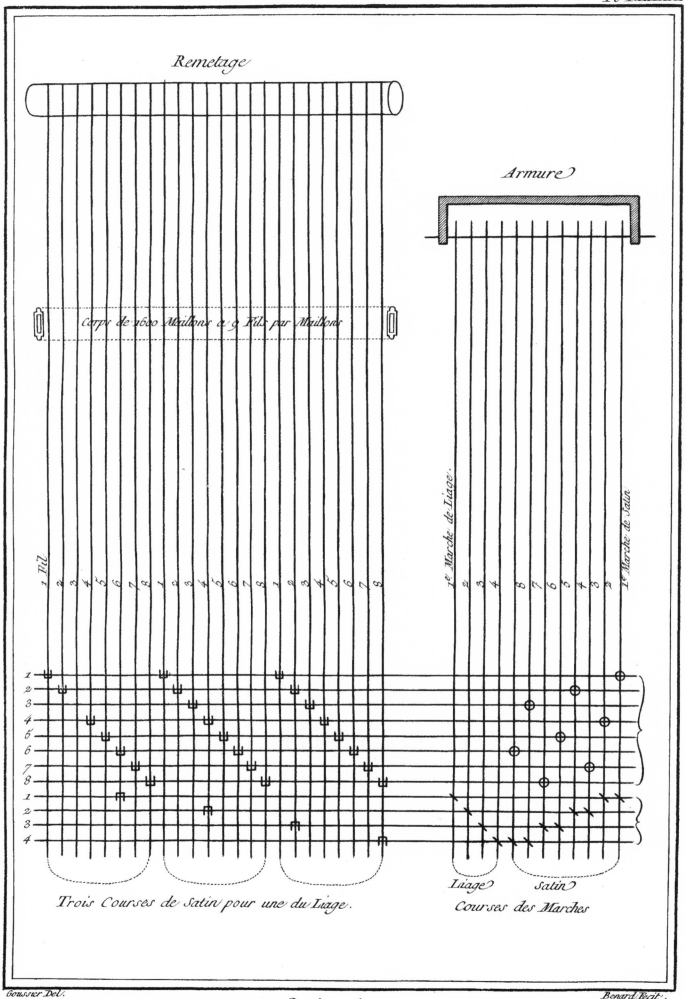

Remetage

Armure

Corps de 1600 Maillons a 9 Fils par Maillons

2e Marche de Liage.

1er Marche de Satin

1 Fil.

Liage   Satin
Courses des Marches

Trois Courses de Satin pour une du Liage.

Soierie,
Satin. 1. 2. 3. 4 Lacqs, Courants ou Brochés avec un Liage de 5 le 6.

Goussier Del.   Benard Fecit.

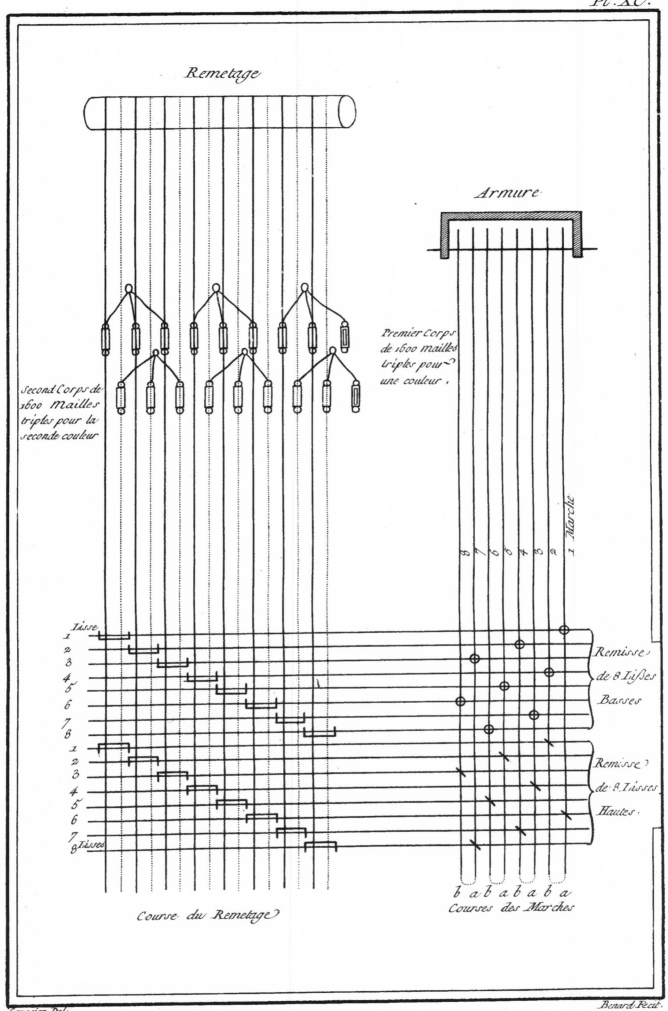

Pl. XC.

Remetage

Armure

Premier Corps
de 1600 mailles
triples pour
une couleur.

Second Corps de
1600 Mailles
triples pour la
seconde couleur

Remisse
de 8 Lisses
Basses

Remisse
de 8 Lisses
Hautes.

Course du Remetage

b a b a b a b a
Courses des Marches

Goussier Del.

Benard Fecit.

Soierie,
Satin à fleurs à deux faces.

xx

Pl. XCI.

Gtussier Del.

Benard Fecit.

Soierie, Velours. Elévation Perspective du Métier pour fabriquer le Velours cisele, vu dans l'instant de la Tire et du Passage des Fers. yy.

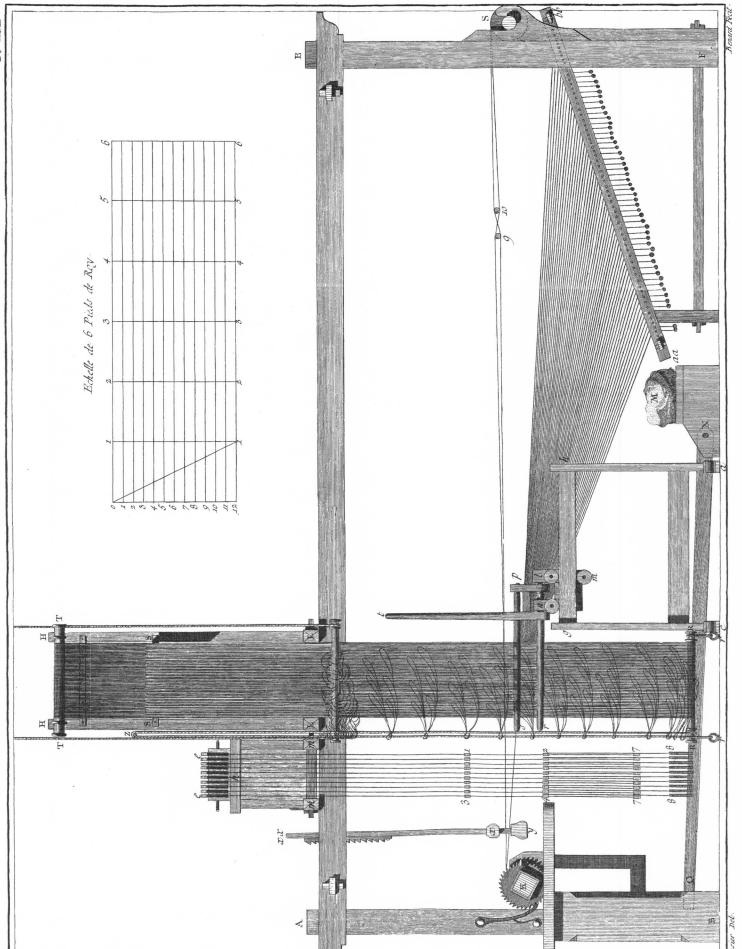

Pl. XCII.

Echelle de 6 Pieds de Roy.

Soierie, Velours, Elévation Latérale du Métier pour fabriquer le Velours Cisélé, Vû dans l'instant qui précéde celui de la Tire.

Fournier Del.

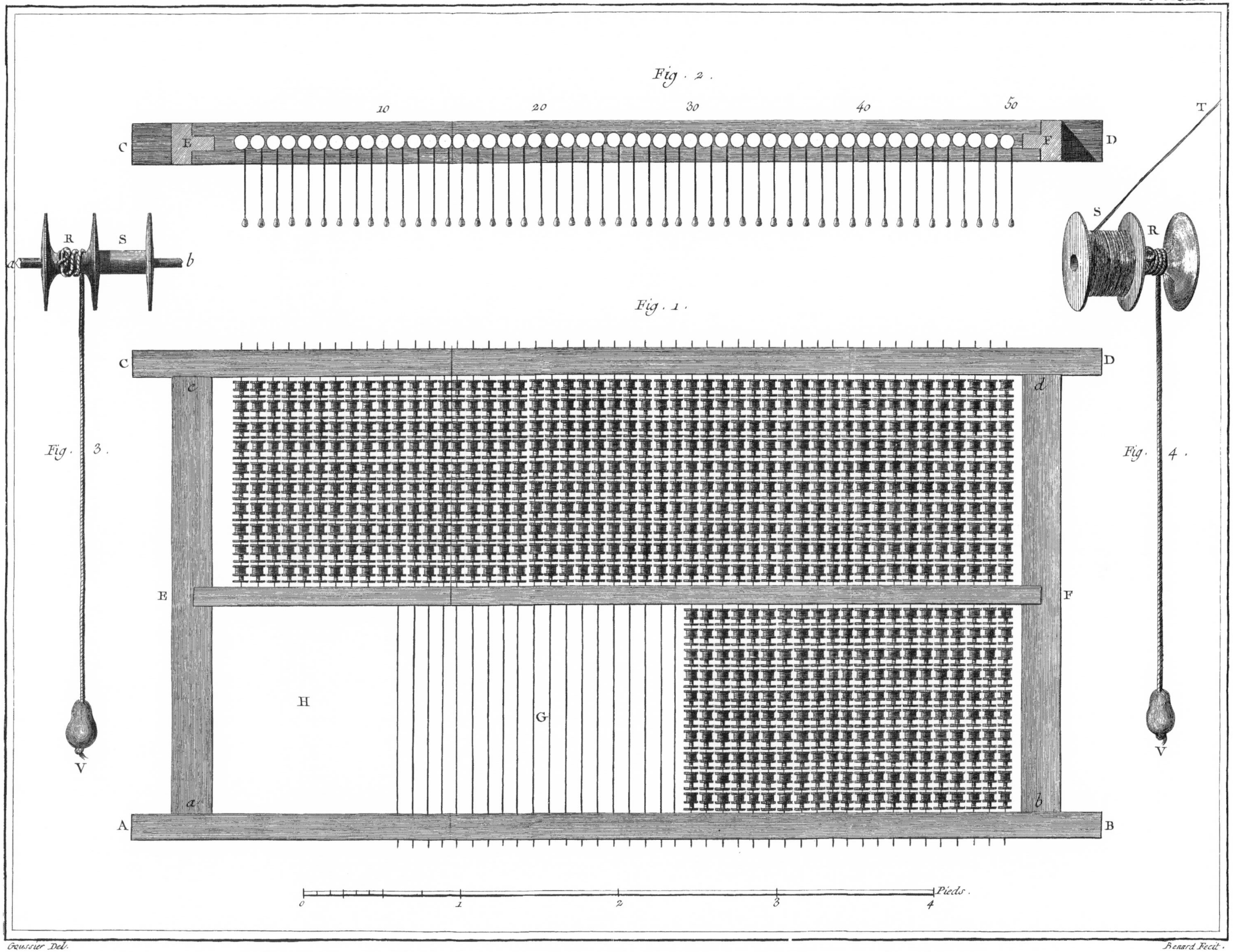

Pl. XCIII.

Fig. 2.

Fig. 1.

Fig. 4.

Fig. 3.

Pieds.

0   1   2   3   4

Goussier Del.   Benard Fecit.

Soierie, Velours Cisele, Plan de la Cantre et Développement des Roquetins.

aaa

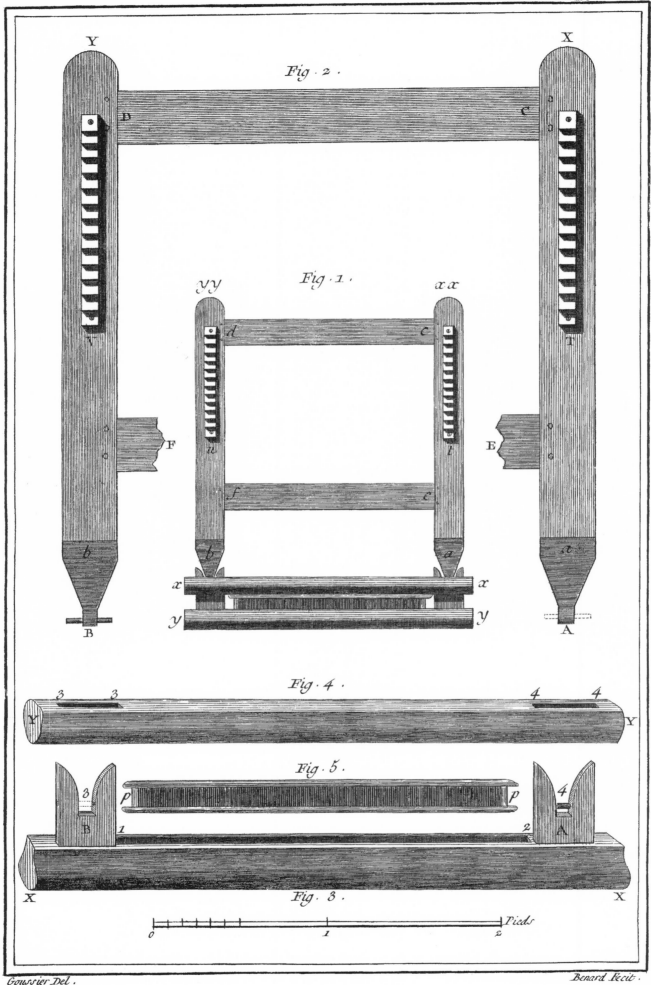

Pl. XCIV.

Fig. 2.

Fig. 1.

Fig. 4.

Fig. 5.

Fig. 3.

Pieds

Goussier Del.

Benard Fecit.

bbb

Soierie. Vélours, Dévelopement du Battant brisé du Métier à Vélours.

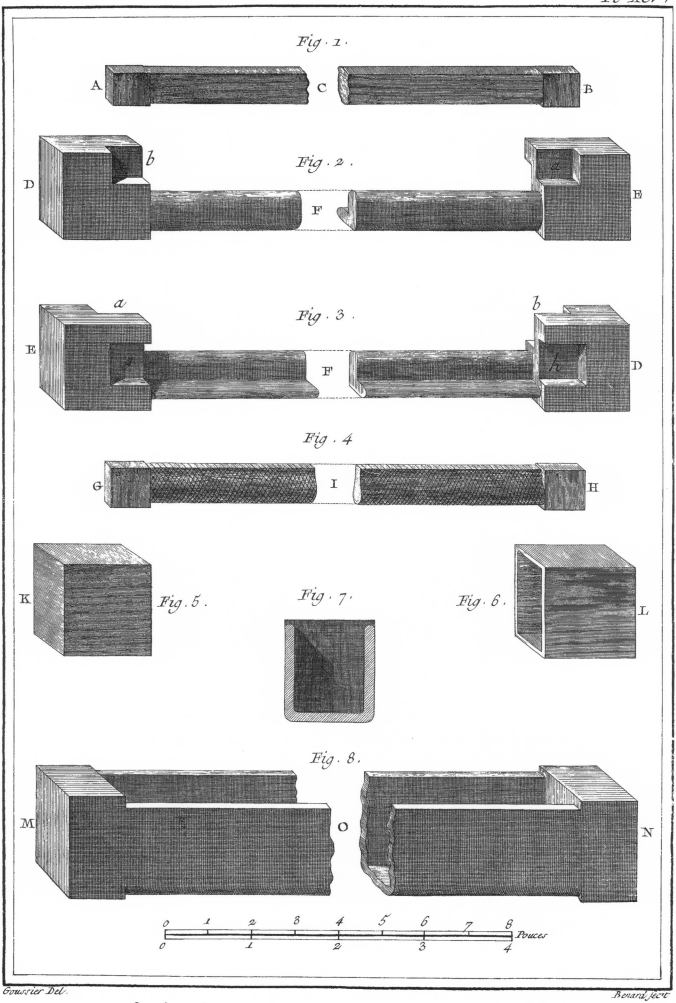

Pl. XCV.

Fig. 1.

Fig. 2.

Fig. 3.

Fig. 4.

Fig. 5.

Fig. 7.

Fig. 6.

Fig. 8.

0 1 2 3 4 5 6 7 8 Pouces
0   1   2   3   4

Goussier Del.

Benard fecit.

Soierie, Velours. Construction de l'Entacage.

CCC

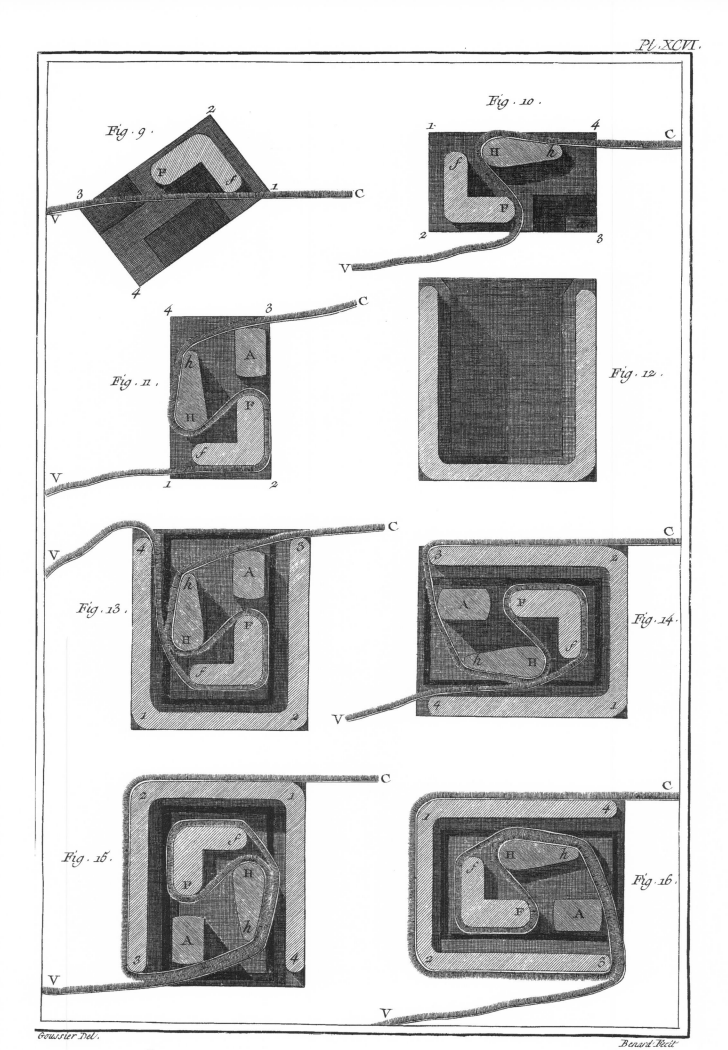

Pl. XCVI.

Fig. 9.

Fig. 10.

Fig. 11.

Fig. 12.

Fig. 13.

Fig. 14.

Fig. 15.

Fig. 16.

Goussier Del.

Benard Fecit.

Soierie, Velours. Maniere d'Entaquer le Velours.

ddd

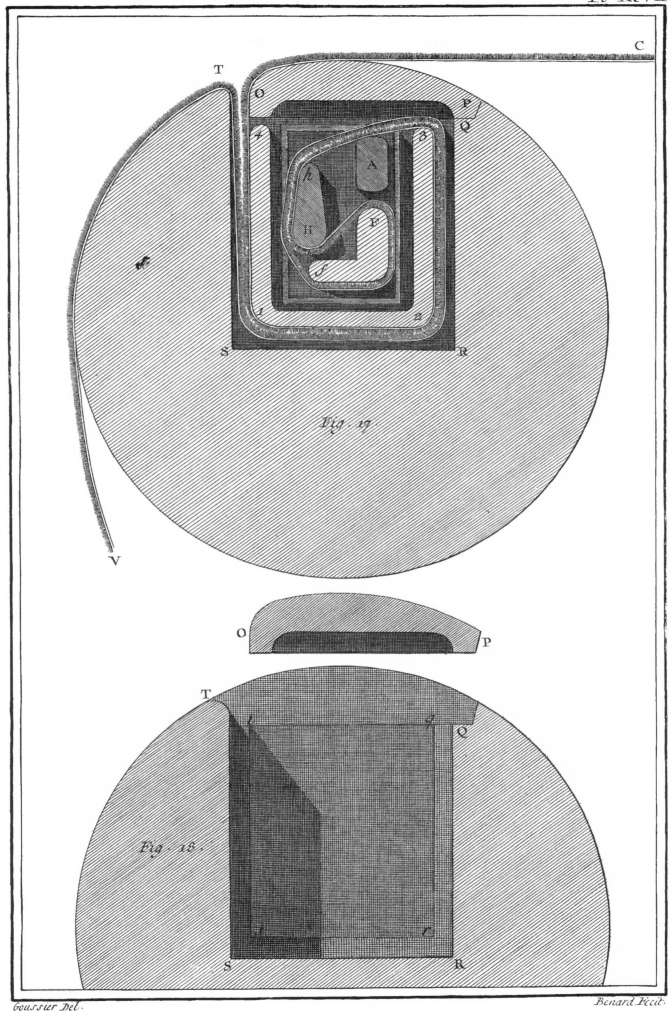

Pl. XCVII

Fig. 17

Fig. 18

Soierie, Velours. Suite de la maniere d'Entaquer le Velours.

Pl. XCVIII.

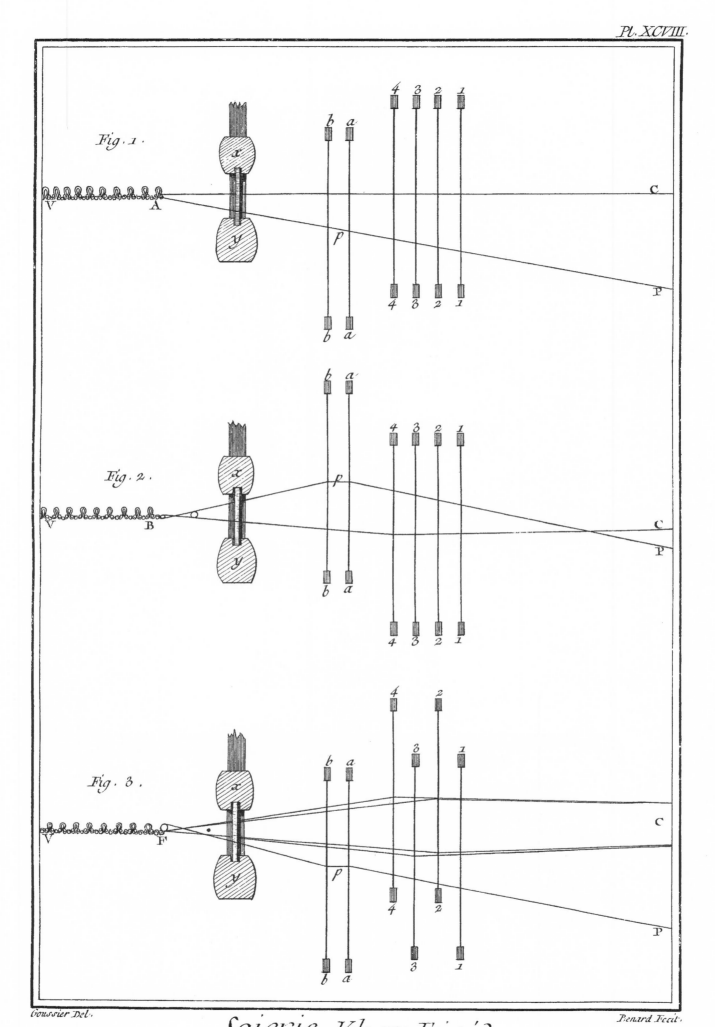

Fig. 1.

Fig. 2.

Fig. 3.

Goussier Del.

Penard Fecit.

f.f.f

Soierie, Velours Frizé.

1°. Les Lisses en repos, 2°. Passage du Fer, 3°. premier Coup de Navette.

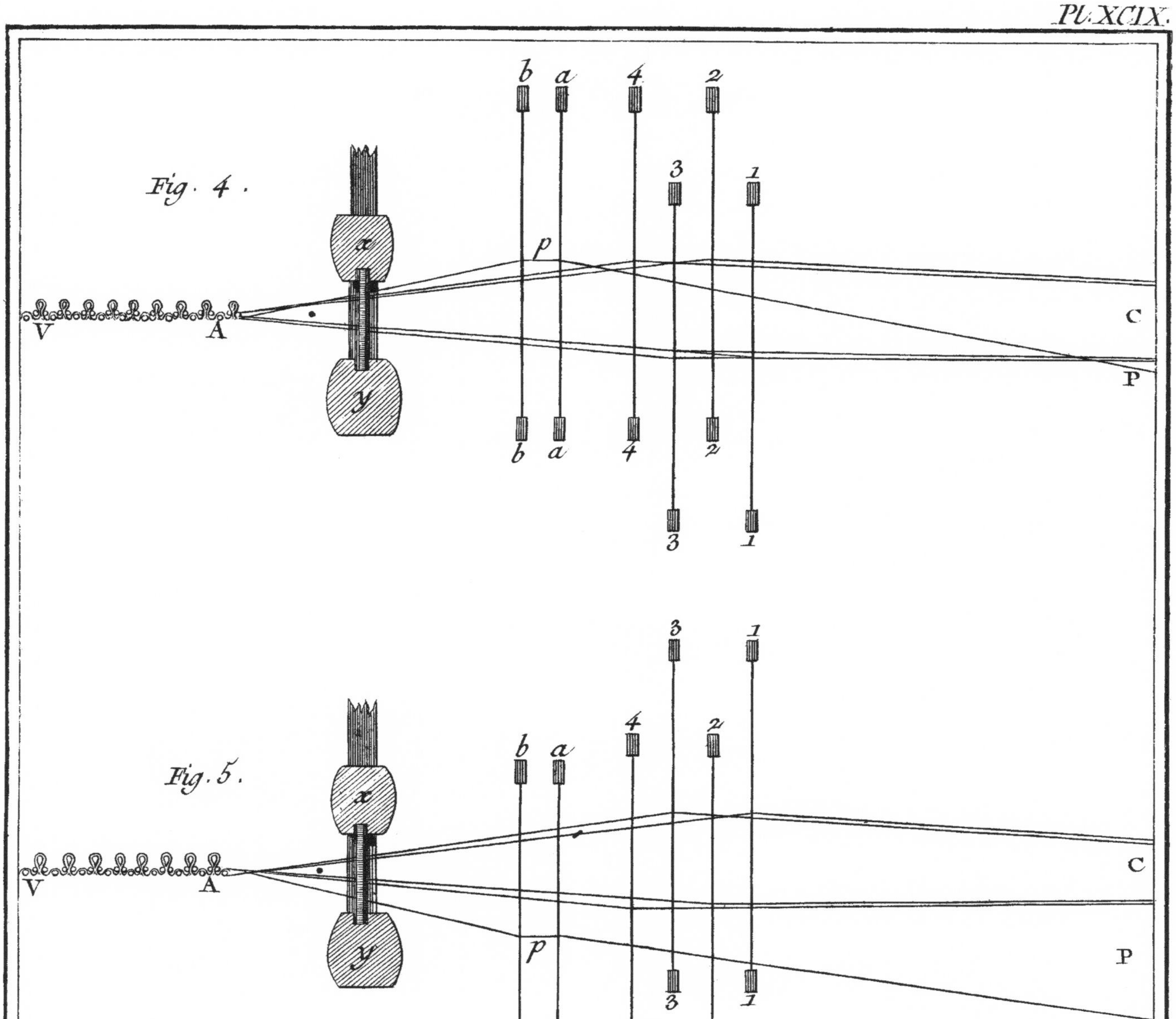
Fig. 4.
b a 4 2
3 1
x
p
V A
C
y
P
b a 4 2
3 1
Fig. 5.
3 1
4 2
b a
x
V A
C
y
p
P
3 1
4 2
b a
Fig. 6.
a b c d
e
Fig. 7.
G
H
F
Fig. 8.
C
D
a g
f
h
I
A
B

Goussier Del. Benard Fecit.

Soierie, Velours Frizé. 4.º second Coup de Navette.
5.º troisiéme Coup de Navette, Fers de Frizé garnis de leurs Pedonnes.

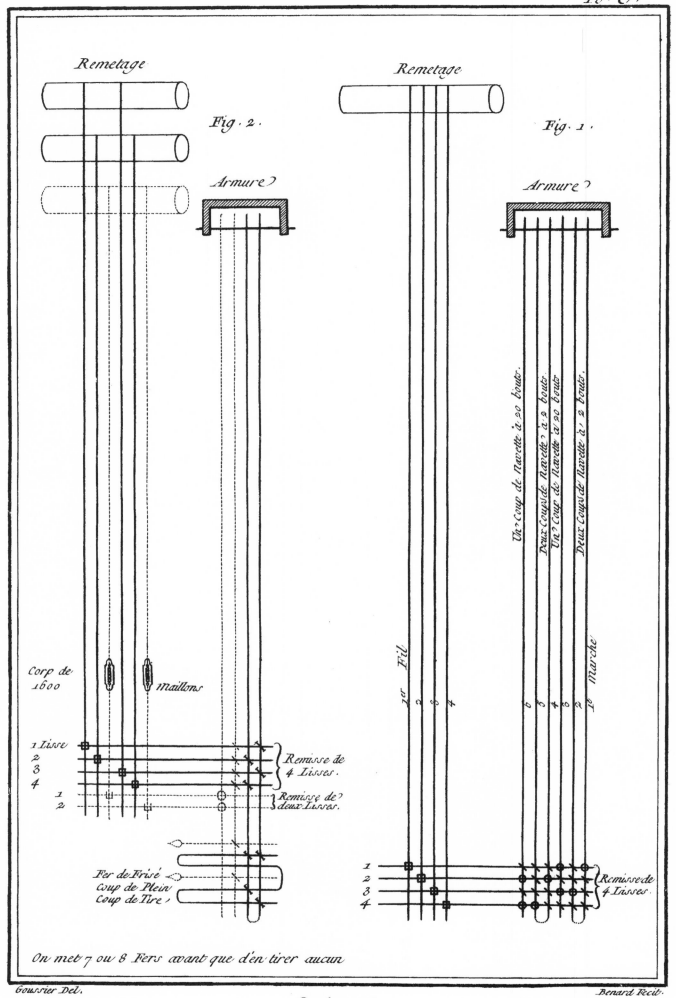

Pl. C.

Remetage

Remetage

Fig. 2.

Fig. 1.

Armure

Armure

Un coup de Navette à 20 bouts.

Deux Coups de Navette à 2 bouts.

Un coup de Navette à 20 bouts.

Deux Coups de Navette à 2 bouts.

Corp de 1600

Maillons

1 Lisse
2
3
4

Remisse de 4 Lisses.

1
2

Remisse de deux Lisses.

Fer de Frisé
Coup de Plein
Coup de Tire

1er Fil

1 2 3 4

6 5 4 3 2

1e Marche

1
2
3
4

Remisse de 4 Lisses.

On met 7 ou 8 Fers avant que d'en tirer aucun

Goussier Del.

Benard Fecit.

Soierie,

Velours frisé sans Cantre, et Velours d'Angletere Raz.

hhh

Fig. 1.

Fig. 2.

Fig. 3.

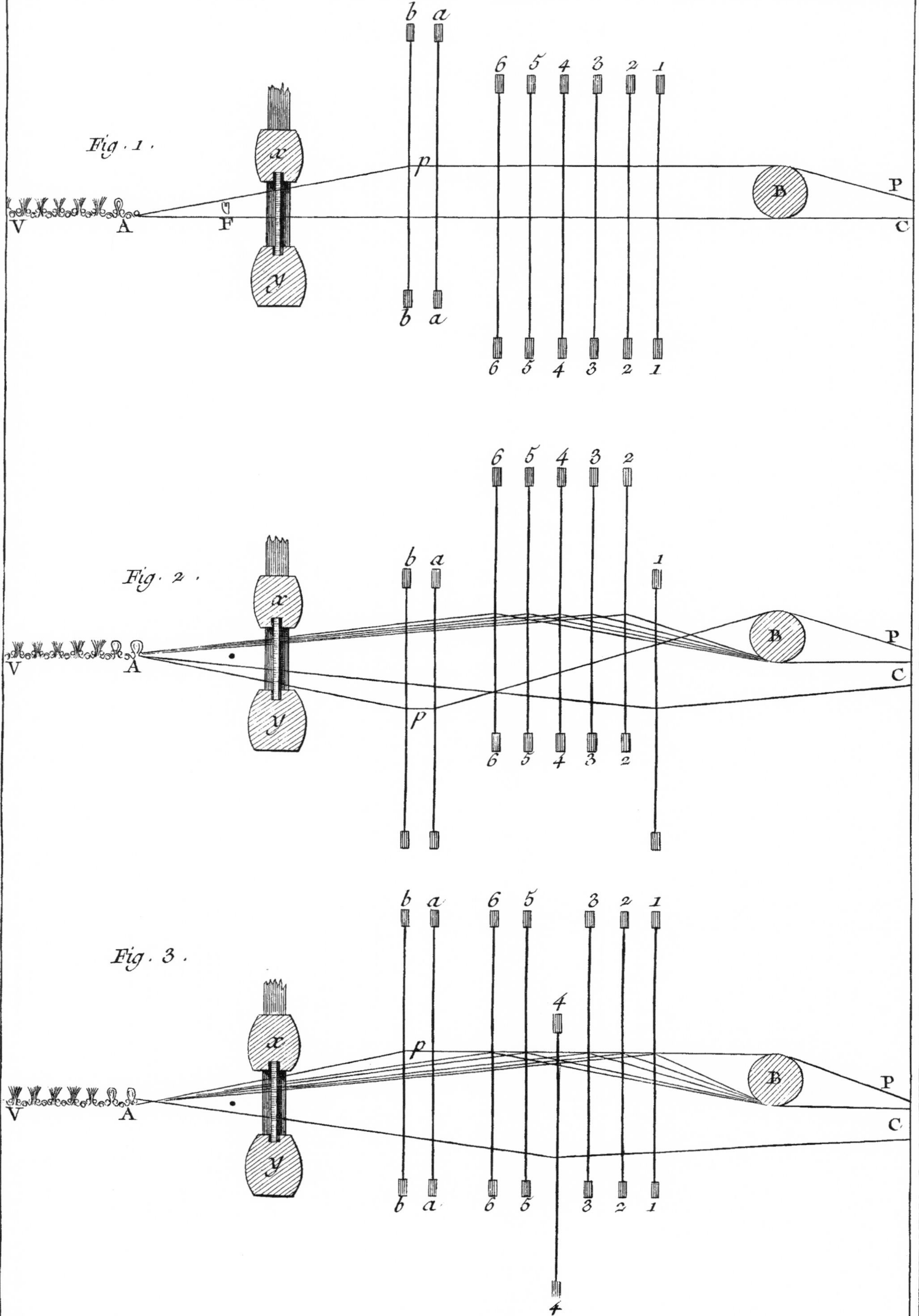

Goussier Del.

Benard Fecit

Soierie, Velours Coupé.

1°. Passage du Fer, 2°. premier Coup de Navette, 3°. second Coup de Navette.

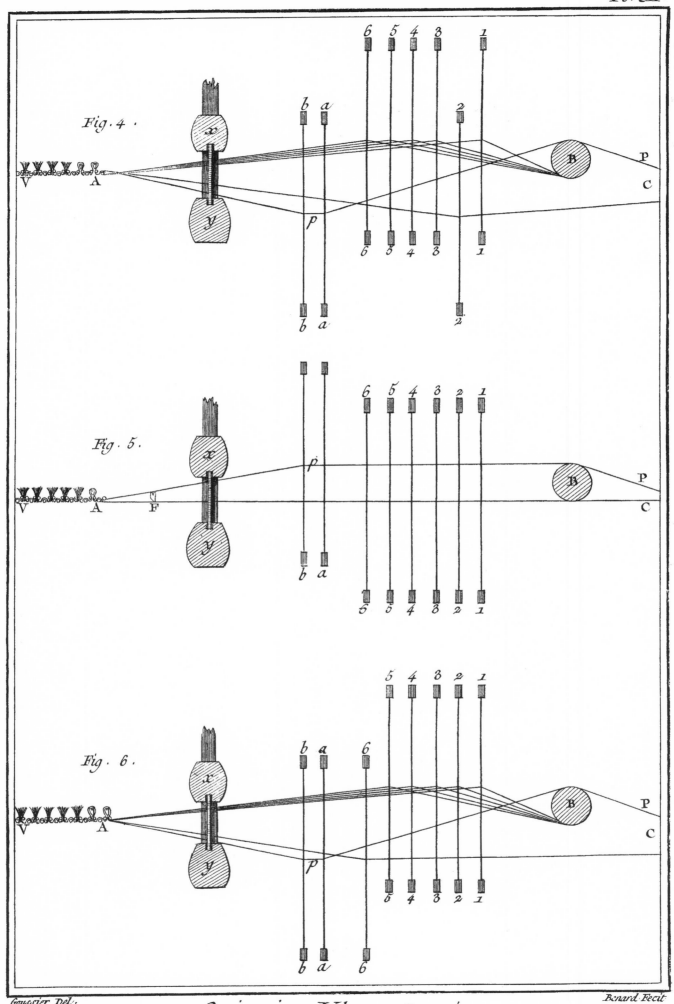

Pl. CII.

Fig. 4.

Fig. 5.

Fig. 6.

Goussier Del.

Benard Fecit.

Soierie, Velours Coupé.

4°. *troisieme Coup de Navette,* 5°. *Passage du Fer,* 6°. *quatrieme Coup de Navette.*

kkk

Pl. CIII.

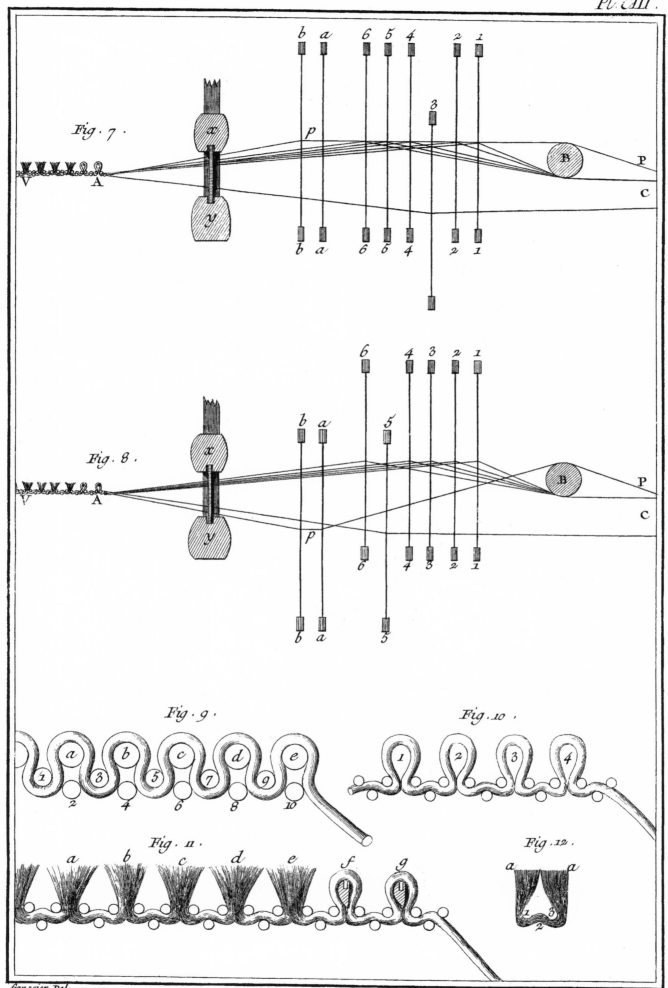

Fig. 7.

Fig. 8.

Fig. 9.

Fig. 10.

Fig. 11.

Fig. 12.

Goussier Del.

Benard Fecit.

Soierie, Velours Coupé. 7° *Cinquieme Coup de*
Navette. 8° *Sixieme Coup de Navette. Profils du Velours Frizé et du Velours Coupé vus au Microscope*

Pl. CIV.

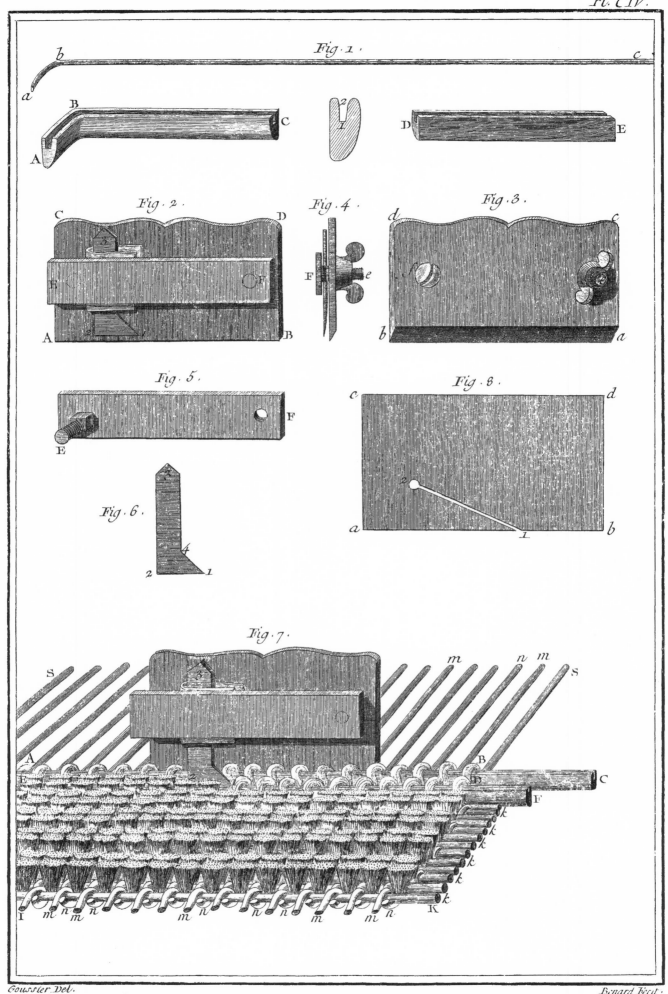

Fig. 1.

Fig. 2.

Fig. 4.

Fig. 3.

Fig. 5.

Fig. 6.

Fig. 8.

Fig. 7.

Goussier Del.

Benard Fecit.

Soierie, Velours Coupé. Fers de Coupé, Rabot. m.m.m.
Taillerolle. Usage du Rabot et Velours Coupé Vu au Microscope et en perspective.

Pl. CV.

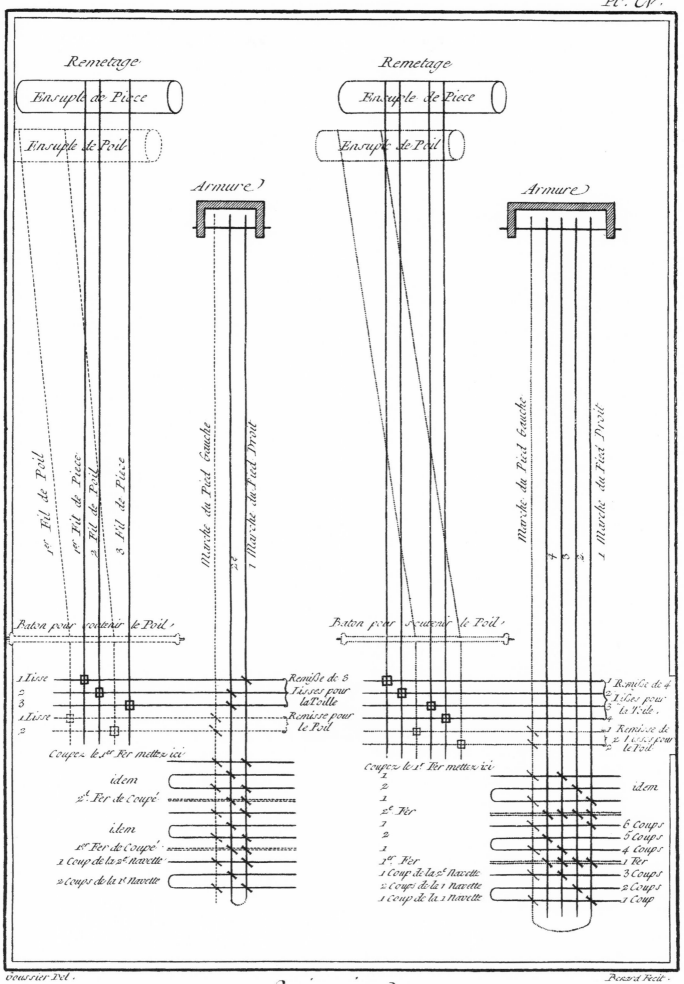

Remetage

Ensuple de Piece

Ensuple de Poil

Armure

1er Fil de Poil

1er Fil de Piece

2 Fil de Poil

3 Fil de Piece

Marche du Pied Gauche

2e

1 Marche du Pied Droit

Baton pour soutenir le Poil.

1 Lisse

2

3

1 Lisse

2

Coupez le 1er Fer mettez ici

idem

2e Fer de Coupé

idem

1er Fer de Coupé

1 Coup de la 2e Navette

2 Coups de la 1er Navette

Remisse de 3 Lisses pour la Toille

Remisse pour le Poil

Remetage

Ensuple de Piece

Ensuple de Poil

Armure

Marche du Pied Gauche

4

3

2

1 Marche du Pied Droit

Baton pour soutenir le Poil.

Coupez le 1er Fer mettez ici

1

2

1

2e Fer

1

2

1

1er Fer

1 Coup de la 2e Navette

2 Coups de la 1 Navette

1 Coup de la 1 Navette

1 Remisse de 4 Lisses pour la Toile.

Remisse de 2 Lisses pour le Poil

idem

6 Coups

5 Coups

4 Coups

1 Fer

3 Coups

2 Coups

1 Coup

Soierie,

Velours d'Hollande à 3 Lisses et Velours Uni à 4 Lisses.

Pl. CVI.

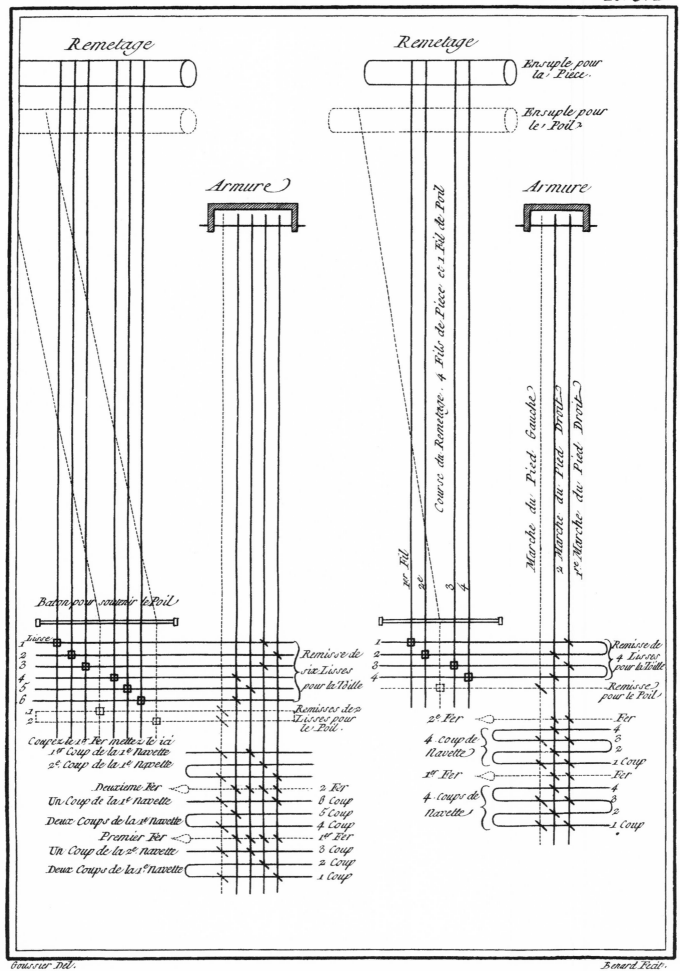

Soierie,
Velours à 6 Lisses façon de Gênes et Peluche unie.

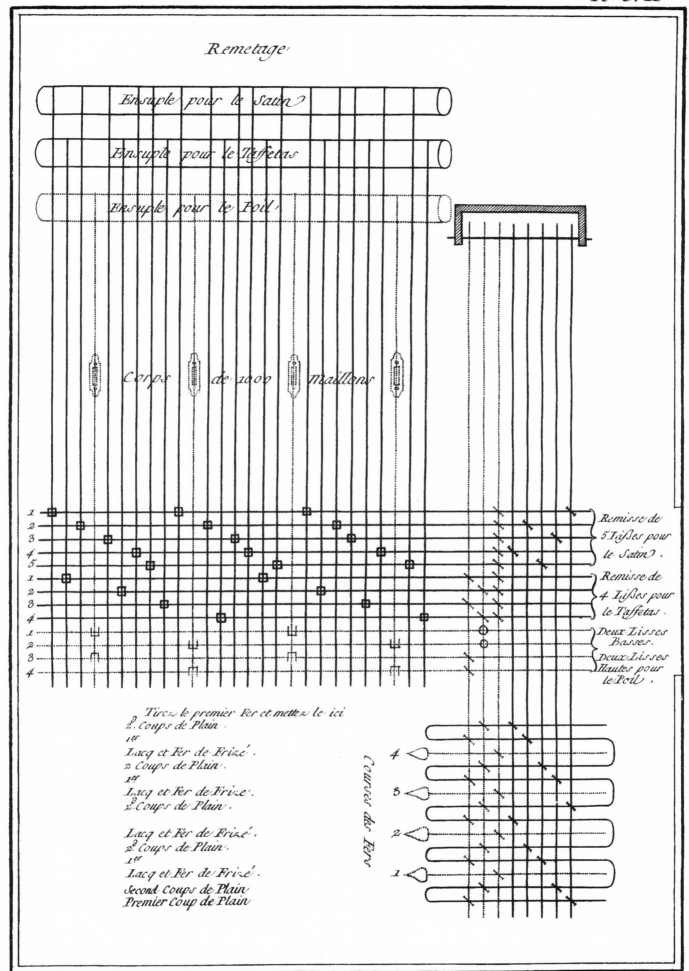

Pl. CVII.

Remetage

Ensuple pour le Satin

Ensuple pour le Taffetas

Ensuple pour le Poil

Corps de 1000 maillons

1   2   3   4   5   Remisse de 5 Lisses pour le Satin.

1   2   3   4   Remisse de 4 Lisses pour le Taffetas.

1   2   Deux Lisses Basses.

3   4   Deux Lisses Hautes pour le Poil.

Tirez le premier Fer et mettez le ici
2. Coups de Plain.
1er
Lacq et Fer de Frizé.
2 Coups de Plain.
1er
Lacq et Fer de Frizé.
2. Coups de Plain.

Lacq et Fer de Frizé.
2. Coups de Plain.
1er
Lacq et Fer de Frizé.
Second Coups de Plain
Premier Coup de Plain

Courses des Fers

4

3

2

1

Goussier Del.

Benard Fecit.

Soierie,
Velours frizé, fond Satin sans Cantre.

PPP

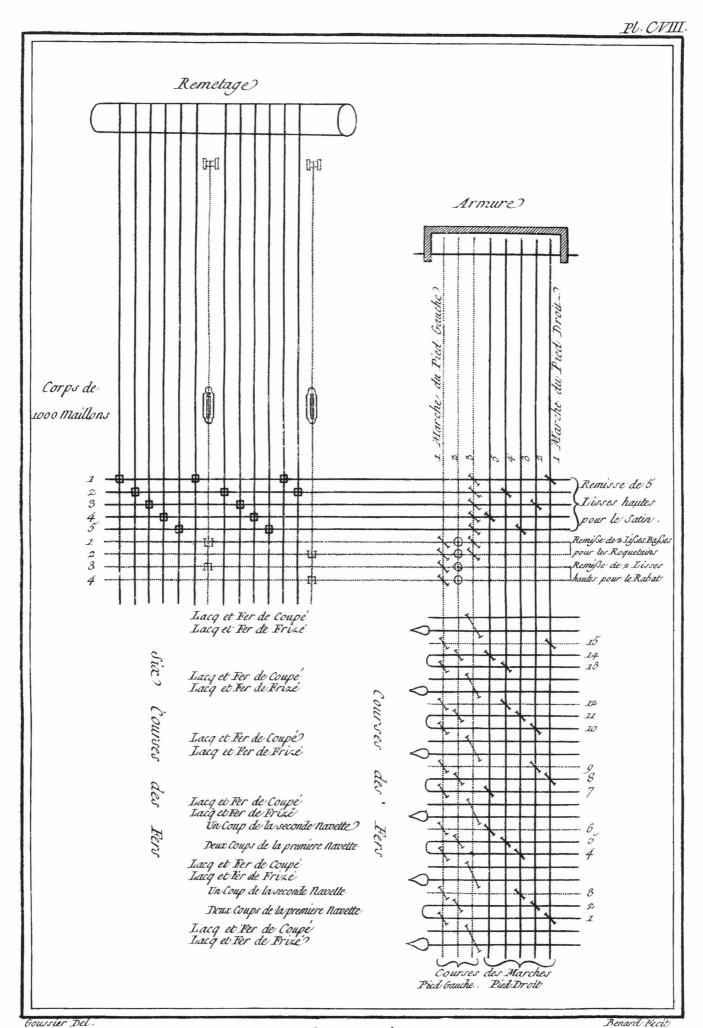

Soierie,
Velours frizé, Coupé, fond Satin 1000 Roquetins

999

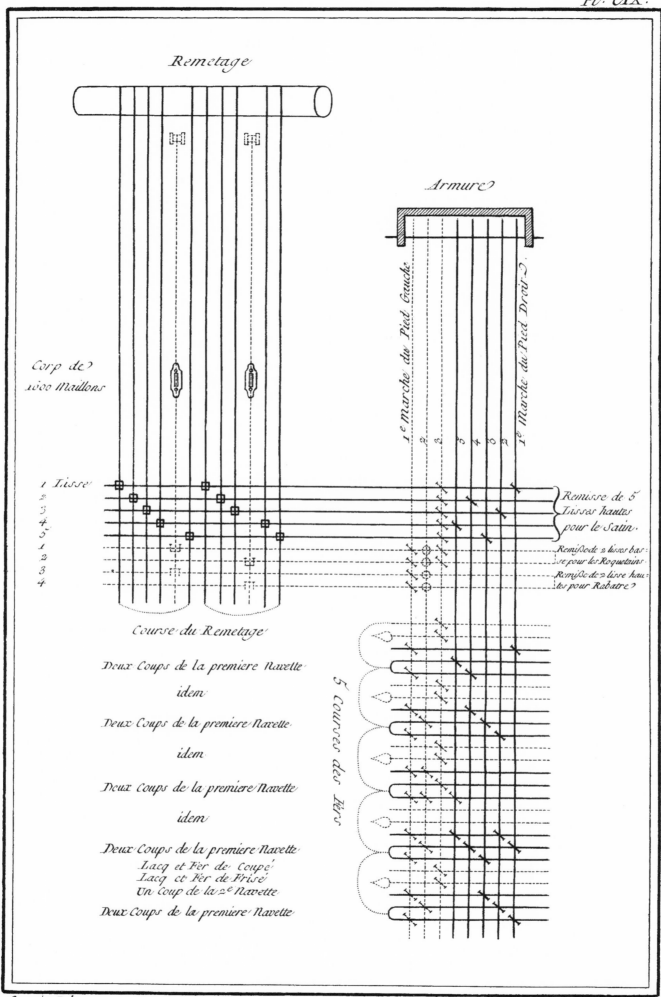

Pl. CIX.

Remetage

Armure

Corp de
1000 Maillons

1e marche du Pied Gauche

1e Marche du Pied Droit.

1 Lisse
2
3
4
5

Remisse de 5
Lisses hautes
pour le Satin.

1
2
3
4

Remisse de 2 lisses bas-
ses pour les Roquetains

Remisse de 2 lisse hau-
tes pour Rabatre

Course du Remetage

5 courses des Fers

Deux Coups de la premiere Navette

idem

Deux Coups de la premiere Navette

idem

Deux Coups de la premiere Navette

idem

Deux Coups de la premiere Navette
Lacq et Fer de Coupé
Lacq et Fer de Frisé
Un Coup de la 2e Navette

Deux Coups de la premiere Navette

Goussier Del.

Benard Fecit.

Soierie,
Velour frisé, fond Satin, 1600 Roquetains.

Pl. CX.

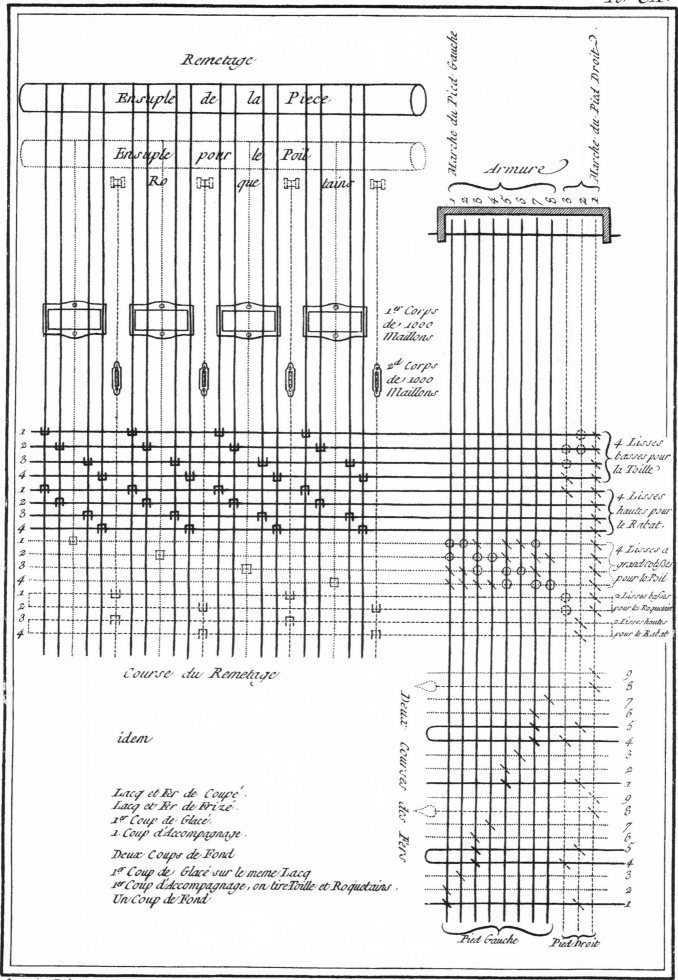

Remetage

Ensuple de la Piéce

Ensuple pour le Poil

Ro que tains

Marche du Pied Gauche

Armure

Marche du Pied Droit

1 2 3 4 5 6 7 8 9 2 1

1er Corps de 1000 Maillons

2d Corps de 1000 Maillons

4 Lisses basses pour la Toille

4 Lisses hautes pour le Rabat.

4 Lisses a grand Colisse pour le Poil

2 Lisses basses pour les Roquetains

2 Lisses hautes pour le Rabat

Course du Remetage

Deux Courses des Fers

idem

Lacq et Fer de Coupé.
Lacq et Fer de Frizé.
1er Coup de Glacé.
1. Coup d'Accompagnage.

Deux Coups de Fond

1er Coup de Glacé sur le meme Lacq
1er Coup d'Accompagnage, on tire Toille et Roquetains.
Un Coup de Fond

9 8 7 6 5 4 3 2 1
9 8 7 6 5 4 3 2 1

Pied Gauche

Pied Droit

Goussier Del.

Benard Fecit.

Soierie,
Velours frizé, Coupé, Fond Or.

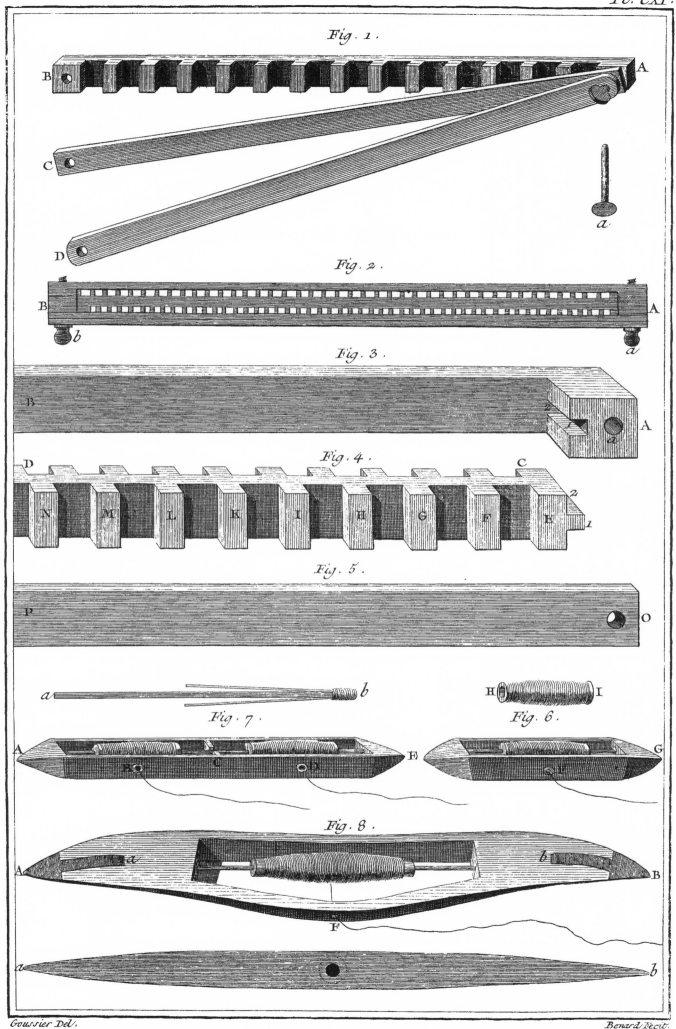

Pl. CXI.

Fig. 1.

a

Fig. 2.

Fig. 3.

Fig. 4.

Fig. 5.

Fig. 7.

Fig. 6.

Fig. 8.

Goussier Del.

Benard Fecit.

Soierie, Escalettes, Espolins, Navette &c.

ttt

Pl. CXII.

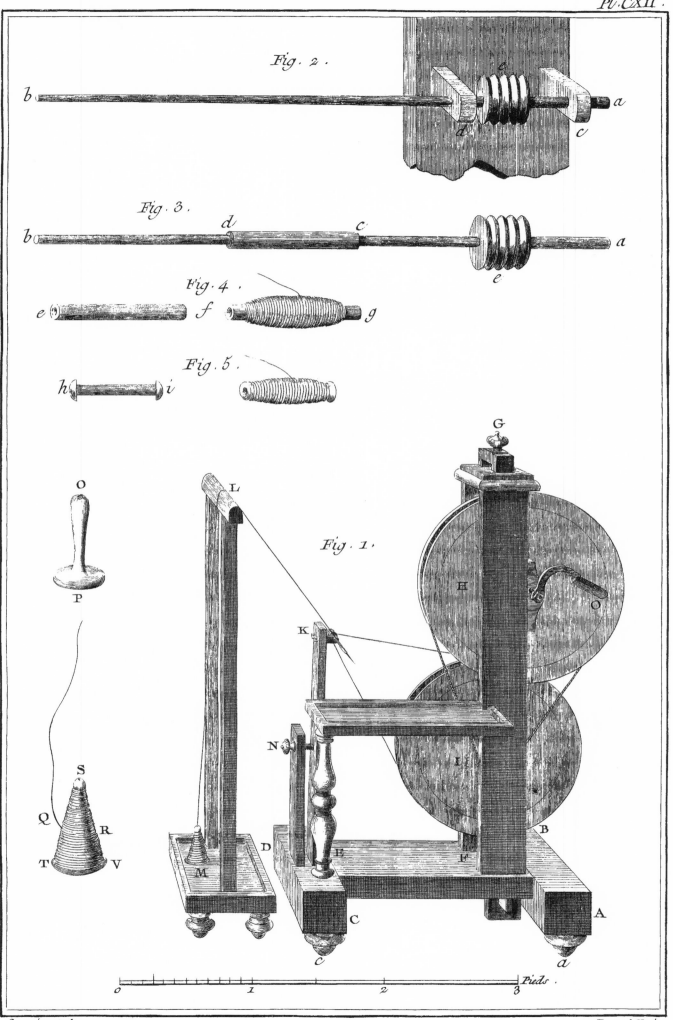

Fig. 2.

Fig. 3.

Fig. 4.

Fig. 5.

Fig. 1.

Pieds.

Goussier Del.

Benard Fecit.

Soierie, Rouet à Canettes

uuuu

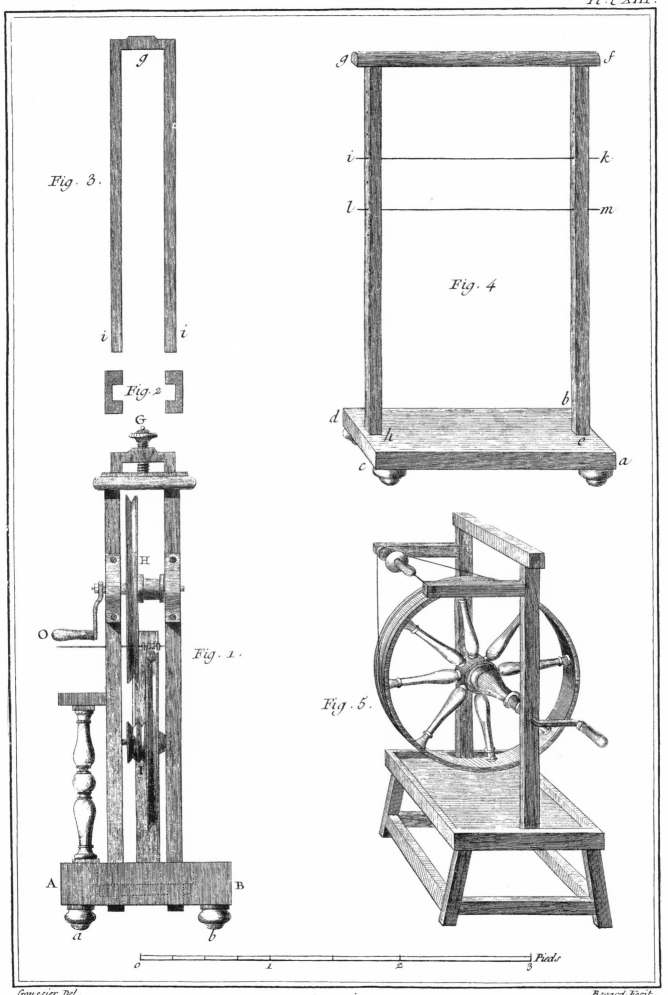

Pl. CXIII.

Fig. 3.

Fig. 2.

Fig. 4.

Fig. 1.

Fig. 5.

Pieds

Goussier Del.

Benard Fecit.

XXX

Soierie,
Développemens du Rouet à Canettes et le Rouet servant à garnir les Volans.

Pl. CXIV.

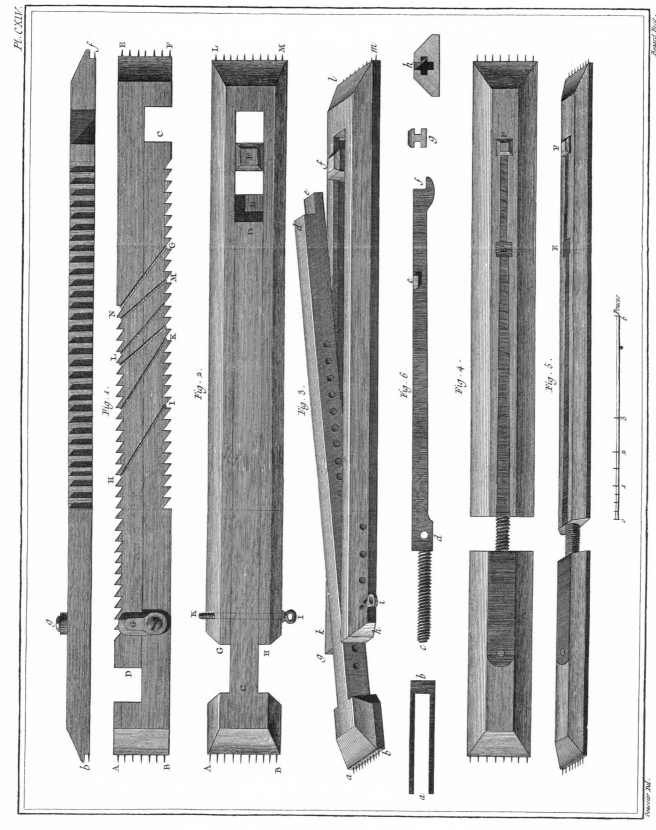

Fig. 1.

Fig. 2.

Fig. 3.

Fig. 6.

Fig. 4.

Fig. 5.

Soierie, Tempia de differentes sortes, Tempia à Corde, Tempia à Bouton et Tempia à Vis.

yyy.

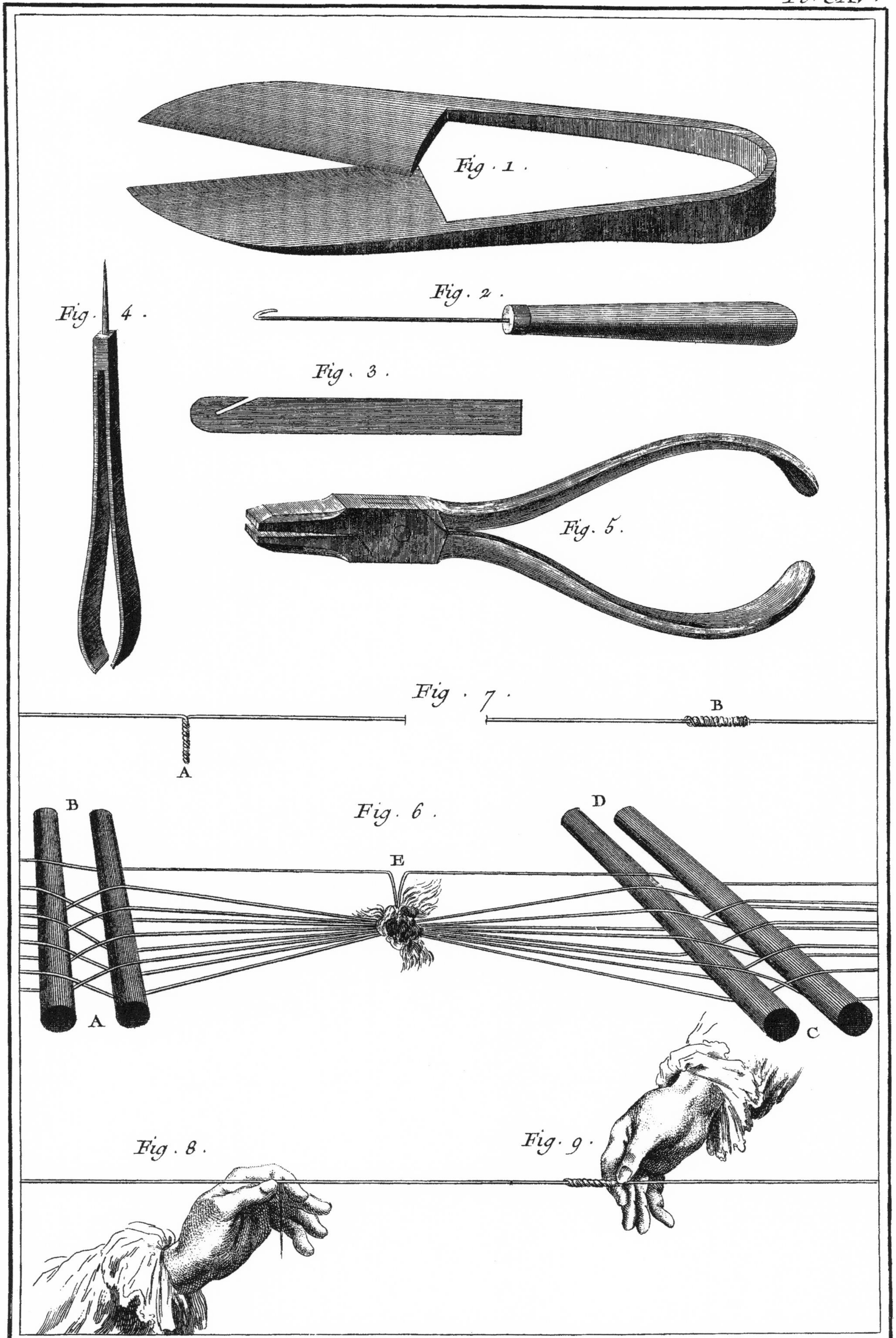

Goussier Del.

Benard Fecit

Soierie, Différens Outils et Maniere de Tordre une nouvelle Chaine. ZZZ

Pl. CXVI

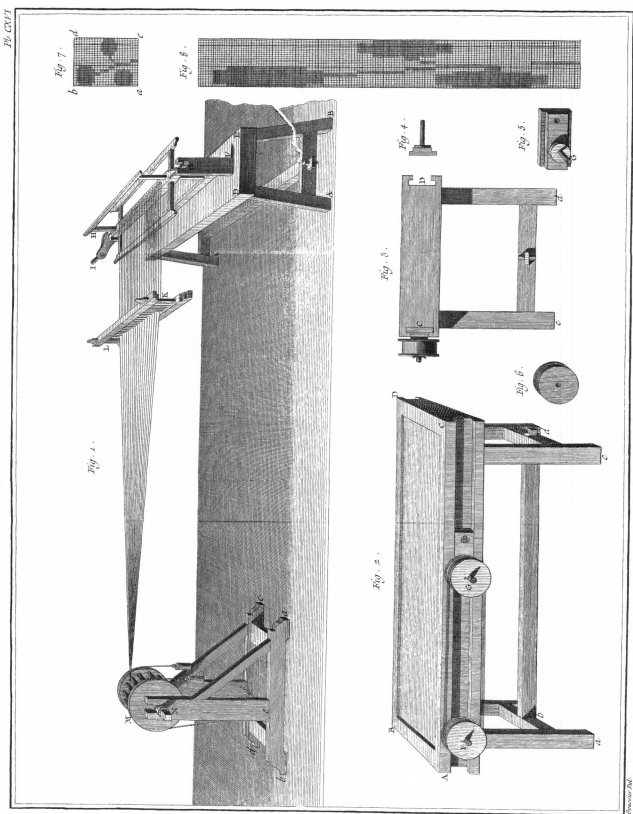

Fig. 7.

Fig. 8.

Fig. 4.

Fig. 5.

Fig. 3.

Fig. 6.

Fig. 1.

Fig. 2.

Soierie, Chiner des Etoffes.

Manière de chiner la Chaine des Etoffes, Développement de l'Etabli sur lequel on fait les Ligatures.

aaaa

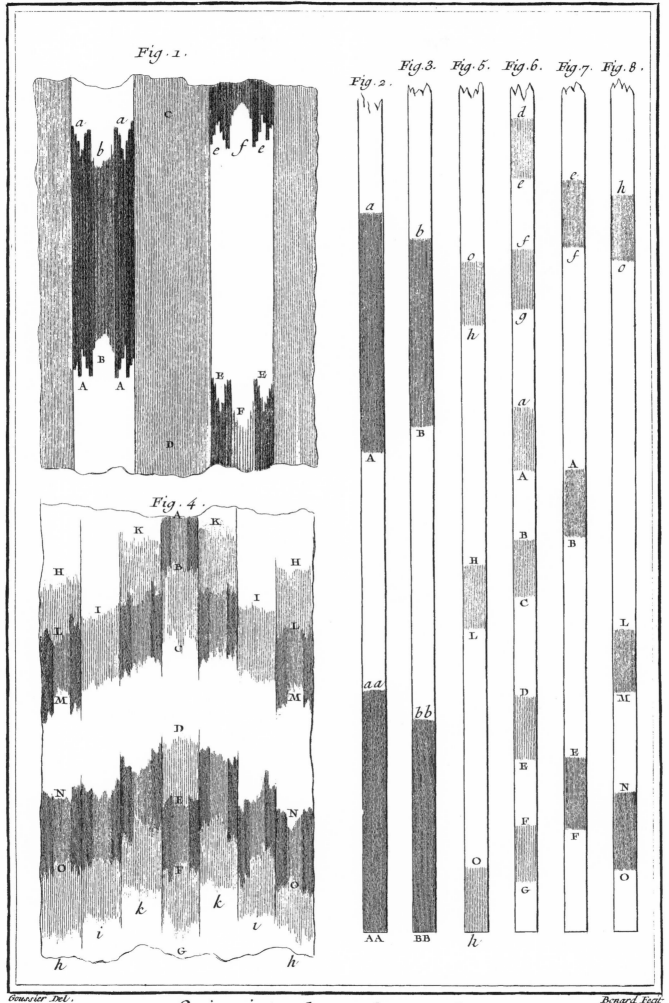

Pl. CXVII.

Fig. 1.

Fig. 2. Fig. 3. Fig. 5. Fig. 6. Fig. 7. Fig. 8.

Fig. 4.

Soierie, Chiner des Etoffes.
Suite de la Maniere de Chiner la Chaine des Etoffes.

Goussier Del.

Bénard Fecit.

bbbb

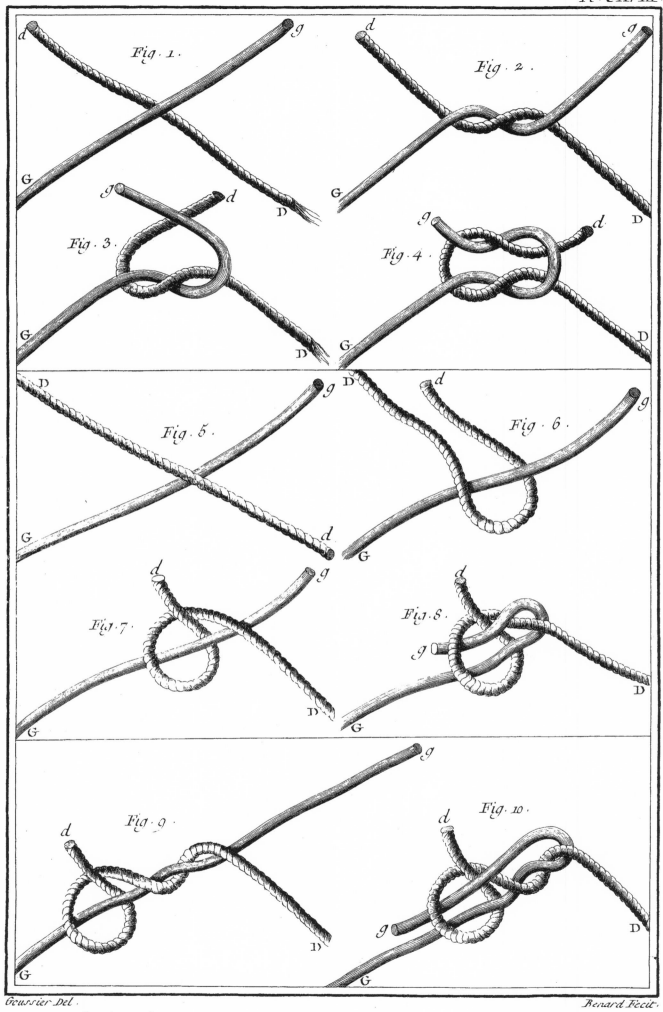

Pl. CXVIII.

Fig. 1.

Fig. 2.

Fig. 3.

Fig. 4.

Fig. 5.

Fig. 6.

Fig. 7.

Fig. 8.

Fig. 9.

Fig. 10.

Goussier Del.

Benard Fecit.

Soierie, Nœud Plat, Nœud à l'ongle et Nœud à l'ongle double CCCC
les différens temps de leur formation.

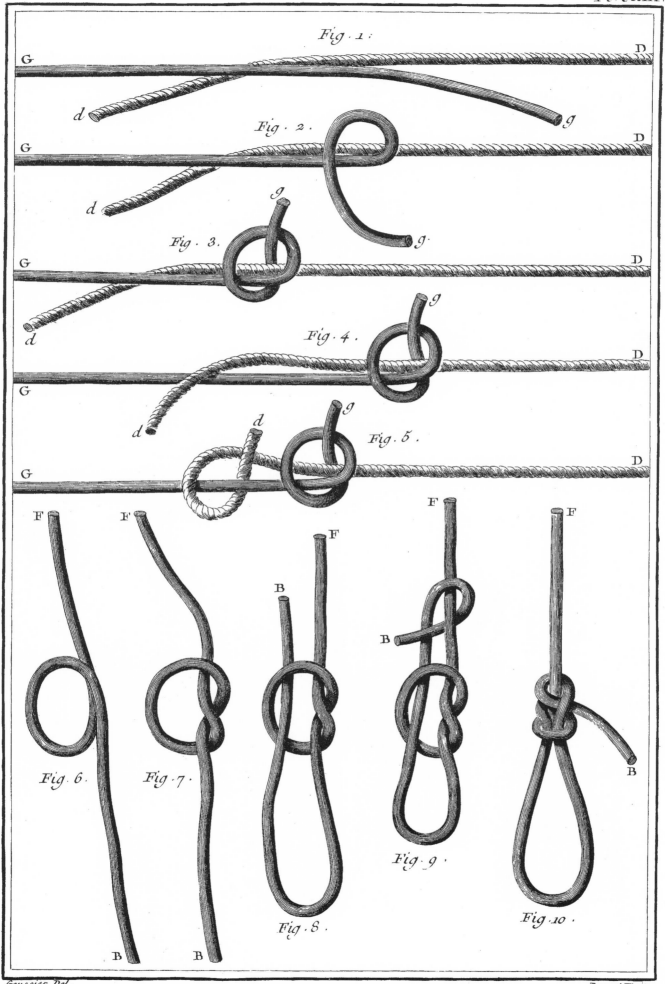

Soierie, *Nœud Tirant et Nœud Coulant, les différens temps de leur formation.*

Pl. CXX.

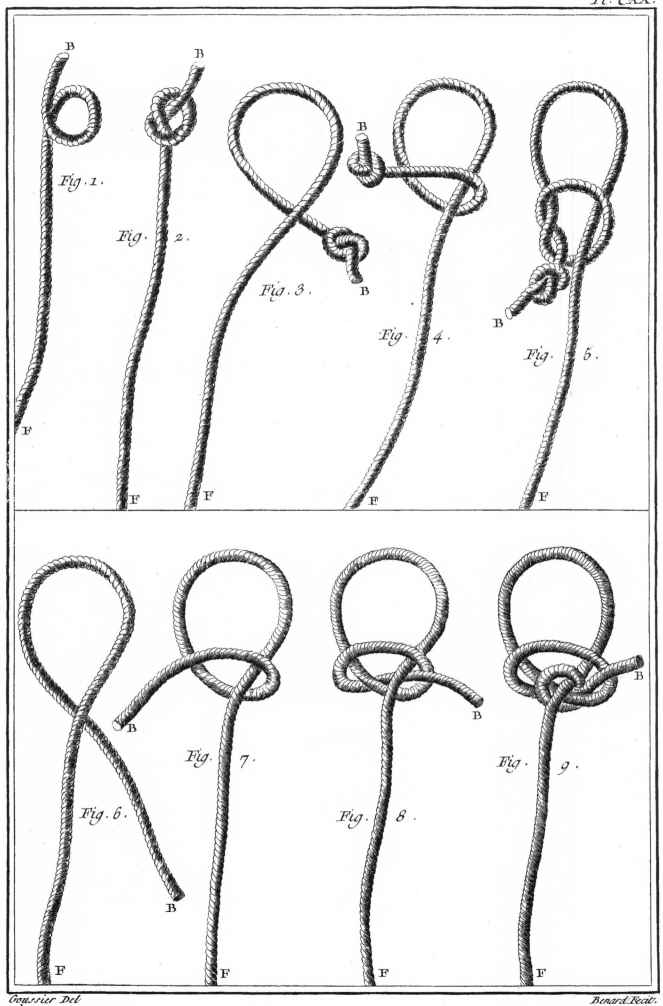

Fig. 1.

Fig. 2.

Fig. 3.

Fig. 4.

Fig. 5.

Fig. 6.

Fig. 7.

Fig. 8.

Fig. 9.

Goussier Del.

Benard Fecit.

Soierie, Nœud Coulant à Boucle et Nœud Coulant ordinaire,
les différens temps de leur formation. *eeee*

Pl. CXXI.

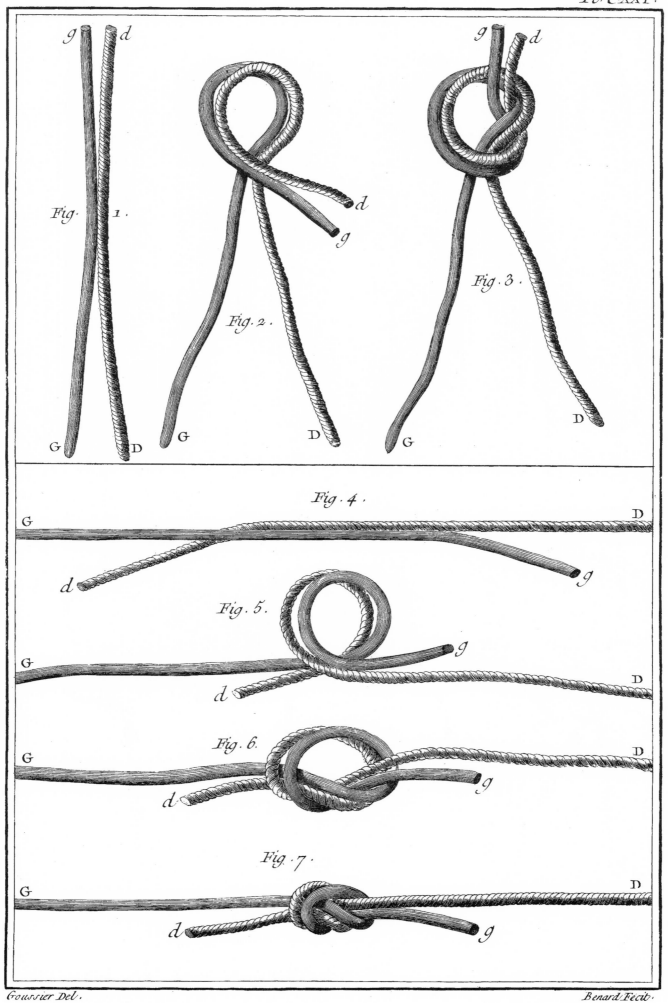

Goussier Del.

Benard Fecit.

Soierie, Nœuds à petites Queues et à grandes Queues.
les differens temps de leur formation.

ffff

Pl. CXXII

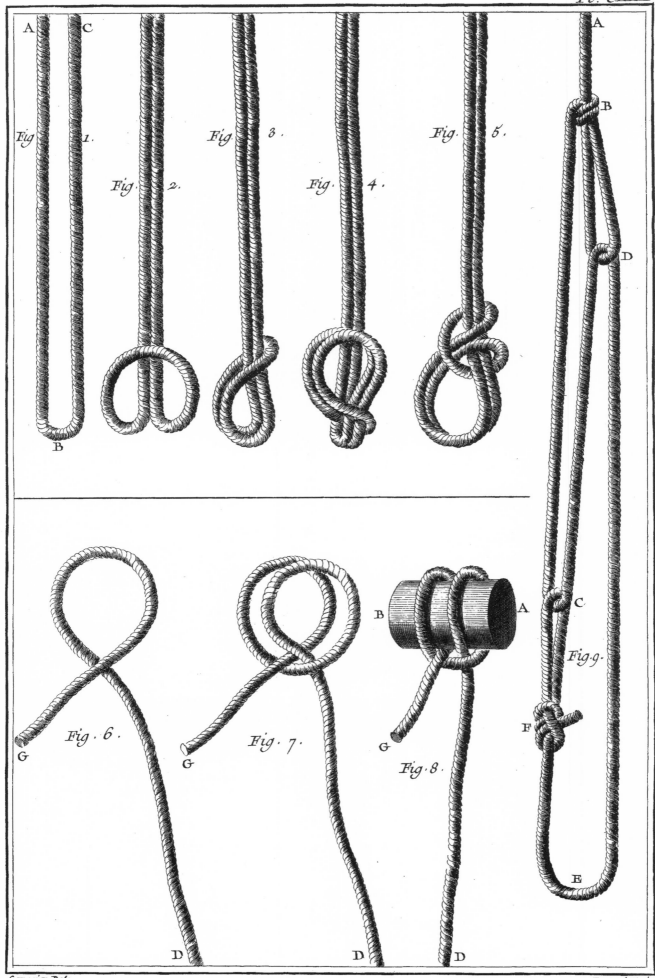

Soierie, Nœud de Sample et de Rame ou à double Boucle, Nœud de la Charrue, Nœud à Crémaillere. les différens temps de leur formation.

9999

Pl. CXXIII.

Fig. 3.

Fig. 4.

Fig. 5.

Pieds

0   1   2

Goussier Del.

Benard Fecit.

Soierie, Fabrication des Lisses et le Lissoir en Perspective.

hhhh

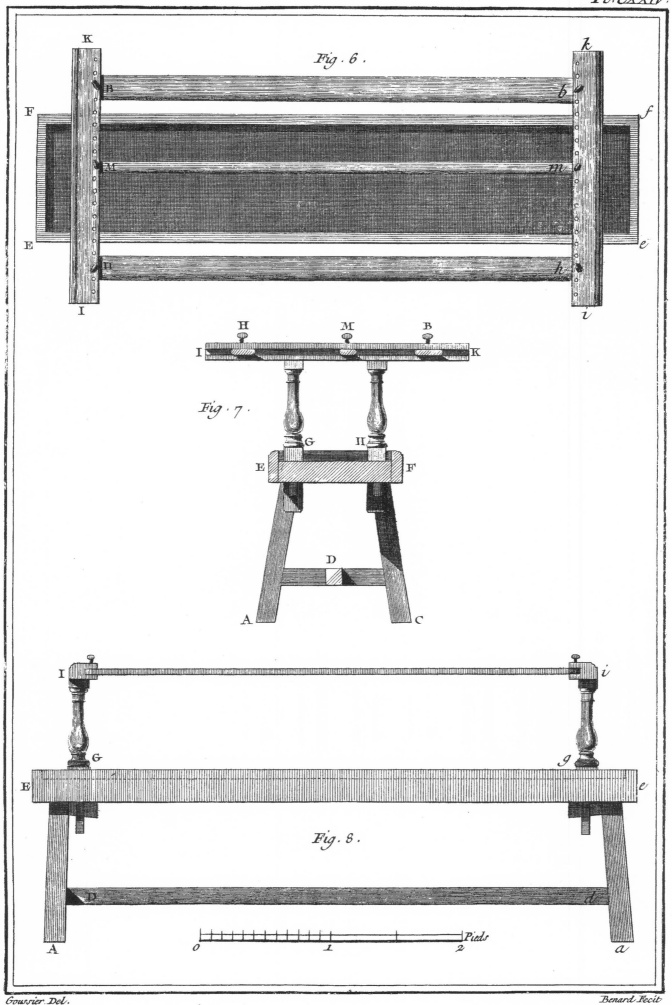

Pl. CXXIV.

Fig. 6.

Fig. 7.

Fig. 8.

Pieds
0   1   2

Goussier Del.

Benard Fecit.

Soierie, Développemens du Lissoir.

iiii

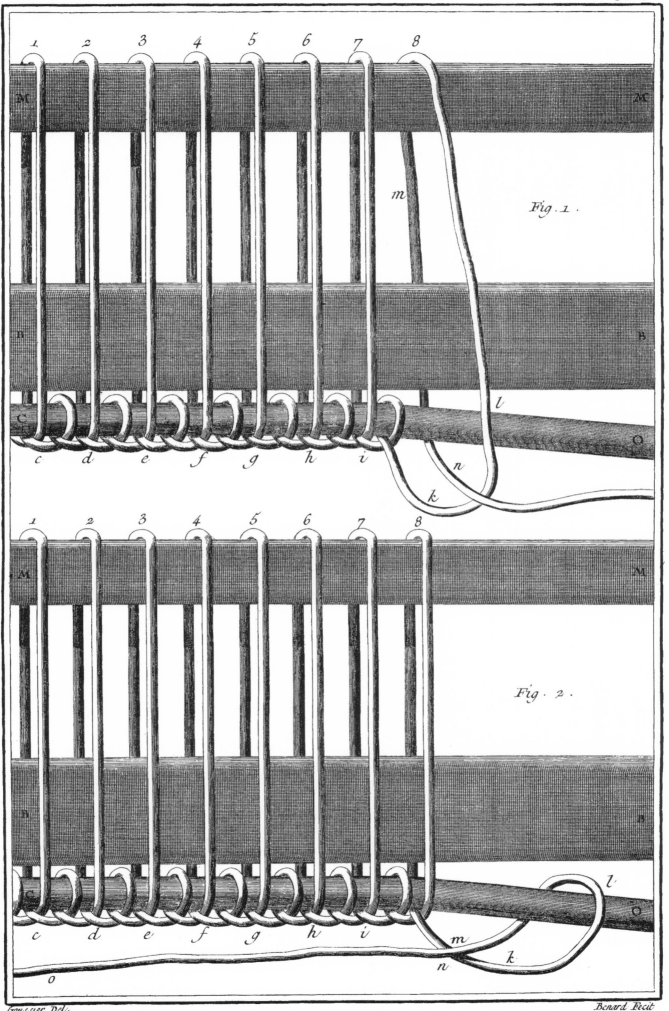

Pl. CXXV.

Soierie, Formation du Bas des Lisses et Maniere de Natter.

Goussier Del.

Benard Fecit.

kkkk

Pl. CXXVI.

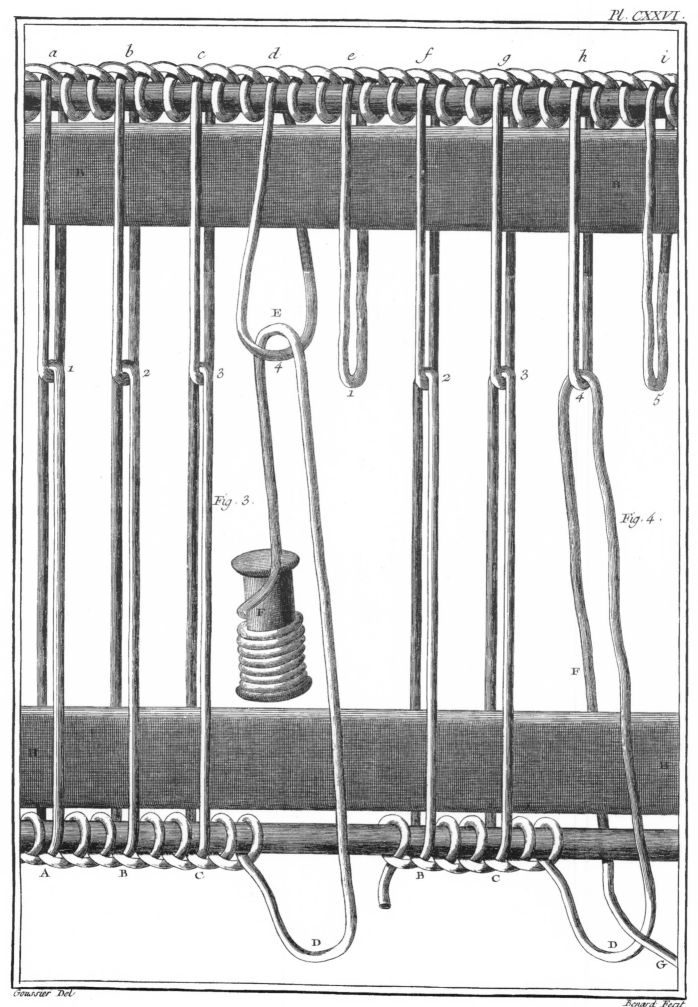

a   b   c   d   e   f   g   h   i

Fig. 3.

Fig. 4.

Soierie, *Lisses à Crochets; premier et second temps de la formation de la Maille.*

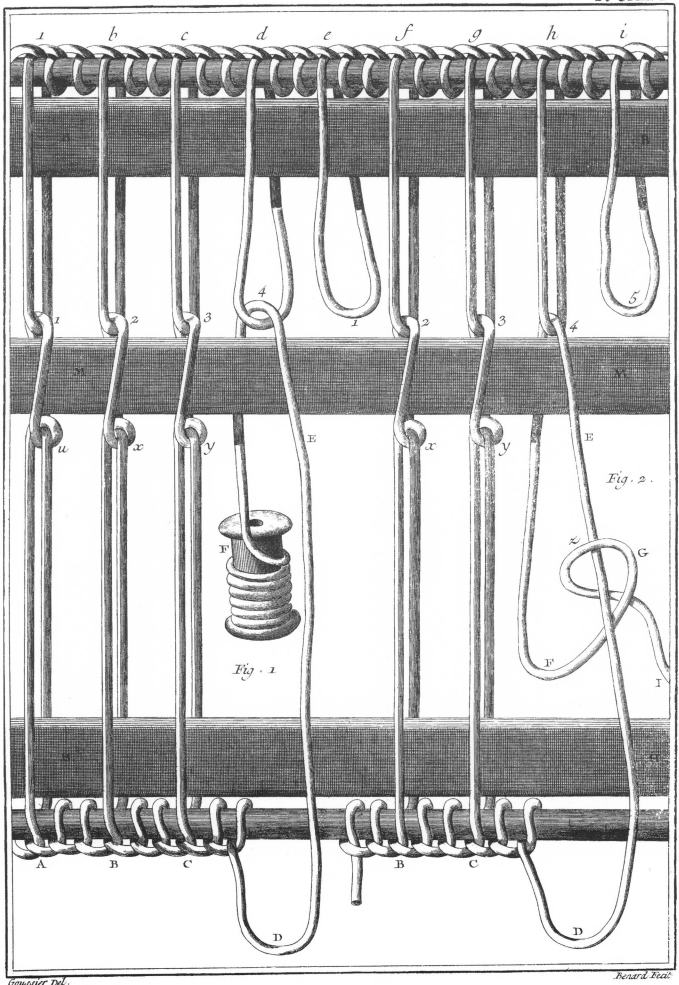

Pl. CXXVII.

Soierie, Lisses à Nœuds, premier et second temps de la formation de la maille.

Goussier Del.

Benard Fecit.

Pl. CXXVIII.

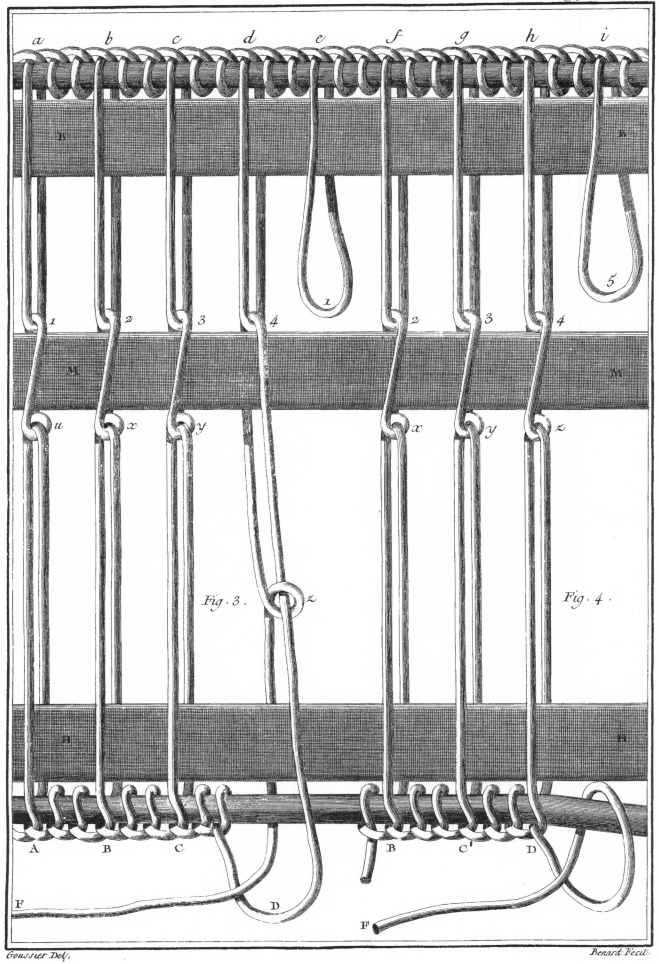

Soierie, Lisses à Nœuds, troisieme et quatrieme temps de la formation de la maille.

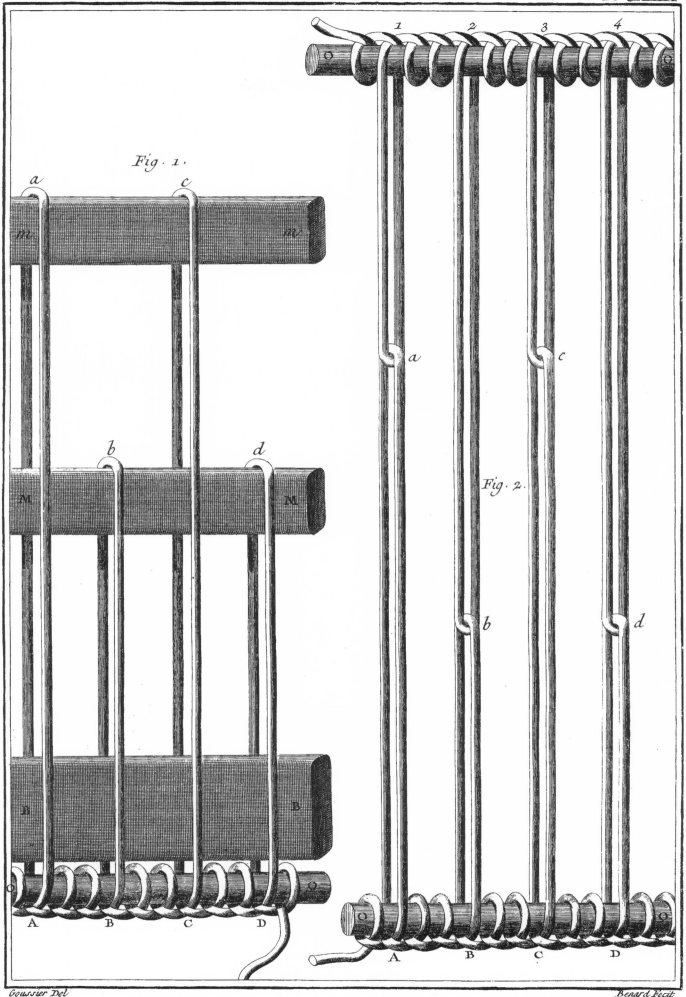

Pl. CXXIX

Fig. 1.

Fig. 2.

Goussier Del.

Benard Fecit.

Soierie, Lisses à Grand Colisse.

oooo

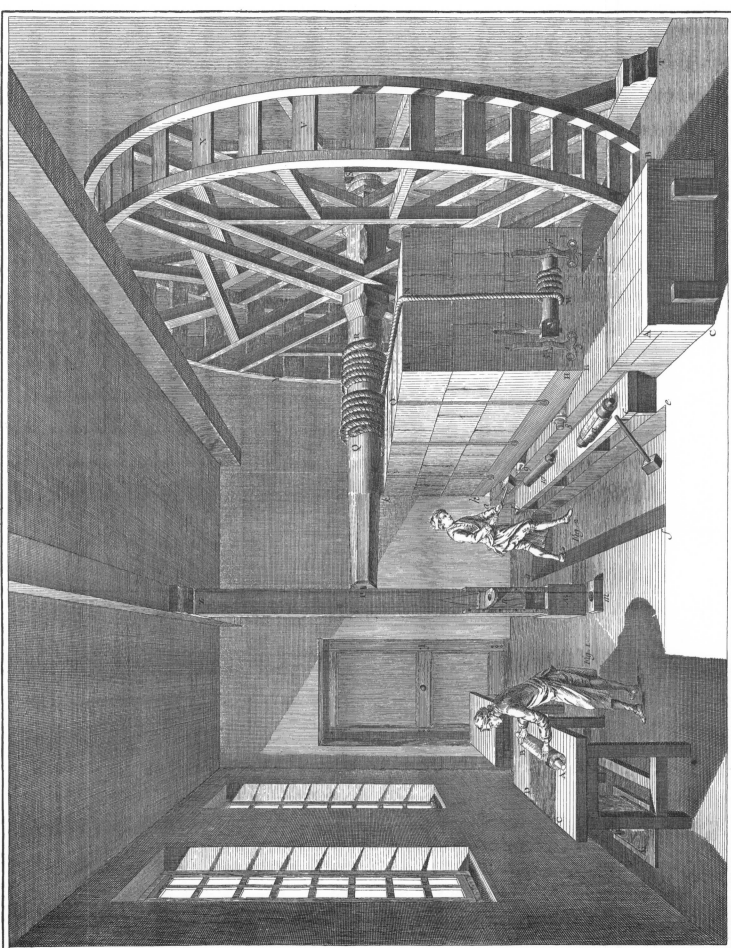

Pl. CXXX.

Soierie, Calandre; Calandre Vue en Perspective, et l'opération de Calandrer.

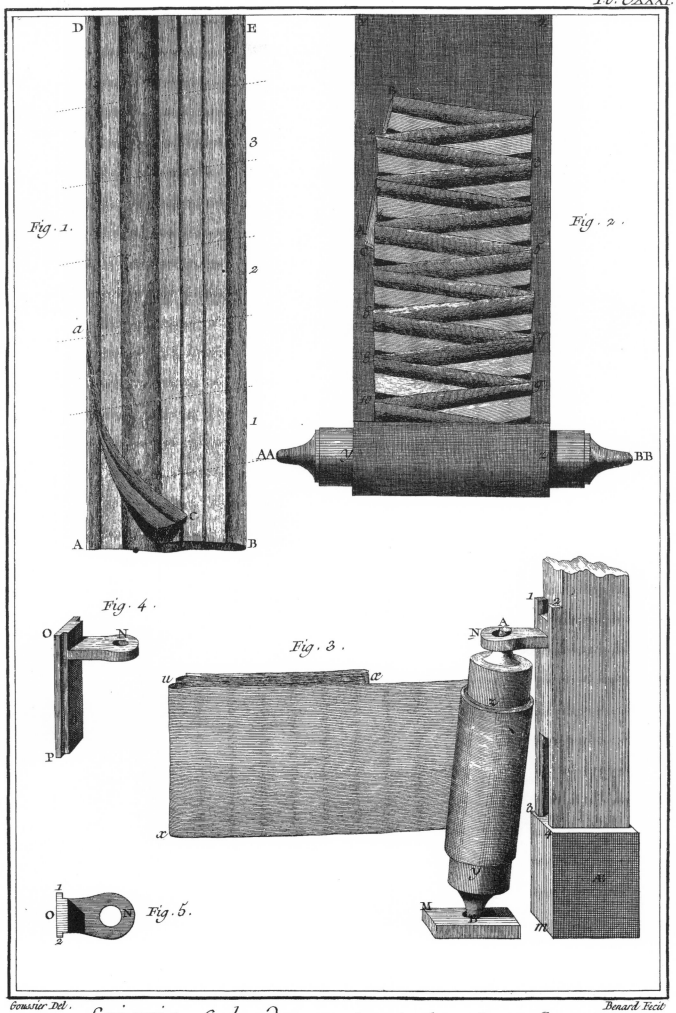

Pl. CXXXI.

Soierie, Calandre. Maniere de Ployer les Etoffes qui doivent être Moërées et Développement et usage du Valet.

9999

Pl. CXXXII.

Soierie, Calandre Royale ou Calandre Angloise.

Pl. CXXXII.

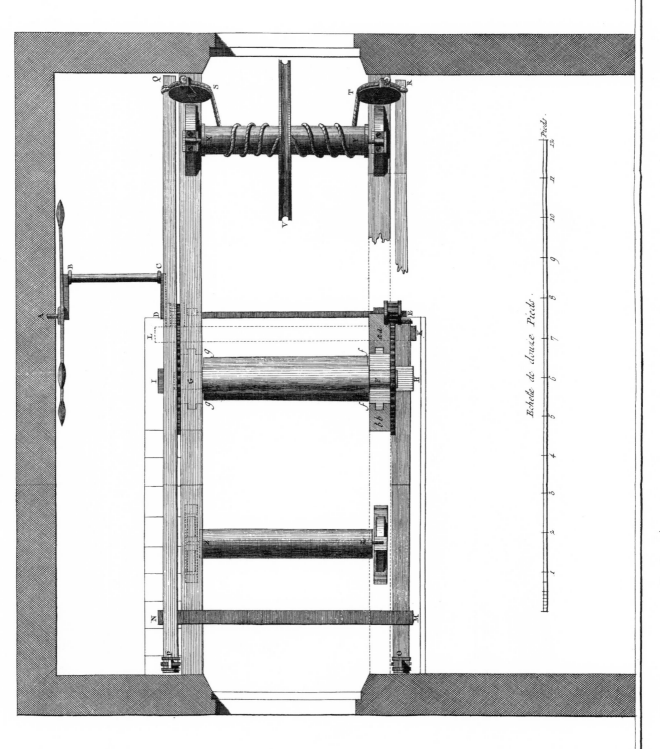

Echelle de douze Pieds.

Pieds.

1 2 3 4 5 6 7 8 9 10 11 12

Soierie, Plan de la Machine servant à Cilindrer les Étoffes.

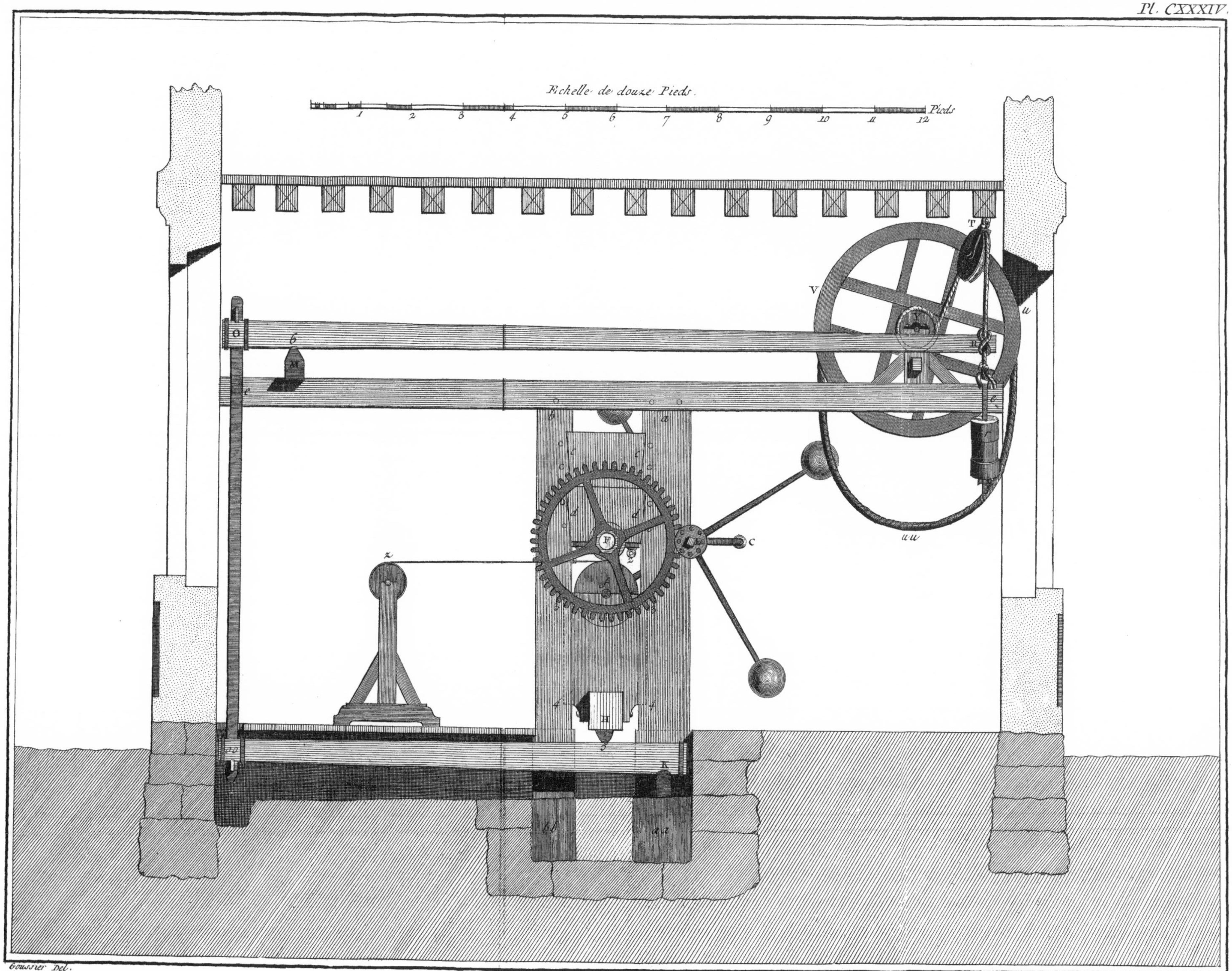
Echelle de douze Pieds.
1 2 3 4 5 6 7 8 9 10 11 12 Pieds
T
V
u
uu
C
F
H
K
M
O
z

Goussier Del.

Benard Fecit.

Soierie, Élévation Latéralle de la Machine servant à Cilindrer les Étoffes.

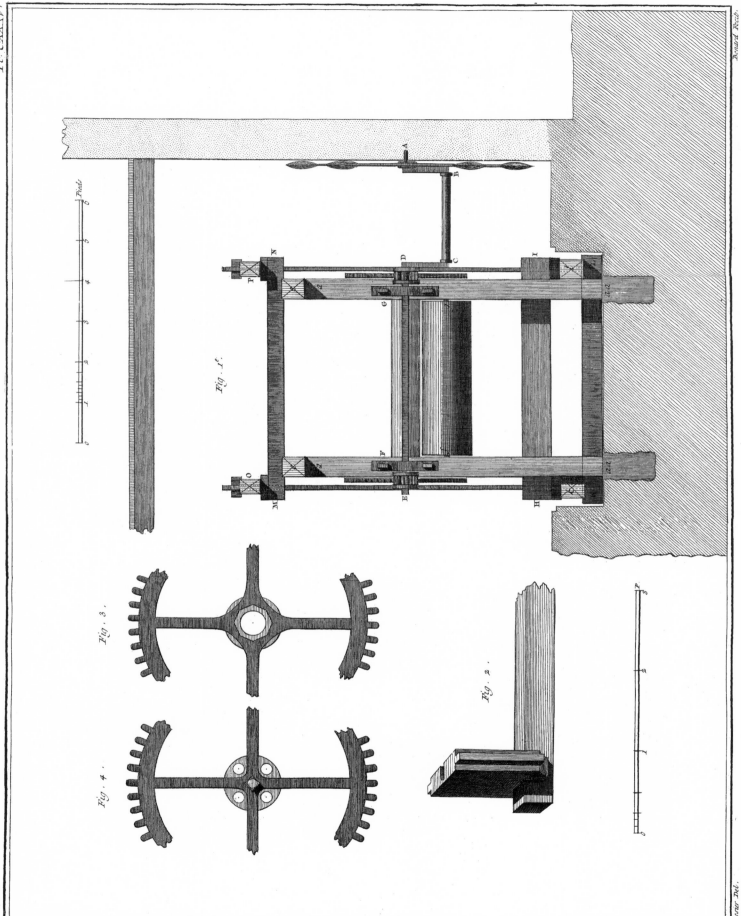

Pl. CXXVI.

Fig. 1.ᵉ

Fig. 3.

Fig. 4.

Fig. 2.

Pieds

Soierie, Elévation antérieure de la Machine servant à Cilindrer les Etoffes et Développemens de quelques unes de ses Parties.

TEINTURIER EN SOIE OU TEINTURIER DE RIVIERE,

CONTENANT neuf Planches à cause d'une double.

PLANCHE Iere.

CETTE Planche représente l'intérieur d'un attelier de teinturier en soie ou teinturier de riviere. *a* entrée des fourneaux dans lesquels l'on descend. *bb*, chaudieres pour teindre les soies, montées sur leurs fourneaux. *c*, hotte de la cheminée. *d*, tuyaux de plomb qui conduisent l'eau aux chaudieres. *e*, robinet de cuivre pour donner l'eau aux chaudieres. *f*, grand cassin. *g*, petit cassin. *h*, écumoire. *iii*, grandes chaudieres de cuivre. *l*, chauderon ou petite chaudiere portative pour laver. *m*, paquet de bâtons pour soutenir les écheveaux dans les chaudieres. *n*, seau pour transporter la teinture d'une chaudiere à l'autre. *o*, bois pour les fourneaux. *p*, grand seau pour tirer l'eau de la riviere. *q*, petit réservoir pour recevoir l'eau du seau, & le rendre par communication dans les chaudieres. *r*, ouvrier à teindre les soies dans la chaudiere. *s*, ouvrier à dresser les soies sur l'épart. *t*, ouvrier coupant le bois de teinture en copeaux avec la hache sur un billot. *v*, ouvrier portant les soies au lavage de riviere.

PLANCHE II.

Fig. 1. Détails de construction des chaudieres pour le teinturier en soie. *a*, corridor ou galerie de service pour les fourneaux. *b*, porte ou escalier pour descendre à la galerie des fourneaux. *cc*, construction en brique du pourtour des fourneaux. *dd*, construction en maçonnerie pour soutenir la brique. *ee*, entrées des fourneaux sur lesquels sont les échappées de la fumée. *ff*, sols du dessous des chaudieres où l'on met le feu. *g*, plan de la chaudiere ronde vue par-dessus. *h*, plan de la chaudiere ovale vue par-dessus.

2. Coupe d'une chaudiere, de son fourneau, & sa construction. *a*, coupe de la chaudiere. *bb*, petit mur en brique, faisant le pourtour du fourneau. *c*, intérieur du fourneau pavé de grès, sur lequel l'on met le feu. *d*, entrée du fourneau. *e*, porte du fourneau. *f*, petite cheminée du fourneau qui communique dans la hotte. *g*, niveau de l'attelier. *h*, tuyau de plomb avec son robinet pour donner l'eau aux chaudieres. *i*, hotte de la cheminée.

3. Représentant la disposition des chaudieres rondes & ovales dans l'attelier. *a*, chaudiere ronde. *b*, chaudiere ovale. *c*, descente pour entrer dans les fourneaux. *d*, tuyau de communication pour les eaux. *e*, robinet pour donner l'eau aux chaudieres.

PLANCHE III.

Fig. 1. Plan & construction de la cuve pour le bleu d'indigo avec la maçonnerie qui l'environne. *a*, mur qui adosse la construction de la cuve au bleu d'indigo. *b*, pourtour en brique qui environne la cuve. *c*, espace entre les parois de la cuve & la maçonnerie. *d*, porte par où l'on met la braise. *e*, fond de la cuve enfoncée dans terre. *f*, partie supérieure de la cuve, vue par-dessus. *g*, tuyau pour échapper la vapeur de la braise.

2. Coupe & construction géométrale de la cuve. *a*, cuve conique, dont la partie la plus étroite est enfoncée dans terre. *b*, partie de la cuve enfoncée dans terre. *c*, ouverture de la cuve. *dd*, petit mur en brique, faisant le pourtour de la cuve. *ee*, parois autour de la cuve pour contenir la braise. *f*, porte pour entrer la braise. *g*, mur en maçonnerie contre lequel est adossée la cuve. *h*, tuyau d'échappée pour la vapeur de la braise.

Fig. 3. Vue en perspective de la cuve avec son fourneau. *a*, entrée de la cuve. *b*, massif en brique qui entoure la cuve. *c*, entrée de la braise. *d*, tuyau du fourneau. *e*, ligne ponctuée qui désigne la proportion de la cuve. *f*, pavé de l'attelier. *g*, tamis ou passoir. *h*, plan du tamis. *i*, chauderon. *l*, petite barquette de cuivre avec son patin de fer pour pouvoir se renverser facilement. *m*, pelle pour prendre le charbon ou la braise. *n*, sac pour empocher la soie. *o*, croc ou fourgon.

PLANCHE IV.

Fig. 1. Intérieur de l'attelier de teinturier en soie, où les ouvriers sont occupés à débrouiller les soies. *a*, ouvrier qui retire de la grande chaudiere ronde les sacs ou poches dans lesquels les soies ont été cuites, ou qui jette bas. *b*, ouvrier qui passe en cuve. *c*, bâtons sur lesquels on passe ou on lisse les mateaux de soie pour les teindre : ces baguettes se nomment *lisoirs*. *d*, deux ouvriers qui empochent les soies pour les faire cuire. *e*, chaudiere ronde. *f*, chaudiere ovale. *g*, entrée du fourneau. *h*, poche de soie posée sur le treillard. *i*, chaudiere pour laver.

2. Plusieurs ustensiles à l'usage des teinturiers. *a*, espece de brancard appellé *baillard*, pour passer les soies mouillées. *b*, grand cassin de cuivre emmanché. *c*, épart. *d*, chevillon dont on se sert pour tordre sur l'épart. *e*, pot à rocou ou passoire dans laquelle l'on passe cet ingrédient. *f*, la passe ou bâton sur lequel l'on met le mateau de soie pour le passer en cuve. *g*, cheville pour tordre. *h*, petit cassin. *i*, perche dont on se sert pour retourner les poches pendant la cuite & pour les retirer, que l'on nomme *barre*. *l*, bâtons sur lesquels l'on lisse la soie. *m*, mateau ou écheveau de soie. *n*, hache pour mettre en copeau les bois de teinture. *o*, espece de pilon pour briser & passer le rocou dans la passoire. *p*, bâton pour lisser les soies.

PLANCHE V.

Ustensiles à l'usage des teinturiers en soie. *a*, morceau de bois en croix pour tenir les sacs du safranum ouverts quand on le lave dans la barque. *b*, benant ou espece de baquet propre à laver les soies. *c*, tamis propre à passer les ingrédiens. *d*, seau pour la commodité du service. *e*, poële propre à brûler le soufre. *f*, plan du tamis marqué *c*. *g*, rable dont on se sert pour pallier les cuves. *h*, tonne dans laquelle l'on conserve le jus de bois de Bresil & autres. *i*, grand baquet dans lequel l'on place la soie. *l*, étouffoir pour la braise. *m*, grande barque de cuivre. *nn*, patin de fer dessous la barque de cuivre.

PLANCHE VI.

Fig. 1. Lavage des soies à la riviere. *a*, bateau dans lequel les teinturiers se mettent pour laver les soies. *b*, ouvrier battant la soie lavée sur la pierre. *cc*, ouvriers occupés à laver. *dddd*, pierres à battre la soie. *e*, planche pour arriver au bateau. *f*, ouvrier portant les soies au lavage. *g*, escalier pour descendre au bateau.

2. Plusieurs détails du teinturier. *a*, mateau de soie. *b*, pierre en grand à laver. *c*, bassine ou petite chaudiere. *d*, service de l'épart. *e*, poteau tenant les éparts. *f*, chevillon pour tordre. *gg*, éparts. *h*, ouvriers dressant l'écheveau sur l'épart. *i*, ouvrier occupé à tordre l'écheveau avec le chevillon sur l'épart.

PLANCHE VII.

Fig. 1. Intérieur d'un attelier où l'on prépare le cartha-me ou fafran bâtard. *aaa*, barques dans lefquelles l'on lave le fafranum. *b*, ouvrier lavant le fafra-num, ayant des bottes aux jambes, & fe tenant à une corde au plancher. *ccc*, cordes attachées au plancher pour fe tenir. *d*, fac de fafranum ouvert par la croix de bois. *e*, ouvrier qui va metre le fafranum, c'eft-à-dire qui le mêle avec la fonde fe fervant de fes pieds. *f*, ouvrier qui brife avec une pelle les mottes du fafranum. *i*, trou lavé où fe coule la couleur jaune extractive du fafranum. *l*, ouvrier qui prend de l'eau pour la couler fur le fafra-num.

2. Appareil pour couler la teinture du fafranum. *a*, grande barque de bois. *b*, mortier. *c*, pilon. *d*, paffoire. *e*, écumoire. *f*, pelle pour brifer les mottes du fafranum.

PLANCHE VIII.

Fig. 1. Intérieur du féchoir du teinturier en foie ou tein-turier de riviere. *a*, branloire fufpendue au plancher & mouvante garnie de fes perches de foie. *b*, ou-vrier qui fait mouvoir la branloire chargée de foie pour faire fécher promptement. *c*, poële. *d*, tréteaux fur lefquels l'on met les perches pour les garnir de foie.

2. Détails de la branloire. *a*, chaffis de bois formant la branloire. *bb*, côtés de la branloire garnie de fourches pour recevoir les bouts des perches. *cc*, côtés de la branloire garnie de fiches pour recevoir le bout percé des perches. *dd*, perches pofées fur la branloire. *eeee*, ferrures de la branloire, com-pofées de pitons fcellés dans le plancher; ces pitons font garnis de crochets pour fufpendre la bran-loire. *f*, corde attachée à la branloire pour la faire mouvoir. *g*, perche avec fon trou. *h*, croc pour mettre les perches fur la branloire.

Pl. I.

Teinturier de Riviere, Attelier et différentes Opérations pour la Teinture des Soies.

R.del. Del.

Benard Fecit.

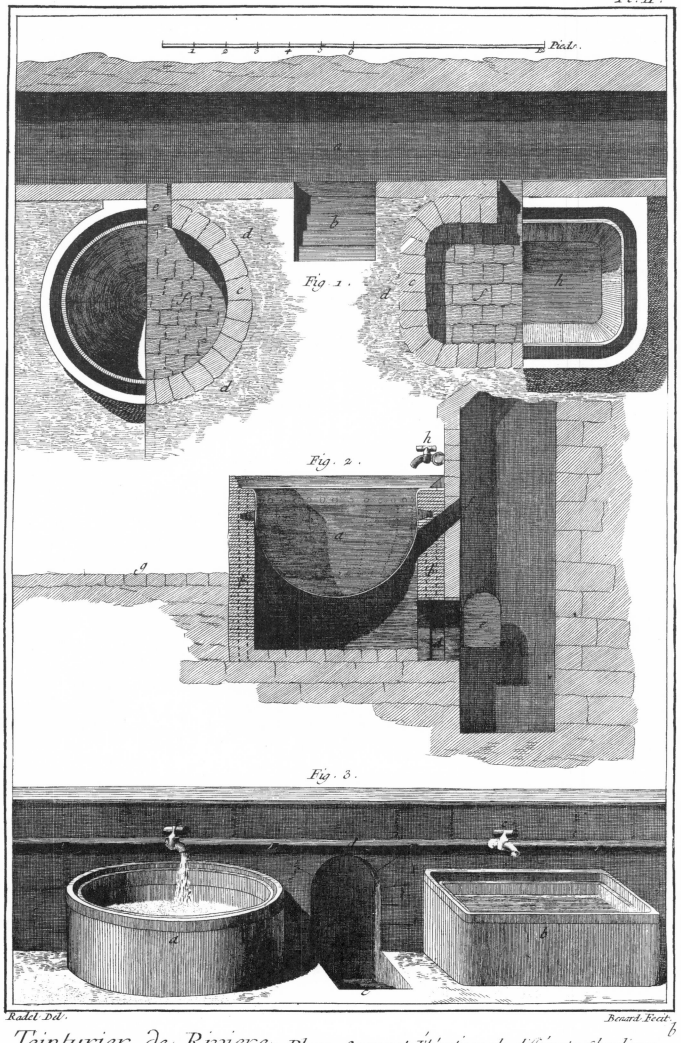

Pl. II.

Pieds.

Fig. 1.

Fig. 2.

Fig. 3.

Radel Del.

Benard Fecit.

Teinturier de Riviere, Plans, Coupe et Elévations de différentes Chaudieres.

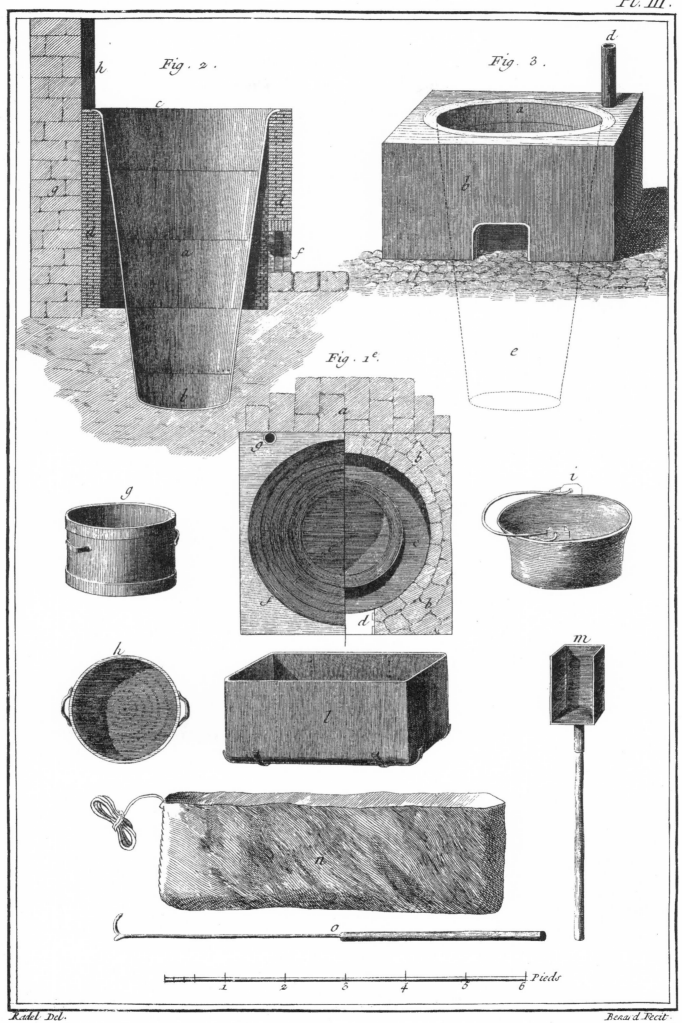

Pl. III.

Fig. 2.

Fig. 3.

Fig. 1.^e

Teinturier de Riviere, Plans, Coupe et Élevation de la Cuve pour l'Indigo.

Radel Del.

Benard Fecit.

Pieds

1 2 3 4 5 6

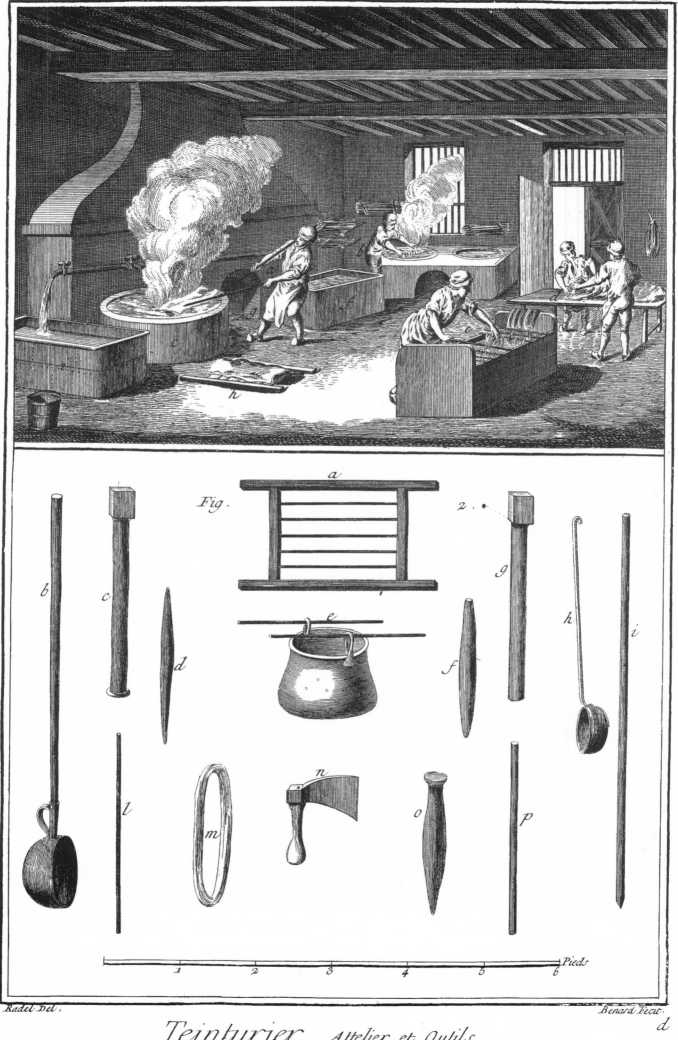

Fig.

Teinturier, Attelier et Outils.

Radel Del.

Benard Fecit.

Pieds

d

Pl. V.

Radel Del.

Benard Fecit.

Teinturier en Soie, Différens Ustenciles pour la Teinture en Soie.

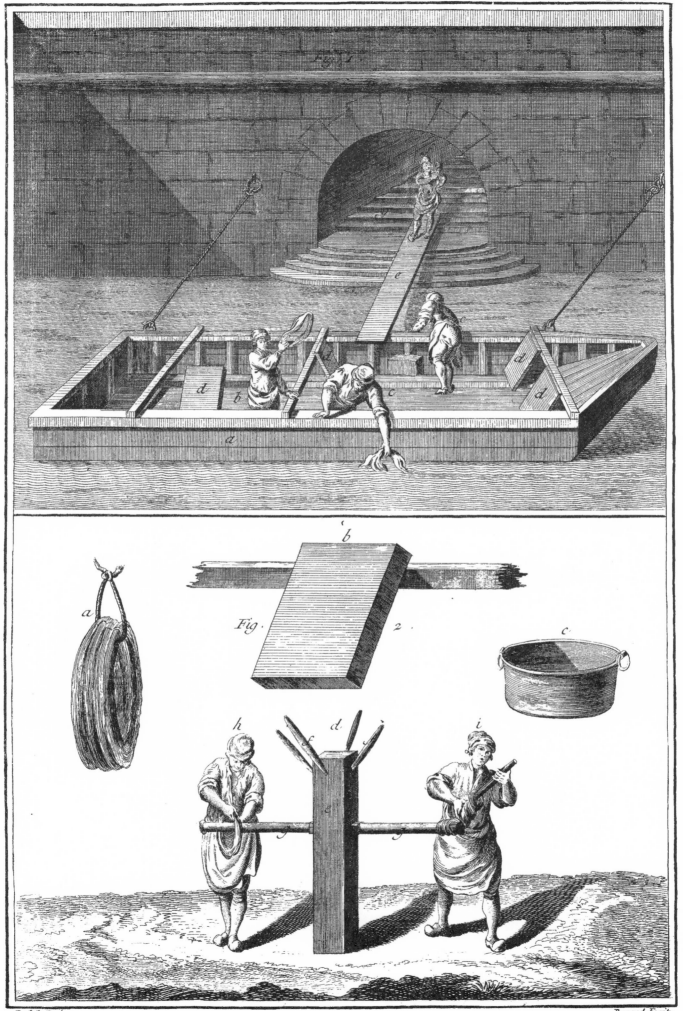

Radel Del.

Benard Fecit.

Teinturier, Lavage des Soies à la Riviere et Service de l'Espart.

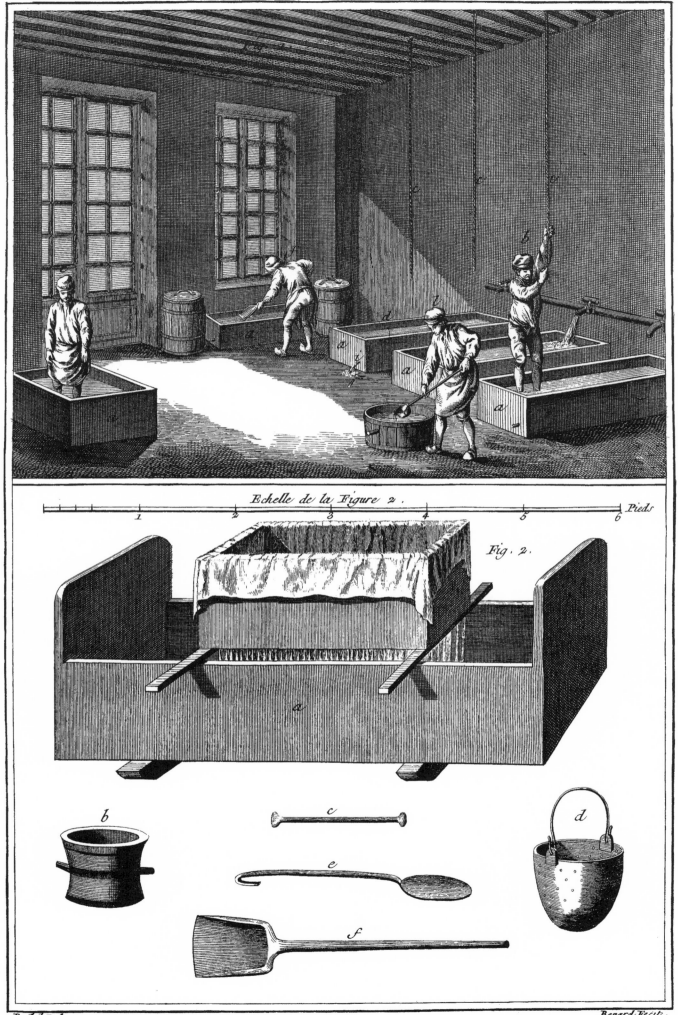

Pl. VII.

Echelle de la Figure 2.

1   2   3   4   5   6 Pieds

Fig. 2.

a

b   c   d

e

f

Radel Del.   Benard Fecit.

Teinturier, Différentes préparations du Saffranum et Outils.

9

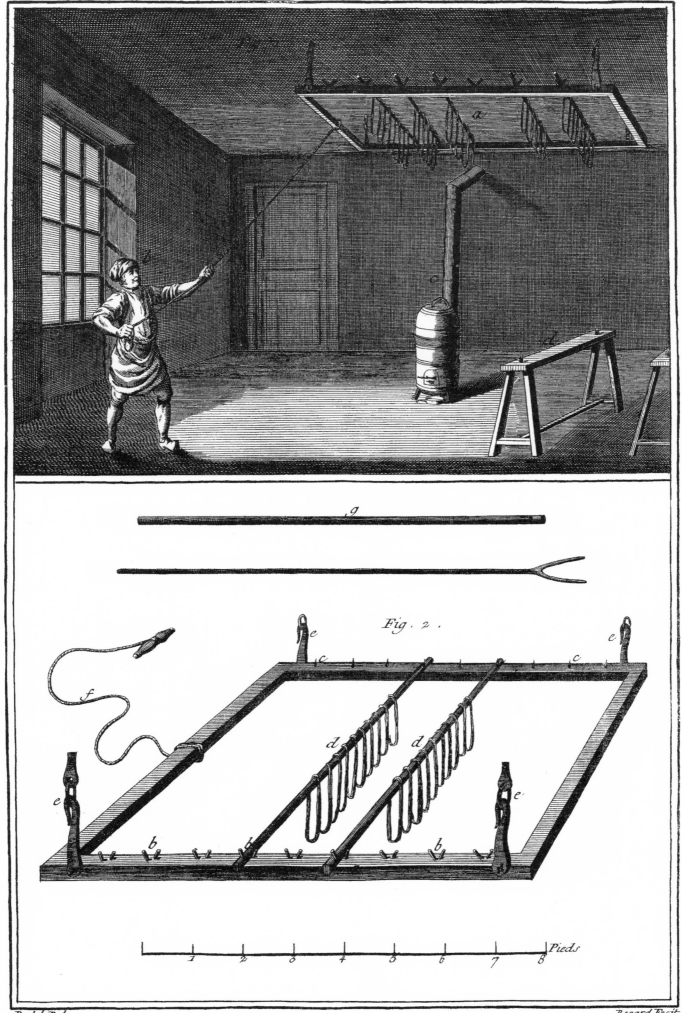

Pl. VIII.

Fig. 2.

Pieds

Radel Del.

Benard Fecit.

Teinturier, le séchoir pour les Soies &c.

h

Achevé d'imprimer
par MAME Imprimeurs à Tours
Dépot légal : Mars 2002